정체성의 흔적:
고려인 결혼이주여성의 이주 스토리텔링

사회통합 총서 17

정체성의 흔적:
고려인 결혼이주여성의 이주 스토리텔링

2024년 2월 28일 초판 인쇄
2024년 2월 28일 초판 발행

지은이 | 김영순 · 오영섭 · 김도경 · 정연주 · 황해영 · 권도영 · 김정은
펴낸이 | 이찬규
펴낸곳 | 북코리아
등록번호 | 제03-01240호
주소 | 13209 경기도 성남시 중원구 사기막골로 45번길 14
우림2차 A동 1007호
전화 | 02-704-7840
팩스 | 02-704-7848
이메일 | ibookorea@naver.com
홈페이지 | www.북코리아.kr
ISBN | 978-89-6324-165-4(94300)
978-89-6324-636-9(세트)

값 23,000원

사회통합 총서 17

정체성의 흔적: 고려인 결혼이주여성의 이주 스토리텔링

김영순 · 오영섭 · 김도경 · 정연주 · 황해영 · 권도영 · 김정은

북코리아

서문:
정체성의 흔적과 가볍지 않은 잡담

'고려인'이라는 단어에 이미 한국 사람이라는 의미가 강력하게 내포되어 있다. 그럼에도 불구하고 대부분의 한국인들은 고려인에 대해서 잘 알지 못한다. 그나마 독립운동가 홍범도 장군의 유해가 정부 주도로 2021년에 카자흐스탄에서 대전 현충원으로 봉환되면서 고려인이 주목을 받은 적이 있다. 최근에는 육군사관학교에 설치된 홍범도 장군의 흉상을 철거하고 이전하는 것에 대한 열띤 논쟁이 있었다. 이 논쟁과 아울러 고려인이 언론에 재조명되고 있다. 하지만 아직도 우리 사회를 갈라놓는 이념 갈등 속에서 많은 사람들은 홍범도 장군이 항일독립투쟁을 위해서 해외로 이주한 자발적인 이주자이자, 러시아에 의해서 카자흐스탄으로 강제이주된 고려인이라는 사실을 인식하지 못한다. '홍범도'라는 상징적인 인물을 둘러싸고 최근에 벌어진 일련의 과정들만큼이나 우리 사회가 고려인을 어떻게 인식하고 있는지를 극명하게 보여주는 사건은 없을 것이다.

올해는 고려인 이주 160주년이다. 아울러서 올해는 고려인 강제 이주 87주년이 되는 해이기도 하다. 두 개의 연도가 말해주는 것처럼, 750만

명의 재외동포 중에서 50만 명으로 추산되는 고려인은 한민족의 해외 이주사에 가장 오래된 역사를 가진 재외동포들이며, 극동과 유라시아의 척박한 대륙에서 강인하고 성공적인 삶을 살아낸 개척자들이다. 또한 남한과 북한을 같은 민족으로 포용하면서 한반도 통일에 기여할 협력자들로서 평가받는다. 이제 고려인들은 3~5세대에 이르러서 그들의 일부는 다시 한국에 이주하여 살면서 새로운 역사를 쓰고 있다. 그러므로 우리와 고려인들이 서로를 어떻게 인식하고 상호 교류하며 공존할 것인가 그리고 앞으로 어떻게 그들과 함께 지속 가능한 미래를 만들 것인가 하는 것은 한국 다문화사회를 평가하는 중요한 잣대들 중의 하나가 될 것이다.

이러한 맥락에서 이 책은 국내·외에서 가장 많은 수를 차지하는 우즈베키스탄 출신의 고려인이자 결혼을 통해 한국에 이주하여 살아가는 여성들의 생애를 이야기로 엮었다. 아울러서 이 책은 고려인 결혼이주여성들이 인식하고 있는 내집단으로서 고려인, 외집단으로서 국내에 체류하는 다른 소수민족과 주류 선주민에 대한 태도를 살펴본다. 정체성 이론에 따르면 소수집단이 인식하는 내집단과 외집단에 대한 태도의 변화는 그들 자신의 정체성이 형성되고 발달되는 과정에서 남겨진 흔적이 된다. 다시 말해서 이 책은 정체성의 흔적을 추적하여 고려인 결혼이주여성들을 이해하고자 할 뿐만 아니라, 더 나아가 재외동포들과 교류하고 공존하기 위한 우리 사회의 노력과 책임을 환기하고자 한다.

이 책은 연구개요와 함께 총 3부 11장으로서 1부는 1~3장, 2부는 4~9장, 3부는 10~11장으로 구성된다.

1부 '고려인 결혼이주여성 정체성의 이해'는 고려인이면서 이주자이자 기혼여성으로서의 복합적인 정체성을 가진 사람들을 이해하기 위한 이론적 기반을 소개한다.

1장 '고려인의 정체성'은 국내 체류 고려인의 현황을 살펴보고, 고려인의 정체성에 관한 연구 동향에 대해 다룬다. 이를 통해 연구의 패러다임이 이분법적 해체나 민족 동질성 관점에서 이질성과 혼종성 관점을 강조하는 방향으로 바뀌고 있음을 설명한다.

2장 '결혼이주여성의 정체성'은 결혼이주여성의 현황과 결혼이주여성의 정체성에 관한 연구 동향을 살펴본다. 이를 통해 결혼이주여성의 정체성을 다면적이고 중층적인 차원의 장기적인 시점으로 살펴봐야 함을 역설한다.

3장 '정체성 발달과 상담에서의 활용'에서는 1장과 2장에서 다룬 연구 동향 분석을 통해 추출된 패러다임에 관한 새로운 관점을 기반으로 정체성 발달에 대한 주요 이론들을 소개한다. 이것은 고려인 재외동포이면서 이주자이며 기혼여성으로 복합적인 정체성을 가진 사람들이 남긴 이야기들의 의미를 포착하고 그들에게 필요한 심리·정서적 지원을 제공할 수 있는 이론적 근거가 된다.

2부 '고려인 결혼이주여성의 이주 스토리텔링'은 고려인 결혼이주여성 6인의 인터뷰 내용을 과거로부터 현재의 삶, 미래의 소망을 연결하는 생애사적인 관점에서 재구성하여 스토리텔링하고 있다.

4장 '끊임없이 배우며 사회에 필요한 사람이 되고 싶다'에서는 우즈베키스탄과 한국에서 모두 결혼생활을 경험한 한 여성이 두 나라의 교육과 문화의 차이에서 오는 어려움과 차별 속에서도 꿈꾸고 준비하는 미래를 기술한다.

5장 '사각지대의 다문화 여성과 가정을 위해 일하고 싶다'에서는 동포 유학생의 신분으로 한국에 와서 결혼도 했지만, 한국인이 될 수 없어 정체성의 혼란을 겪은 여성의 좌절과 꿈을 기술한다.

6장 '행복을 위해 한국행을 결심하다'에서는 한국에서 새로운 인생을 개척하고자 이른 나이에 결혼하고 한국에 적응하면서 겪은 시댁과 한국 학부모와의 문화적 차이, 한국에 대한 소망을 기술한다.

7장 '배움은 내 삶의 에너지'는 고려인 남편과 결혼하고 남편을 의지하면서 살아가는 여성의 이야기로 이중언어강사로 활동하면서도 한국어를 더 잘하고 싶은 목마름을 삶의 동력으로 환원하여 살아냄을 기술한다.

8장 '나, 남편, 아이 모두 인간 승리한 삶'에서는 우수한 경력을 가지고 있었으나 결혼으로 인해 경력이 단절되어 우울증을 앓았던 여성이 긴 터널을 지나면서 다시 보게 된 상처와 치유를 기술한다.

9장 '남편이 달아준 '행복'이라는 날개'는 본국에서는 한국인을 닮은 외모로 차별을 받고, 한국에서는 다문화라는 꼬리표로 구별되는 차별로 인해 어려움을 겪은 고려인 3세에 대한 이야기를 다룬다. 이러한 차별에 대한 심리적인 어려움에도 불구하고 좋은 남편을 만나 쌍둥이를 기르면서 행복감을 느끼는 삶을 기술한다.

3부 '고려인 결혼이주여성의 정체성 발달'은 앞서 2부에서 기술된 이주민 생애담을 정체성 변화의 과정으로 간주하고 인종-문화정체성발달이론에 비추어서 고려인 결혼이주여성이 만나는 집단별 태도의 특징을 두 개의 장으로 나누어 살펴본다. 그리고 각 장은 결혼이주여성을 위한 심리·상담적 시사점을 제시함으로써 마무리한다.

10장 '고려인 결혼이주여성의 정체성 발달: 일치, 부조화, 저항과 몰입'은 그들이 마주하는 집단들에 대한 내적·외적 갈등이 심화되는 과정을 일치, 부조화, 저항과 몰입으로 구분하여 살펴본다.

11장 '고려인 결혼이주여성의 정체성 발달: 내적 성찰, 통합적 자각'은 그들의 갈등이 정리되는 과정을 내적 성찰, 통합적 자각으로 구분하여 살펴본다.

우리가 다시 고려인에 대해서 주목하고 고려인 결혼이주여성이 남긴 정체성의 흔적을 따라가는 이유는 분명하다. 그들은 세계의 어느 곳에서도 살아남는 강인한 생명력과 개척정신을 가지고, 다른 문화와 평화적으로 공존하고 창의적으로 문화를 변용하는 한민족의 특성을 보여주기 때문이다. 아울러서 그들에 비추어볼 때 우리도 우리 사회에서 함께 살아가는 다양한 민족들과 그렇게 살아갈 수 있음을 소망하기 때문이다. 고려인의 이야기를 다시 쓰고 새로운 의미를 발견하고자 하는 이 책의 노력이 다문화사회를 발전시키고자 하는 수고의 표현이길 바란다. 끝으로 이와 같이 우리 사회의 이주민들에 대한 결코 '가볍지 않은 잡담'이 계속 이어지기를 소망한다.

2024년 2월

고려인 이주 160주년이 되는 해를 맞이하면서

연구자와 집필자를 대표하여

김영순, 오영섭 씀

CONTENTS

CONTENTS

연구 개요

1. 연구의 목적 및 필요성
2. 연구 방법
3. 연구 내용

1.
연구의 목적 및 필요성

이 책은 인하대학교 부설 다문화융합연구소에서 고려인 동포에 대한 애정 어린 관심을 가지고 지속적으로 수행했던 연구들의 연장선에서 시작된 것이다. 이 책의 근거가 되는 자료는 인하대학교 부설 다문화융합연구소에서 2018년부터 2020년까지 수행한 한국연구재단 토대기초연구지원사업 '글로벌 시대 에스노그래피를 활용한 다문화가정 구성원의 디지털 아카이브 구축 및 지속가능한 다문화사회를 위한 사회통합에 관한 연구'의 수행 과정에서 수집된 자료다.

이 책은 앞으로 심화될 한국의 다문화사회에서 고려인 결혼이주여성을 비롯한 소수집단의 정체성을 이해하고, 더 나아가서 그들을 위한 심리·정서적 지원, 다문화상담 및 복지를 위한 기초자료로서 활용할 목적으로 저술했다. 특별히 이 책은 우즈베키스탄 고려인 출신 결혼이주여성의 생애 이야기를 그들의 정체성 발달이라는 이론적 관점으로 재구성했다는 점에서 기존의 연구들과 차별성을 가진다.

아직도 우리 사회에서 생소한 '고려사람', '고려인', '카레이스키'라고 불리는 재외동포들이 이주를 시작한 연도에 대해서 문헌마다 다소 차이는 있지만, 1869년에 조선에 대홍수와 기근과 같은 자연재해로 인해 자발적으로 최초로 이주한 지 150여 년이 되었다(정병진·남빅토르, 2011). 2024년에는 고려인 이주 160주년을 기념하는 행사가 돌아올 것이다.

고려인의 이주사는 유대인의 그것과 비견될 만큼 파란만장한 역사를 간직하고 있다. 1904년 러일전쟁과 1910년 한일 합방 이후에 일제의 토지 수탈 및 항일 운동을 이유로 대규모의 한인 이주가 있었다. 1937년에 소련 공산당의 이주 결정에 따라서 연해주 지역에 있던 18만 명의 한인들이 우즈베키스탄 등의 중앙아시아 지역에 강제로 이주해야 했다. 이어서 1991년 구소련 연방의 해체와 중앙아시아 국가들의 독립으로 인해 고려인들은 다시 연해주로 귀환했으며, 1999년 한국의 재외동포법 제정과 더불어 한국으로의 귀환 이주가 2000년대부터 증가했다.

법무부 출입국·외국인정책본부(2021)에 따르면, 2021년 12월 기준으로 외국국적 동포는 778,670명이다. 이 중에서 체류자격이 재외동포(F-4)와 방문취업(H-2)인 러시아, 우즈베키스탄, 카자흐스탄 국적을 가진 고려인의 현황을 추산하면 러시아계 고려인은 25,660명, 우즈베키스탄계 고려인은 28,644명, 카자흐스탄계 고려인은 8,022명, 키르기스스탄계 고려인은 2,383명, 우크라이나계 고려인은 1,126명, 타지키스탄계 고려인은 282명으로 최소 66,117명의 고려인이 국내에 체류하는 것으로 추정할 수 있다. 통계가 제시하는 것처럼, 국내 체류 고려인 중에서 우즈베키스탄계 고려인이 가장 많은 수를 차지한다.

하지만 고려인의 이주사에 비해 국내 학계의 고려인에 대한 연구사, 특히 국내에 거주하는 고려인에 대한 연구사는 매우 짧은 편이다. 고려인에 대한 국내 학계의 연구는 1984년부터 시작되었으나(양승조, 2019), 국내 체류 고려인에 대한 연구는 2013년에 시작되었으며 조선족에 비해 고려인은 학문적으로 주목받지 못했다고 평가하고 있다(이은정, 2015). 이런 점에서 국내 체류 고려인의 연구는 다른 재외동포들만큼 관심과 발전이 필요하다.

특별히 이 책은 국내 체류 고려인 결혼이주여성의 정체성에 관심을 가지고 있다. 정체성은 인간 연구에 핵심적인 요소임에는 이견이 없을 정도로 매우 중요한 연구 주제다. 특히, 강제되고 강요된 이주로 점철된 파란만장한 이주사에서 살아남은 고려인들에게 정체성은 어느 연구관점에서든 빠질 수 없는 핵심 주제다(윤석호, 2018). 이들의 정체성은 역사나 문화 바깥에 놓인 고정된 것이 아니라 문화, 역사, 권력의 작용에 의해 끊임없는 '되기'(becoming)의 과정을 이루는 것으로 이들의 정체성은 본질이 아니라 위치성을 갖는다(강희영, 2012). 고려인들은 모국과 한국의 양쪽을 연결하며 다양한 사회적 관계를 형성하고 유지하고 있으며, 새로운 정체성을 만들어내고 있다(김기영, 2019). 그러므로 이들과 함께 살아가는 다문화사회 속에서 이들의 정체성을 탐구하고 분석하여 정체성에 대한 문제점을 찾아 다문화적 상담의 함의를 얻는 과정은 중요한 시사점을 갖는다. 아울러서 결혼이주를 통해서 두 언어와 문화 사이를 살아가는 결혼이주여성들에게 정체성은 의식하든 의식하지 못하든 간에 일상적으로 고민하고 부딪히는 주제다. 인종 및 민족정체성은 북미와 같은 다문화사회에서 유럽계 백인과 함께 살아가는 유색인종에 대한 심리적 구성에 대해 가장 많이 연구되는 주제이지만, 정체성이 어떻게 개념화되고 작동되는지에 대해서 거의 합의가 되지 않은 연구 주제이기도 하다(Yip, Seaton, & Sellers, 2006). 그만큼 정체성은 문화, 인종, 종족 등을 포함하는 포괄적이고 모호한 개념이며 다면적이고 다차원적인 실체를 가진 주제임에 틀림없다. 그럼에도 불구하고 그

동안 국내와 해외에서 진행된 소수집단의 정체성 관련 이론을 가지고 고려인 결혼이주여성의 정체성의 중요한 측면을 포착해낼 수 있다면, 본 연구는 국내 고려인 연구에서 차별성과 기여 효과가 있다고 하겠다.

그러므로 이 책이 관심을 가지고 답을 하고자 하는 연구문제는 다음과 같다. 첫째, 우즈베키스탄 고려인 결혼이주여성의 인종문화정체성 발달의 주요 특징은 어떠한가? 둘째, 인종문화정체성 발달과정에서 나타난 정체성에 관한 문제들에 대해 다문화상담은 어떤 시사점을 줄 수 있는가?

2.
연구 방법

1) 생애사 연구

질적 연구방법의 한 분야로서 생애사는 고전적으로는 한 개인의 생애에 대한 기술이지만, 한 개인의 사적인 삶을 통해서 공적인 맥락을 찾고 이야기로 서술하는 방법이며(김영순 외, 2018), 생애 발달과정의 역사를 외적인 삶의 상태와 심리적이고 정신적인 내적 측면으로 묘사하는 방법으로 정의할 수 있다(김영천, 2013). 생애사 연구의 특징은 연구자와 구술자의 긴밀한 상호작용을 기반한 인터뷰를 통해서 구술자가 복합적으로 축적된 개인적인 삶의 경험들을 시간에 비추어 전개한다. 그리고 구술자가 자신의 이야기를 사회학적으로 해석하고 재구성함으로써 개인의 정체성을 재인식하고, 스스로 문제해결 방식을 찾아가게 하는 학습과정이다. 그러므로 이 책의 주인공들이자 연구참여자들인 고려인 결혼이주여성들의 이주를 전후로 한 생애 속에서 심리·정서적인 변화, 정체성의 변화를 포착하는 데 생애사 연구방법이 적합하다고 판단되어 본 연구에서 채택했다.

생애사 연구의 절차는 다음과 같다. 먼저 구술자와 연구자의 상호작용 속에서 심층면담이 진행되고 구술자료가 수집된다. 연구자가 수집된 구술자료를 분석하고 해석할 때, 몇 가지의 방법을 다음과 같이 종합적으로 사용한다(김영천, 2013; 김영순 외, 2018). 먼저 시간성을 기본적인 분석의 단위로 두고 구술자료 텍스트를 분석한다. 분석할 때 가능하면 이론적 관점, 분석방법, 자료, 관찰자를 다원화하여 분석한 뒤 공통적인 범주나 핵심적인 주제를 도출함으로써 질적 연구의 신뢰성을 확보할 수 있다. 연구자가 분석한 텍스트를 해석할 때 기존의 인문사회과학의 이론을 차용하여 연역적으로 범주를 도출하거나, 구술자료를 귀납적으로 범주화함으로써 새로운 범주를 도출할 수 있다. 아울러서 생애사의 부분적인 내용에 주목하기보다는 총체적인 관점에서 부분적이고 파편적인 구술자료들을 엮어내어 서로를 연관시킨다. 구술자료의 해석 시에는 연구자 본인의 이론적 토대나 가치관, 연구 의도에 따라서 해석이 달라질 수 있음을 주의하며, 연구자 본인의 자기성찰과 비평을 동시에 수행하면서 해석에 임해야 한다.

생애사의 최종적인 결과물인 글의 서술 형태는 연대기적 시간의 흐름에 따른 서술, 중요한 일화나 사건 중심의 서술, 참여자와의 협동적 서술 등으로 나눌 수 있다(김영천, 2013). 더 나아가서 이론적 관점 기반으로 기술하거나 사건과 경험의 체계를 연구자가 체계적으로 재구성하여 기술할 수도 있다(이병준, 2010).

2) 심리학 연구에서 생애사 활용

한 인간의 성격이나 정체성과 같은 심리적인 요소가 인간의 생애에 따라 형성되고 변화 및 발전된다는 점에서 인간의 심리정서적 측면을 생애사로 접근하는 것은 타당하다. 이병준(2004; 2010)에 따르면, 심리학 연구에서 대표적인 생애사 연구는 인성과 정체성에 대한 연구, 생애 위기에 대한 심리학적 연구, 질병의 심리적 성격 형성과의 관계에 대한 연구 등 세 가지 경향이 있다.

첫째, 생애사와 인성·정체성의 관계에 대한 연구다. 본 연구에서 관심을 가지는 정체성 형성에 대해 가장 선구적인 연구는 에릭슨의 정체성 발달에 대한 연구다. 에릭슨(Erikson, 1993)은 심리사회적 정체성의 발달을 생애사의 8단계, 즉 유아기 → 걸음마기 → 취학 전 아동기 → 초등학교 아동기 → 청소년기 → 성인 초기 → 성인 중기 → 성인 후기로 분류했다. 김나나와 권수영(2021)은 성소수자의 정체성 형성과정에서 종교의 영향을 분석했다. 이 연구에 따르면 성소수자의 정체성은 성소수성에 대한 인식 → 나를 확인하는 과정 → 종교와의 소통 → 삶의 핵심요소로의 전환이라는 단계를 거친다. 성소수자들은 종교의 부정적 낙인과 남성우월적인 문화에서 벗어나 다른 소수집단을 위한 옹호와 헌신을 지향했다. 양영자(2011)는 결혼이주여성의 생애사에서 여러 조건이나 상황과 협상하는 에이전시(행위자성)가 다양한 수준과 양상으로 작동하는 것을 국제결혼을 기점으로 한 전후의 생애로 살펴보았다. 결론적으로 결혼이주여성의 에이전시에 대한 생애사적 맥락에 대한 이해가 전제된 사회복지실천적 함의를 제시하고 있다.

둘째, 생애사에서 생애 위기(비판적 생애 사건)에 대한 심리학적 연구다.

김미령(2017)은 중년기에 사업의 실패로 인해 상실감의 위기에 처한 외식업 자영업자의 직업 생애사를 다루었다. 이 연구에서 직업적인 실패에서 끝나지 않고 중년기의 성숙성과 직업적 소명의식을 획득하는 생애 과정을 보여준다. 전명희(2017)는 북한이탈여성이 탈북, 재혼 후 가정폭력 및 이혼 등의 생애의 위기를 지나면서, 남과 북이라는 두 문화에서 겪게 되는 행위주체성과 주변성을 논의하고 있다.

셋째, 생애사를 통해서 질병의 관계에 대해 살펴본 연구다. 전은주(2020)는 조현병과 양극성 장애를 가진 청년기 재가 정신질환자의 생애사를 통해서 자아를 상실한 비애를 가진 연구참여자들이 고립된 삶 속에서 자기 존재를 수용하면서 적응해가는 과정을 설명했다. 김재환(2019)은 마약에 중독되었던 한 남성의 생애사에서 종교적 전환점을 중심으로 고통스러운 어린 시절부터 전환점 이후의 기독교 신앙적인 삶으로의 적응과 자기회복의 과정을 설명했다. 황임경과 김호연(2013)은 구술사 즉, 생애사와 의료인문학의 한 분야인 서사의학이 융합하여 만들어갈 수 있는 긍정적인 측면으로서 구술된 이야기의 치료적 효과에 대해 이야기하며 개인적인 아픔을 사회적 차원의 기억으로 호명하여 사회적 건강을 도모할 수 있다고 주장했다.

3) 연구참여자

이 책의 집필을 위해서 수집된 심층인터뷰 자료는 한국연구재단 토대기초연구지원사업인 '글로벌 시대 에스노그래피를 활용한 다문화가정

구성원의 디지털 아카이브 구축 및 지속가능한 다문화사회를 위한 사회통합에 관한 연구'를 통해서 수집되었다. 이 연구 프로젝트에서는 본 연구에서 초점을 맞추고자 하는 우즈베키스탄 출신 고려인 결혼이주여성을 포함하여 중앙아시아 출신 결혼이주여성 20명이 연구참여자로 인터뷰에 참여했다. 이들은 사할린센터, 디아스포라연구소, 다문화가족지원센터 및 이중언어강사가 직접 소개하거나 연구참여자들이 다시 연구참여자들을 소개하는 눈덩이 표집으로 섭외했다. 연구참여자들이 인터뷰에 참여하기 전에 먼저 전화로 연구 목적을 설명하고 참여의사를 확인했으며, 참여 의사를 밝힌 연구참여자들은 연구참여동의서를 작성하고 자필로 서명했다. 연구참여자들에게 출신국에서의 삶, 한국에 결혼 이주를 하게 된 동기, 한국 이주 후의 삶으로 구성된 생애사의 흐름에 따라서 반구조화된 질문지를 활용하여 인터뷰를 실시했다.

특히 이 책에 기술된 우즈베키스탄 고려인 결혼이주여성들은 한국에서 이중언어강사로 일할 만큼 한국어 소통에 능숙하여 인터뷰를 진행하는 데 어려움이 없었다. 연구참여자들은 인터뷰를 진행한 여성 연구자들에게 자신의 삶의 어려움까지도 기꺼이 공유했으며, 자신의 삶에 관심을 가지고 이야기를 경청하는 연구자들에게 감사의 마음을 전했다. 인터뷰 장소는 연구참여자의 자택이나 근처의 조용한 카페에서 실시했으며, 면담은 1회 120분 이상 진행했다. 인터뷰는 연구참여자들에게 사전에 동의를 구하고 녹음을 실시했으며, 개인정보 보호를 위해서 연구 외의 자료로 활용하지 않으며 모든 연구결과를 익명으로 처리하는 것을 약속했다. 인터뷰에 참여한 연구참여자들의 인터뷰는 2019년 9월에서 11월까지 진행했으며, 전사록 분량은 A4용지를 기준으로 76페이지였다. 연구참여자들의 기본 정보를 정리하면 다음 〈표 1〉과 같다.

〈표 1〉 우즈베키스탄 고려인 결혼이주여성 연구참여자의 기본 정보

참여자	나이*	거주 기간	학력	한국에서의 직업	결혼 경로	비자	종교
A	33	7년	대졸	이중언어강사	연애	결혼이민	기독교
B	34	11년	대졸	이중언어강사	연애	국적취득	기독교
C	35	15년	고졸	한국어교육 강사	소개	국적취득	러시아교회
D	37	9년	대졸	이중언어강사	연애	재외동포	무
E	45	22년	대학원 졸	통역사	연애	국적취득	기독교
F	42	12년	대학 중퇴	이중언어강사	소개	국적취득	무

* 2019년 기준 나이

〈표 1〉에서 보는 바와 같이, A는 33세로 슬하에 두 남매를 두고 있다. 현재 이중언어강사로 일하며 토픽 5급과 한국어강사 자격증을 준비하고 있다. 연구참여자는 우즈베키스탄에 타슈켄트 국립동방대학교 재학 시절 유학 온 남편을 만나 결혼했다. 우즈베키스탄에서 6년을 살다가 한국에 들어왔다. 한국에 살며 자녀 양육방식, 영상매체 노출, 이른 핸드폰 사용 등으로 갈등을 겪었다. 무엇보다 한국의 '다문화'라는 말이 사라지고 다민족 사회가 자연스럽게 받아들여져야 한다고 생각하고 있다. 사회에 필요한 사람이 되고 싶은 마음으로 봉사활동도 참여하고 미래에 우즈베키스탄에 한국식 어린이집을 운영하고자 하는 꿈을 가지고 있다.

B는 올해 34세이며 슬하에 세 자매를 두고 있다. 정부 장학생으로 뽑혀 한국에 유학해 왔으며, 지인 소개로 한국인 남편과 결혼했다. 가부장적인 시댁과 갈등을 겪으면서 맞서기도 하고 이혼까지 생각할 만큼 주체적인 여성이다. 한국에 오기 전까지 한국 동포라는 정체성으로 살았는데 막상 한국에서 자신은 다문화라는 범주로 취급받는 외국인이라는 현실을

경험하며 정체성 혼란을 겪었다. 자녀 출산과 양육으로 아직 대학원 졸업을 하지 못하고 현재 이중언어강사 일과 다문화가정 아이들의 심리상담 통역 일을 하고 있다. 미래에 석사를 졸업하고 법 관련 일을 통해 본인과 같이 차별과 폭력에 노출되어 있는 다문화 여성과 자녀를 돕고 싶은 꿈을 가지고 있다.

C는 35세로 슬하에 세 자녀를 두고 있다. 현재 한국어교육 강사로 일한다. 주변 사람들이 너무 이른 나이에 별생각 없이 결혼해서 사는 것이 싫어서 한국행을 택했다. 한국 남자와 결혼해서 살면서 생각했던 것과는 많은 것이 달랐다. 하지만 남편의 착한 성품으로 견딜 수 있었다. 시어머니는 아이들에게 러시아 말을 가르치는 걸 싫어하셔서 갈등이 있었다. 한국어 교육 교사로 일하면서 외국인 가정에 대한 염려와 걱정을 많이 했다. 자격을 충분히 갖추지 못한 상태에서 가르치는 일을 계속하는 것에 대해 고민하고 있다. 더 나은 교육기관에서 공부를 더 하고 싶은 마음도 있었다. 큰 바람은 연구참여자만의 자유로운 시간을 갖는 것이었다.

D는 37세로 아들 하나를 키우고 있다. 현재 이중언어강사로 일한다. 우즈베키스탄에서 경제 금융학을 전공했고, 5년 동안 은행에서 일했다. 우즈베키스탄은 한국보다 월급이 적었고 결혼 전에 돈을 모으고 싶어서 한국에 왔다. 우연히 같은 대학을 다녔던 남자와 결혼하게 되었다. 연구참여자는 한국어를 적극적으로 배우러 다녔고, 병원에서 외국인 환자를 대상으로 통역 봉사도 했다. 남편은 한국 국적을 취득했지만, 연구참여자는 현재 재외동포 신분을 유지하고 있었고, 아이의 이중국적 신분도 유지할 생각이다.

E는 45세로 슬하에 딸이 하나 있다. 한국어를 전공하고 한국 정부초청장학생으로 유학을 왔다. 대기업, 대통령 등의 통역을 하며 전문적인 커

리어를 쌓았으나 결혼과 육아로 인해 경력이 단절되었다. 남편과의 불화, 시댁의 무시, 경제적 어려움으로 인해 자신뿐 아니라 자녀도 심리적인 문제를 겪는 어려운 시간을 보냈다. 하지만 신앙과 상담의 도움으로 어려움을 극복하였했고 전문통역사로 다시 일을 하기 위해 고민하고 있다.

F는 42세로 슬하에 10살 된 쌍둥이 아들 둘을 키우고 있다. 현재 이중언어강사로 일한다. 러시아에서 고려인 외모로 차별받는 것이 싫어 한국에 오게 되었다. 그러나 한국에 와서도 '다문화'라는 잣대로 자신을 대하는 것 같아 또 다른 차별을 느낀다. 자녀들에게 러시아어를 가르치고 싶었지만, 때를 놓쳐 아쉽다고 생각하고 있다.

3. 연구 내용

이 책은 총 11장으로 구성되어 있으며, 3부로 나누어 기술했다. 1부는 '고려인 결혼이주여성 정체성의 이해'로서 '고려인의 정체성', '결혼이주여성의 정체성', '정체성 발달과 상담에서의 활용'이라는 세 개의 장으로 구성되었다. 2부는 '고려인 결혼이주여성의 이주 스토리텔링'으로 고려인 결혼이주여성 여섯 명의 생애담을 여섯 개의 장으로 나누어 기술했다. 3부는 '고려인 결혼이주여성의 정체성 발달'로서 정체성발달이론에 비추어 고려인 결혼이주여성의 정체성 발달의 특징을 기술했다. 11개의 장을 각 장별로 살펴보면 다음과 같다.

1장 '고려인의 정체성'에서는 이 책에서 다루는 국내에 거주하는 고려인의 현황을 소개하고 고려인의 정체성에 대한 최근 연구 동향을 통해서 학계에서 논의되고 있는 고려인의 정체성을 나누고자 했다.

2장 '결혼이주여성의 정체성'은 결혼이주여성에 대한 주요 인구통계를 소개하고 결혼이주여성의 연구 중에서 정체성에 대한 연구만을 추려서 연구적인 의의와 본 연구의 차별성을 드러내고자 했다.

3장 '정체성 발달과 상담에서의 활용'은 기존에 학계에서 많이 사용하고 있는 존 W. 베리(John W. Berry)의 문화적응 이론과 한계점을 소개했다. 아울러서 심리학 및 상담 분야에서 논의되고 있는 주요 정체성발달이론의 역사와 함께 본 연구에서 분석에 사용하고 다문화상담의 시사점을 제시하기 위한 이론적 틀로 사용할 데랄드 W. 수(Derald W. Sue)의 인종-문화 정체성발달이론을 설명했다.

4~9장은 우즈베키스탄에서 태어나고 한국으로 이주한 고려인 결혼이주여성 여섯 명의 이주생애사를 정리했다. 각 장은 먼저 이주생애담을 스토리텔링 형식으로 재구성했으며, 후속 연구를 위한 인터뷰 전사록을 추가했다.

10장 '고려인 결혼이주여성의 정체성 발달'은 3장에서 제시된 인종-문화 정체성 이론을 기반으로 4~9장에 제시된 연구참여자들의 생애담을 분석했다. 일치-부조화-저항과 몰입-내적 성찰-통합적 자각에 이르는 다섯 개의 발달 단계와 자신-소수집단-주류집단에 대한 세 개의 태도라는 이론적 틀을 사용하여 고려인 결혼이주여성이 경험하는 인종문화 정체성 경험의 특징을 기술했다. 아울러서 11장에서는 고려인 결혼이주여성에 대한 심리·정서적인 지원을 하고자 할 때, 상담을 위한 시사점을 소결로 제시했다.

1부

고려인 결혼이주여성 정체성의 이해

1부는 오영섭 · 김영순 · 김도경 · 정연주(2022)가 『문화교류와 다문화교육』 제11권 3호에 게재한 「고려인 결혼이주여성의 인종문화정체성 발달에 관한 생애사적 연구: 다문화상담의 가능성」을 확장하고 보완했음.

1장

고려인의 정체성

1.
고려인의 현황

'고려인'이란 러시아를 비롯한 구소련 국가에 주로 거주하면서 러시아어를 사용하는 한민족 동포를 말한다. 고려인들은 1860년대 혹독한 기근으로 인해 삶의 터전을 잃고 러시아 연해주 지역에 정착한 후, 1937년 구소련에 의해 우즈베키스탄, 카자흐스탄 등 중앙아시아로 강제이주 되었다. 고려인들은 구소련 붕괴 이후 집단농장이 급격히 와해되면서 소련 국민에서 지역 국가의 소수민족으로 전락하게 된다. 이로 인해 저임금과 실업의 상태가 지속되면서 유민화가 가속화되었다.* 중앙아시아 고려인들은 거주국에서 민족자치구나 민족자치주를 거론하기도 했지만, 결정적 다수를 형성하지 못했다. 이들은 주로 모스크바, 상트페테르부르크, 볼고그라드 지역, 아스트라한 지역, 연해주, 그리고 농업에 유리한 우크라이나로 많은 이주를 했다.**

---

* 국내 고려인 동포 현황. 고려인 지원 단체 사단 법인 '너머' 홈페이지, http://www.jamir.or.kr/main/main.php

** 홍인화(2013).「국내거주 재외동포의 현황과 정책과제: 조선족 · 고려인을 중심으로」. 전남대학교 글로벌디아스포라연구소 국내학술회의.

우리나라 〈재외동포법령〉 제2조 재외동포법을 살펴보면, '재외동포'란 다음 각 호의 어느 하나에 해당하는 자를 말한다.

1. 대한민국의 국민으로서 외국의 영주권(永住權)을 취득한 자 또는 영주할 목적으로 외국에 거주하고 있는 자(이하 '재외국민'이라 한다)
2. 대한민국의 국적을 보유하였던 자(대한민국정부 수립 전에 국외로 이주한 동포를 포함한다) 또는 그 직계비속(直系卑屬)으로서 외국국적을 취득한 자 중 대통령령으로 정하는 자(이하 '외국국적동포'라 한다)

〈재외동포법 시행령〉 개정안을 살펴보면, 제3조(외국국적동포의 정의) 법 제2조 제2호에서 "대한민국의 국적을 보유하였던 자(대한민국정부 수립 이전에 국외로 이주한 동포를 포함한다) 또는 그 직계비속으로서 외국국적을 취득한 자중 대통령령이 정하는 자"란 다음 각 호의 어느 하나에 해당하는 사람을 말한다.

1. 출생에 따라 대한민국의 국적을 보유하였던 사람(대한민국정부 수립 이전에 국회로 이주한 동포를 포함한다. 이하 이 조에서 같다)으로서 외국국적을 취득한 사람
2. 제1호에 해당하는 사람의 직계비속으로서 외국국적을 취득한 사람

위에서 살펴본 바와 같이 2019년 1월 법무부는 3·1운동 및 대한민국 임시정부 수립 100주년을 즈음하여 4세대 고려인 동포 등이 재외동포로 인정받지 못하여 국내 체류 중인 부모와 헤어지는 아픔을 해소하기 위해 「재외동포의 출입국과 법적 지위에 관한 법률 시행령」(약칭 재외동포법 시행

령) 개정을 추진했다. 또한 재외동포법 시행령이 개정되면 4세대 이후 외국국적동포들도 자유왕래 및 국내 체류에 대한 법적 지위가 보장되어 모국에 대한 기여 기회와 동포로서의 자긍심도 갖게 될 것으로 기대되고 있다.* 거주국 동포 간 차별을 최소화하기 위해 방문취업제(2007) 도입과 재외동포(F-4) 자격부여를 확대해왔으며 2019년 7월 2일 「재외동포의 출입국과 법적 지위에 관한 법률」 시행령 개정으로 4세대 이후 동포가 재외동포의 범위에 포함되게 되었다. 그뿐만 아니라 2021년 12월 27일 초·중·고교 재학 중인 동포 자녀에게도 재외동포(F-4) 자격 부여를 결정하는 등 포용적인 재외동포 정책을 지속적으로 확대 및 시행해나가고 있다.**

또한 국내로 유입되는 고려인의 수도 점차 늘어나 광주, 안산 등 고려인 마을(고려인 밀집 거주지역)이 형성되고 있다. 고려인의 국내 입국은 1999년 12월 재외동포법이 발표된 이후 중국, 구소련 지역 및 일본 거주 동포가 제외되었다가 2006년 2월 방문취업제 시행에 따라 입국이 가능하게 되었다. 2021년까지 법무부가 집계한 고려인 동포 체류 현황은 〈표 2〉와 같다.

표에 나타난 바와 같이 2020년 대비 외국인 출입국자는 61.6% 감소했으며, 2021년 외국인 출입국자 수는 코로나19 확산에 따른 해외 각국의 국경 통제, 여행 자제로 인해 출국자 수가 줄어들고, 무사증입국 잠정 정지 및 사증발급 심사 강화 등 코로나19 해외 유입 억제조치 등으로 외국인의 입국이 대폭 감소했음을 알 수 있다. 또한 2019년 코로나19 확산에 따른 고려인 동포 국내 유입 사례도 점차 감소하는 것을 볼 수 있다. 체류

---

* 「고려인 등 재외동포 범위를 4세대 이후까지 확대합니다」. 법무부 홈페이지 보도자료(2019. 1. 25) 재구성.

** 「2021년 출입국 · 외국인정책 통계연보」, 74쪽 인용.

〈표 2〉 고려인 동포 체류 현황

(단위: 명)

국적	2010	2018	2019	2020	2021
한국계 러시아	2,597	24,132	26,410	26,285	25,660
우즈베키스탄	6,358	30,240	32,154	28,087	28,644
카자흐스탄	643	11,060	12,977	11,355	8,022
키르기스스탄	171	2,395	2,532	2,135	2,383
타지키스탄	20	210	253	249	282
기타	4	24	27	25	0
합계	9,793	68,961	74,353	67,140	64,991

출처: 법무부 출입국·외국인정책본부(2010, 2018, 2019, 2020, 2021) 재구성.

자격별 외국인 입국자 현황으로 살펴보면, 2020년 입국자수 중 재외동포(F-4)는 112,752명, 2021년 입국자수 중 재외동포는 64,246명으로 전년 대비 −43.0%로 나타났다. 2020년 입국자 수 중 방문취업(H-2)은 58,992명, 2021년 입국자 수 중 방문취업은 53,799명으로 전년 대비 −8.8%로 나타났다.

2.
고려인의 정체성에 대한 연구 동향

먼저 고려인 연구가 전반적으로 어떻게 국내에서 진행되었는지 연구 동향을 살펴볼 필요가 있다. 양승조(2019)는 국내에서 고려인에 대한 연구의 시작은 1984년에 발간된 고송무의 저서 『소련 중앙아시아의 한인들』으로 보고 있으며, 2018년까지 35년 동안 학위논문, 학술지 논문, 단행본을 포함하여 총 753편이 생산되었다고 말한다. 고려인에 대한 연구는 해외 거주 한국인 연구자들이나 중앙아시아 고려인 연구자들이 연구를 처음으로 시작했으며, 국내 연구자에 의한 고려인에 대한 학술지 논문은 1991년에 처음으로 시작하여 35년간 총 436편이다. 그러나 이 중에서 주목할 만한 부분은 한국에 체류하는 고려인에 대한 연구는 2008년에야 시작되었으며 2014년 이래로 빠르게 증가하고 있으며 10개의 주제로 발전되는 추세이나, 2018년까지 27편으로 국내 연구자들의 한국체류 고려인에 대한 연구는 전체의 6%(27편)에 불과하다는 점이다. 양승조는 결론적으로 향후 연구 방향을 고려인 관련 세부 주제들에 대한 연구, 고려인 정주사에 대한 연구, 민족사적인 틀을 벗어난 보편적 관점의 연구를 제안하고 있다.

본 연구가 관심을 가지고 있는 고려인의 정체성에 대한 최근 선행연구는 정체성의 요인, 특성, 변화에 관한 주제를 다루고 있다. Hong과 Cho(2021), Hong(2020)은 특별히 독립국가연합(CIS)에 속한 현지 국가들에 거주하는 102명의 고려인 밀레니얼 세대(고려인 3~4세대)의 국가정체성에 미치는 영향을 살펴보았다. 구체적으로 현지국과의 관계인지, 모국인 한국과의 관계인지, 모국에 대한 경험, 가족교육, 한국문화, 한국역사, 한국어의 일곱 개의 독립 변수가 국가정체성 발달과 삶의 전반적인 만족이라는 두 개의 종속변수에 미치는 영향에 대해 살펴보았다. 아울러서, 종속변수로서 국가정체성이 삶의 전반적인 만족도, 모국인 한국으로의 대한 소망, 한국통일에 대한 인식이라는 세 가지 변수에 영향을 미치는지에 대해 살펴보았다. 연구결과로서 국가정체성에 대해 전통적으로 중요하다고 고려된 요인인 가족교육, 한국문화, 한국역사, 한국어, 모국에 대한 관계인지 등의 요인이 여전히 중요한 요인임에도 불구하고, 직접적이고 경험적인 요소인 현지국과의 관계 인지와 모국에 대한 경험이 국가정체성에 더 강력한 영향 요인이었다. 그뿐만 아니라, 이 연구는 국가정체성이 삶의 전반적인 만족도와 모국인 한국으로의 귀환에 대한 소망에 영향을 미치지만, 한국통일에 대한 인식과는 상관이 없는 것으로 나타났다. 그러므로 이 연구는 고려인 밀레니얼 세대인 청장년 세대의 정체성에 있어서 1세대의 고향에 대한 상상화되고 이상화되며 모호한 현실에 가까운 단일민족적인 공동체에 접근하기 위한 기술, 지식과 정서적인 연대감의 중요성이 점점 감소되는 것으로 볼 수 있다고 해석하면서, 한국 정부가 정책적으로 고려인들이 현지국에서 경험하는 사회적 차별과 배제의 경험을 경감시키는 방향으로 국제적 영향력을 발휘할 수 있도록 해야 하며, 고려인의 모국 귀환 경험이 보다 실질적으로 강화되도록 방향을 제시하고 있다.

박신규(2020)는 고려인 귀환 청소년의 이주 과정과 정체성의 특징을 분석했다. 고려인 귀환 청소년들은 거시적으로는 재외동포정책의 변화에 따라서 귀환 이주를 선택했으며, 미시적으로는 부모의 사회경제적 위치에 따라서 적응과 경험의 차이를 보였다. 하지만 귀환 이주의 삶에서 한국사회는 이들에게 여전히 상상의 공동체로 존재하며 현실적으로는 외국으로 존재한다. 결론적으로 이 연구는 고려인 청소년들이 '선조'의 나라 한국에서 '고려인'이라는 집단 정체성에 소속되기보다는 '개인'으로서의 정체성을 기반으로 한국의 체류를 기능적인 수단과 유동적인 선택 사항들 중의 하나로 고려하는 유목민적인 정체성을 지니고 있으며, 이런 정체성은 재외동포청소년정책에 중요한 단서가 된다고 평가하고 있다.

상기의 Hong(2020), 박신규(2020)의 연구결과와 비슷한 방향으로, 김혜진(2016)은 한국에 거주하는 고려인 청년층의 정체성 변화를 설명했다. 고려인 청년층은 한국으로 이주하기 전에 한인으로서 명확한 정체성이 있었음에도 불구하고, 이주 후에 이들은 상당한 변화와 혼돈의 기간을 통과하게 되며 거주국에서보다 모국에서 오히려 한국 사회의 일원으로서의 동일화 과정보다는 외국에서 온 한인으로서의 타자화 과정이 발생했다. 하지만 고려인 청년들은 사회심리적인 요인과 달리 한국 사회의 경제·사회적인 우수한 인프라와 정책적인 흡입요인으로 인해 영주귀환을 원하는 모순적인 태도를 취하고 있었다. 그러므로 이 연구는 한국인과의 진정성 있는 교류가 민족정체성을 변화시킬 수 있는 핵심적인 과제라고 주장하고 있다.

강희영(2012)은 초국적 정체성이라기보다는 트랜스로컬(translocal) 정체성이라는 측면에서 구소련권 유학이주여성들의 이주 경험을 통해서 고려인의 정체성을 탐색했다. 이 연구는 러시아어 정체성과 기원지 한국정체성이라는 두 개의 차원에서 한인디아스포라의 정체성을 디아스포라 정체성, 혼성화된 언어지향 정체성, 혼성화된 종족지향 정체성, 트랜스로컬 정체성의 네 가지 유형으로 나누어 살펴보았다. 영토적 정체성보다는 언어 정체성이 더 중요한 연구참여자들은 한국과 러시아권 사이에서 어느 한 쪽에도 절대적으로 귀속되지 않는 트랜스로컬 정체성을 가지며, 두 문화 사이에서 양자택일이 아니라 취사선택을 하면서 자신의 입지를 확장하는 능동적인 전략을 수행했다. 아울러서 디아스포라 기원지로서 한국의 체류 경험은 정체성 갈등의 해소와 치유 과정이 아니라, 오히려 정체성의 분화과정임을 주장했다.

결론적으로 상기의 대표적인 최근 선행연구들의 흐름이 현재와 미래의 연구자들에게 제시하고 있는 것은 고려인 정체성을 바라보는 패러다임이 상당히 바뀌었다는 것이다. 박민철(2014)은 기존의 고려인 연구가 민족적 요소와 소속감을 강조하면서 민족문화 동질성 측면에서 고려인을 포섭하고자 하는 연구 경향을 가졌다면, 최근의 연구 경향들은 디아스포라라는 관점에서 민족정체성의 이질적 측면을 강조하면서 혼종적이고 유목민적인 정체성에 주목한다고 말한다. 계속하여 박민철은 인식의 주체로서의 한국인과 인식의 대상으로서의 고려인과 같은 이분법적인 구분을 해체하고, 한국인과 고려인 사이의 수평적이며 대등한 관계 속에서 고려인 스스로 자기 인식과 고려인 디아스포라의 존재 방식을 드러내는 고려인의 '가치지향성' 연구에 집중하는 것이 궁극적으로 한국인 디아스포라와의 상생과 협력을 모색하는 길이라고 주장한다. 그러므로 고려인의 정체성을 적실하게 포착해낼 수 있는 이론적 개념을 활용할 때, 고려인의 정체성 연구에 전기를 마련하게 될 것이다.

2장

결혼이주여성의 정체성

1.
결혼이주여성의 현황

오늘날 세계는 초국적 이주가 보편화된 '하나의 지구촌', '이주의 시대'로 규정할 수 있다(Castles & Miller, 2013). 조일준(2016)은 이러한 인류사를 '이주하는 인간, 호모 미그란스(Homo Migrans)'*라고 명명했다.

한국 사회는 2000년대 외국인 100만 시대를 맞이했으며 2020년 기준으로 170만 명에서 2040년 216만 명으로 늘어날 것으로 본다. 통계청(2022a)의 「2021년 장래인구추계를 반영한 내외국인 인구전망」에 의하면 귀화자나 이민자 2세, 외국인을 포함한 '이주배경인구'는 2020년 218만 명에서 2040년 323만 명 이상 증가하며 총인구 중 이주배경인구 구성비가 2020년 4.2%에서 2040년 6.4%까지 증가할 전망이다.

이러한 증가의 배경에는 2000년대 초 한·중 수교 이후 조선족 결혼이주여성의 증가와 함께 필리핀 결혼이주여성의 증가가 두드러진다. 최근에는 베트남, 필리핀, 캄보디아, 태국, 몽골 등 출신 국적이 다양해졌다.

---

* 들뢰즈의 노마드와 다른 개념으로 노마드가 정주에 연연하지 않는 반면 호모 미그란스는 정착지를 근거로 삼는 진지전 성격이 강하다(조일준, 2016).

〈표 3〉 연도별 결혼이민자 현황

(단위: 명, %)

구분	2012	2013	2014	2015	2016	2017	2018	2019	2020	2021
인원	148,498	150,865	150,994	151,608	152,374	155,457	159,206	166,025	168,594	166,771
전년 대비 증감률	2.6	1.6	0.1	0.4	0.5	2.0	2.4	4.3	1.5	−1.1

출처: 법무부 출입국·외국인정책본부(2022), 「출입국·외국인정책 통계연보」 재구성.

결혼이민은 2000년에 7천 건이 채 되지 않았지만 2005년에는 3만 건이 넘었으며 이후 지속적으로 감소하며 최근 10년 평균 1만 5천여 건을 유지하고 있다. 결혼이민자 수를 살펴보면 2002년 이후 매년 28% 이상의 높은 증가율을 보이다가 2014년 4월 국제결혼 건전화를 위한 결혼이민 사증 발급 심사 강화 및 국제결혼 안내 프로그램 이수 의무화 조치 등의 영향으로 증가율이 감소했다. 최근 10년간 결혼이민자 현황을 살펴보면 〈표 3〉과 같다.

표의 내용을 살펴보면, 2014년 이후 1% 미만의 증가율을 보이다 2017년부터 코로나19 확산 전인 2019년까지 2% 이상의 증가율을 보이고 있다. 하지만 코로나19가 확산되면서 국가 간 이동이 제한되며 2020년 이후부터 새로 입국하는 결혼이민자가 감소했으며 2021년에는 결혼이민자 수가 처음으로 감소한 것을 확인할 수 있다. 결혼이민자들의 주요 출신국을 살펴보면 중국, 베트남, 일본, 필리핀, 태국, 캄보디아, 미국 등이다. 이들의 국적·성별 현황을 살펴보면 〈표 4〉와 같다.

〈표 4〉 결혼이민자 국적·성별 현황

(단위: 명, %)

국적 성별	총계	중국	베트남	일본	필리핀	타이	캄보디아	미국	기타
전체	169,633	59,499	41,447	15,074	12,041	6,558	4,565	4,538	24,618
	100	35.4	24.6	8.9	7.1	3.9	2.7	2.7	14.6
남자	33,392	14,022	4,031	1,307	580	129	668	3,350	9,305
	(19.3)								
여자	136,241	45,477	35,105	14,059	11,673	7,377	3,973	1,451	17,126
	(80.7)								

출처: 법무부 출입국·외국인정책본부(2022), 「출입국·외국인정책 통계연보」 재구성.

표에 나타난 결혼이민자의 국적 및 성별 현황을 살펴보면 한족과 조선족을 포함한 중국이 6만여 명으로 가장 많으며 그 뒤로 베트남 4만 천여 명, 일본이 1만 5천여 명, 필리핀 1만 2천여 명, 태국이 6천여 명, 캄보디아 4천여 명으로 미국을 제외한 대부분의 출신국이 아시아계다. 또한 남자가 19.3% 여자가 80.7%를 차지하고 있어 여성이 남성보다 네 배 정도 많음을 알 수 있다.

한국인의 외국인과의 혼인 수는 2006년 3만 9천여 건을 정점으로 2016년 2만여 건까지 줄었다(통계청, 2022d). 2017~2019년 약간의 증가세를 보였으나 이 또한 코로나19의 영향으로 20년 처음으로 2만 건 미만으로 떨어졌으며 21년에도 1만 3천 건으로 전년 대비 2천 건(14.6%) 감소했다. 외국인과의 혼인 건수 및 배우자 출신 국가 현황은 〈표 5〉와 같다.

표를 살펴보면 전체 혼인이 19만 2천 건으로 전년 대비 9.8% 감소한 데 비해 외국인과의 혼인은 14.6% 감소하여 상대적으로 감소폭이 크다.

〈표 5〉 외국인과의 혼인 건수 및 배우자 출신 국가

(단위: 건, %)

구분	2013	2014	2015	2016	2017	2018	2019	2020	2021
총 혼인 건수	322,807	305,507	302,828	281,635	264,455	257,622	239,159	213,502	192,507
외국인과의 혼인	25,963	23,316	21,274	20,591	20,835	22,698	23,643	15,341	13,102
(한국 남자+외국 여자)	18,307	16,152	14,677	14,822	14,869	16,608	17,687	11,100	8,985
중국	6,058	5,485	4,545	4,198	3,880	3,671	3,649	2,524	2,426
태국	291	439	543	720	1,017	1,560	2,050	1,735	1,589
베트남	5,770	4,743	4,651	5,377	5,364	6,338	6,712	3,136	1,319
(한국 여자+외국 남자)	7,656	7,164	6,597	5,769	5,966	6,090	5,956	4,241	4,117
미국	1,755	1,748	1,612	1,377	1,392	1,439	1,468	1,101	1,276
중국	1,727	1,579	1,434	1,463	1,523	1,489	1,407	942	777
베트남	279	283	432	565	586	587	639	501	440
외국인과의 혼인 비중	8.0	7.6	7.0	7.3	7.9	8.8	9.9	7.2	6.8

출처: 통계청(2022d), 「인구동태통계연보」 재구성.

전체 혼인에서 외국인 혼인이 차지하는 비중은 6.8%로 전년보다 0.4% 감소하며 비슷한 수준을 유지하고 있다. 한국 남자와 외국 여자의 혼인 건수가 1만 8천여 건(68.6%)이며 한국 여자와 외국 남자와의 혼인 건수는 7천 7백여 건(31.4%)으로 한국 남자와 외국 여자의 혼인 건수가 두 배 이상 높다. 앞서 〈표 4〉의 결혼이민자 국적 및 성별 현황과 외국인과의 혼인 건수 추이를 함께 살펴보면 외국인과의 혼인과 결혼이민에 있어 두드러진 여성화 현상을 볼 수 있다. 한국 남자와 혼인한 외국 여자의 국적은 중국(27.0%), 태국(17.7%), 베트남(14.7%) 순이었으며 한국 여자와 결혼한 외국 남자의 국적은 미국(31.0%), 중국(18.9%), 베트남(10.7%)으로 나타났다.

<표 6> 외국인과의 이혼

(단위: 건, %)

구분	2013	2014	2015	2016	2017	2018	2019	2020	2021
총 이혼 건수	115,292	115,510	109,153	107,328	106,032	108,684	110,831	106,500	101,673
외국인과의 이혼	10,480	9,754	8,237	7,665	7,130	7,140	6,899	6,174	6,173
(한국 남자+외국 여자)	7,588	6,998	5,743	5,610	5,206	5,174	4,917	4,378	4,315
중국	3,797	3,402	2,830	2,703	2,351	2,275	2,104	1,674	1,584
베트남	2,057	1,821	1,480	1,570	1,575	1,570	1,463	1,408	1,349
태국	133	107	101	107	132	143	169	229	276
(한국 여자+외국 남자)	2,892	2,756	2,494	2,055	1,924	1,966	1,982	1,796	1,858
중국	1,080	1,025	992	919	843	816	814	742	758
일본	1,196	1,108	893	505	442	490	448	337	304
미국	249	250	230	230	214	229	246	241	253
외국인과의 이혼 비중	9.1	8.4	7.5	7.1	6.7	6.6	6.2	5.8	6.1

출처: 통계청(2022b), 「2021년 혼인·이혼 통계」.

2020년 기준 다문화 이혼 가정의 평균 결혼생활 기간은 8.7년으로 한국인 이혼 가정의 평균 결혼생활 기간인 17.4년과 비교하면 결혼생활 지속성에 있어 현저히 낮다(김영순·권요셉·최수안·김명희, 2022). 통계청 「2021년 혼인·이혼통계」(2022. 3. 16.)에 따르면, 외국인과의 이혼 비중은 2013년 9.1%에서 2021년에는 6.1%로 꾸준하게 하락하고 있으며 그중 외국인 여자와의 이혼 비중이 69.9%, 외국인 남자와의 이혼 비중이 30.1%를 차지하고 있어 아내가 외국인인 경우의 이혼율이 두 배가 넘는다. 외국인과의 이혼을 살펴보면 <표 6>과 같다.

표에 의하면 2021년 전체 이혼 중 외국인과의 이혼 비율이 6.1%로 전년보다 0.3% 증가했다. 2013년 1만여 건에서 2021년 6천여 건으로 줄어드는 추세이며, 2021년 외국인 여자와의 이혼은 4천 3백여 건으로 전년 대비 1.4% 감소한 데 비해 외국인 남자와의 이혼은 1천 8백여 건으로 전년 대비 3.5% 증가했다.

이혼한 결혼이주여성의 국적은 중국(36.7%), 베트남(31.3%), 태국(6.4%) 순이며, 한국인 여자와 이혼한 외국 남성의 국적은 중국(40.8%), 일본(16.4%), 미국(13.6%) 순으로 나타났다.

이러한 이혼의 원인은 결혼 동기와 현실 결혼생활의 괴리, 경제적인 어려움, 의사소통과 자녀 양육의 어려움, 문화 간의 차이 등으로 다양하다(김영순 외, 2019). 정부는 다문화가족의 안정적인 정착을 위해 다양한 다문화 정책을 펴오고 있으며 2022년 2월 제20차 다문화가족 정책위원회는 '22년도 다문화가족정책 시행계획'을 통해 다문화가족 장기 정착 지원, 결혼이민자의 사회참여 확대, 다문화가족 자녀의 안정적 성장 지원과 역량 강화, 상호존중에 기반한 다문화 수용성 제고, 협력적 다문화 가족정책 운영을 위한 추진체계 강화 등 세부 과제를 상정했다. 또 '학령기 다문화 자녀 포용적 지원 방안' 정책을 마련하여 다문화 가정 자녀 학생들에게 동일한 교육의 기회를 보장하기 위해 다양한 지원 방안들을 마련하는 등 다문화가족의 사회통합과 경제성장을 위한 정책을 추진하고 있다.

2.
결혼이주여성의 정체성에 대한 연구 동향

국내 결혼이주여성의 수적인 증가는 관련 연구의 폭발적인 증가를 불러일으켰다. 강진구 외(2020)에 따르면, '다문화가정'이라는 단어가 국내 연구에서 '이주민', '이민자' 등의 단어에 비해 압도적으로 많이 등장했다는 점에서 국내에서 이주나 이민자와 같은 전통적인 다문화 주제보다도 다문화가정에 증폭된 관심을 가지고 연구가 집중되었다고 설명한다. 이와 같이 다문화가정의 핵심 구성원으로서 결혼이주여성은 국내 연구에서 가장 많은 주목을 받는 주제 중의 하나이다. 본 연구에서 관심을 가지고 있는 결혼이주여성의 정체성에 초점을 맞추어 국내 연구 동향을 살펴보고자 한다.

첫째, 정체성의 발달과정을 살펴본 연구이다. 박동숙, 임해영, 김은경(2019)은 결혼이주여성들의 결혼생활 과정에서 적응 경험과 그 의미를 파악하고 적응에 영향을 미치는 심리적·사회문화적 맥락을 근거이론방법으로 탐구했다. 이들 적응 경험의 중심 현상은 '정체성 세우기'이며, 한국인으로서의 정체성과 부모로서의 정체성을 통합하고자 했다. 아울러서 이들의 적응경험 과정은 다섯 단계로서 출발 → 혼란과 불만족 → 한계상황 → 도전하는 삶 → 정체성 형성으로 나타났다.

고유선(2012), 고유선, 김태호(2011)는 역시 근거이론방법을 사용하여 결혼이주여성의 문화적 정체감이 발달하는 과정과 발달 유형을 살펴보았다. 문화적 정체감 발달의 중심 현상은 '정체성의 혼란'이었다. 문화적 정체감 발달과정은 다섯 단계로서 미래에 대한 불안과 두려움 → 선택 수용 → 긍정적인 노력 → 아픔에서 성장 → 통합된 정체성으로 나타났다. 아울러서 문화적 정체감 발달 유형은 세 가지로서 현실 순응형, 극복형, 도약형이 있었다.

둘째, 언어적인 측면에서 정체성을 탐색한 연구이다. 홍영숙(2019)은 언어정체성이라는 관점에서 따갈로그어, 영어, 한국어의 세 개 언어를 사용할 수 있는 필리핀 결혼이주여성의 정체성을 내러티브 탐구로 연구했다. 한국어, 영어, 따갈로그어 각각의 언어가 필리핀 결혼이주여성의 한국생활에서 엄마 됨, 안전감, 자부심, 경제력, 국가정체성, 위로와 정서적 자유 등에 관련되었다.

강미옥, 이정애, 최은경(2019)은 베트남 결혼이주여성의 정체성을 이중언어 교육분야에서 활용되는 이론인 정체성과 투자 모델(Darvin & Norton, 2015)로 분석했다. 이 이론은 결혼이주여성의 타자로서 정체성은 이주국의 이데올로기와 접촉하고, 자신의 사회·경제·문화·언어 자본을 투자할 때 새롭게 형성되고, 정체성은 투자의 과정에 관여하는 하나의 구성요소로 보았다. 결론적으로 베트남 결혼이주여성들은 이중언어 사용자로서 정체성이 강화되고, 다문화 강사로서의 직업을 통해서 이중언어 자본을 경제적·사회적 자본으로 치환했으며, 동화주의적 관점과 다문화주의적 관점 사이에서 갈등하고 절충했다.

이와 유사한 맥락에서 이경재(2018)는 결혼이주여성의 이중언어 정체성에 대한 중요성을 한국 다문화 소설을 통하여 고찰했다. 이 연구는 결혼이주여성들의 모국어와 한국어를 모두 사용하지 못하는 상황을 그린 소설과 다른 한편으로는 모국어와 한국어를 모두 사용하는 상황을 묘사한 소설을 대조함으로써 존재의 근거가 되는 이중언어 정체성의 중요성을 부각하면서 이에 대한 한국 사회의 지원을 촉구하고 있다.

셋째, 주체적인 정체성을 강조한 연구이다. 박선영(2019)은 베트남 결혼이주여성의 정체성을 행위의 주체로 보고 자아실현 주체, 관계지향 주체, 사회적 주체, 돌봄 주체로서 유형화하여 살펴보았다.

황해영, 김영순(2017)은 결혼이주여성의 정체성을 호네트(Honneth, 1992)의 인정투쟁 관점에서 살펴보고자 했다. 이 연구는 재한 중국 동포 결혼이주여성들이 남편, 시댁, 학부모, 이웃, 직장 등의 사회적 관계에서 인정을 획득하기 위하여 다양한 전략을 사용했으며, 유연한 정체성 활동을 수행했다. 이 과정에서 주체성이 향상되는 결과를 가져왔다고 보았다.

마찬가지로 인정투쟁이라는 이론적 관점에서 허선미, 최인이(2016)는 고학력 결혼이주여성들이 본국에서 누렸던 삶의 자리보다 낮아진 한국에서의 삶의 자리, 즉 탈구위치(dislocation)에서 사회적 지위를 회복하기 위하여 이중언어강사라는 직업을 통해서 임파워먼트(empowerment)를 경험하고 인정투쟁을 적극적으로 전개해가면서, 결혼이주여성의 정체성을 형성해 간다고 주장했다.

넷째, 다중적이고 혼종적인 정체성의 측면에서 분석하는 연구이다. 강진웅(2016)은 결혼이주여성의 정체성이 다중적이며 복합적이라는 점에서 이분법적인 연구가 아니라, 종족, 인종, 국가, 문화, 계급 등의 다양한 차원을 상호교차 시키고 재구성할 수 있는 통섭적(intersectional) 연구를 주장한다. 연구라고 주장하며, 결혼이주여성 다섯 명의 다차원적인 정체성 변화 과정을 소개했다.

박규택(2015)은 결혼이주여성이 이중문화를 경험하는 제3의 공간과 이 공간에서 경험하는 모호하고 미확정적 상태를 뜻하는 전이성(liminality)의 관점에서 정체성을 설명하고자 했다. 이 연구에서 살펴본 대구시와 구미시에 거주하는 결혼이주여성의 정체성은 상황적 맥락에 따라서 다양하게 변화했으며, 언어, 관습, 음식, 자녀양육, 친정 · 시댁 · 지역공동체 · 자조모임의 인간관계 등이 매개가 되었다. 이를 통해서 결혼이주여성의 유동적이고 혼종적인 정체성을 이해하고자 했다.

안순태와 이하나(2016)는 결혼이주여성의 정체성을 소셜미디어를 활용한 사회적 지지, 사회적 관계망을 통해서 분석했다. 이 연구는 베트남 결혼이주여성들이 소셜미디어에서 관계가 형성된 한국인과 베트남인들로부터 긍정적으로 사회적 지지를 받는다고 인식했으며, 베트남인들과의 결속형 사회자본은 사회적 지지에 대한 인식을 강화시켜주었지만, 한국인들과의 결속형 사회자본의 효과는 그렇지 못했다고 보았다. 결론적으로 이 연구는 결혼이주여성의 초국적 정체성과 사회자본을 형성하는 데 영향을 주는 소셜미디어의 정책적 활용방안을 제시했다.

심영의(2013)는 다문화 소설에 나타난 조선족 출신 결혼이주여성의 사랑과 경제를 통해서 결혼이주여성의 정체성을 경제적인 차원으로 환원시키기보다는 배우자와의 관계를 포함한 새로운 인간관계, 낯선 문화와의 접촉을 통해서 새로운 정체성을 만들어가는 '유목적 정체성'의 관점에서 살펴보고자 했다. 이 연구는 들뢰즈의 관점에서 결혼이주여성은 안정된 영토를 벗어나 영토화를 거부하고 탈주의 선을 따라서 탈영토화를 시도하는 유목민으로 주장하고 있다.

다섯째, 정체성과 적응의 관계를 살펴본 연구이다. 조민경, 김렬(2010)은 이중문화 정체성이 사회문화 적응에 미치는 영향을 살펴보았으며, 조절 요인으로서 거주기간, 동거유형, 연령, 성별, 교육 수준의 영향을 분석했다. 결혼이주여성들의 이중문화정체성과 사회문화 적응은 통계적으로 유의미한 관계이며, 성별과 거주기간은 조절 요인으로 작동하지만, 다른 요인들은 그렇지 않았다.

김희주(2010)는 베리(Berry)의 문화적응이론을 기반으로 피니(Phinney, 1990)가 네 가지로 유형화한 이주민의 민족정체성을 활용하여 필리핀과 베트남 결혼이주여성들의 민족정체성의 특징을 개인, 가족, 사회적 맥락으로 나누어 분석했다. 문화적응 유형 중에서 한 가지 유형의 민족정체성을 형성한다고 주장한 피니와는 달리, 이 연구는 개인에 따라서 다른 맥락으로 인해 민족정체성이 다르게 형성될 수 있으며, 민족정체성은 다양한 외부 요인들의 상호작용 결과물이라는 점을 제시한다. 이런 점에서 동화주의적인 사회복지적 접근이 다문화적 관점으로 전환되어야 함을 주장한다.

박주희와 정진경(2007)은 결혼이주여성들의 문화적응과 정체성에 영향을 미치는 요인과 대처전략을 살펴보았다. 주요 요인으로서 상황요인은 언어와 문화의 학습, 인간관계와 사회적 지원, 자녀 양육, 한국 사회의 이주여성 수용도였다. 주요 요인으로서 대처전략은 적극적 대처와 소극적 대처의 태도를 취했다. 문화적응 유형은 대부분 동화와 통합의 유형으로 나타났다. 이러한 연구결과는 결혼이주여성이 피해자나 사회적 약자만 아니라 주체적 여성으로서의 모습을 보여준다.

상기의 선행연구를 종합해볼 때, 결혼이주여성의 정체성은 기존의 동화주의의 관점으로 설명할 수 없는 주체적이고 비선형적인 특성을 가진다. 동시에 다차원적이고 중층적인 특성을 보인다. 이처럼 선행연구들은 정체성과 적응의 관계와 관련 요인을 밝히고자 했으며, 발달적인 측면에서 과정을 살펴보고, 유형을 분류하고자 하는 시도가 있었다. 하지만 결혼이주여성의 인종문화정체성 발달에 대한 진지한 논의는 거의 찾아보기 힘들었다.

3장

정체성 발달과 상담에서의 활용

정체성은 우리가 접촉하는 세계와 상호작용하는 구조다(Campbell, 2010). 민족정체성은 정체성의 한 종류이며, 민족집단의 소속감과 인지된 소속의 결과로서 인식, 감정, 행동을 말하는데, 민족의식, 민족태도, 준거집단과 민족적 행위들의 선택과 같은 요소로 구성된다(Rotheram-Borus, Dopkins, Sabate, & Lightfoot, 1996; Campbell, 2010). 특별히 이주민과 같은 다른 민족과 문화에 대한 정체성은 다음과 같은 두 가지 이론을 중심으로 논의가 되어 왔다.

1. 문화변용 및 적응이론

과거로부터 현재까지 고려인의 정체성 및 심리정서에 대한 연구의 대다수는 베리의 문화변용(acculturation) 및 적응(adaptation) 이론을 기반으로 연구되었다(Berry, 1997; 2005). 이 이론은 주류집단과 소수집단 사이의 관계, 모국 문화유산과 정체성의 유지라는 두 개의 축으로 구성된 이차원적인 모델로서, 다음의 [그림 1]과 같다.

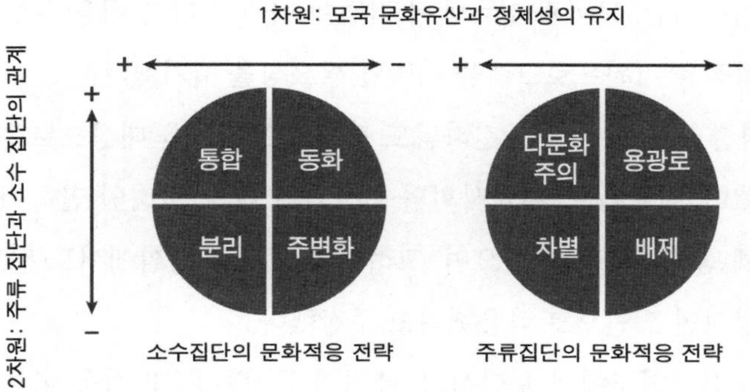

[그림 1] 문화적응 모형

출처: Berry (2005)에서 재구성.

[그림 1]에서 보는 바와 같이, 베리는 소수집단과 주류집단이 사용하는 문화적응 전략을 구분하여 설명한다. 이주민과 같은 소수자는 주변화, 분리, 동화, 통합이라는 네 개의 문화적응 전략을 사용한다. 아울러서 주류집단의 구성원도 비주류집단의 구성원에 대해 배제, 차별, 용광로, 다문화주의의 네 개의 전략을 사용한다.

최근의 대표적인 연구로서 베리의 문화적응 이론을 적용한 연구는 다음과 같다. 김예슬(2020)은 국내 체류 고려인 청년층의 적응 양상을 개인적 요인과 집단적인 요인으로 나누어 분석했다. 개인적인 요인으로는 한국어 유창성과 교육 수준, 집단적 요인으로는 한국 사회의 다양성, 사회적 지지, 문화적 유사성이 중요했다. 결과적으로 고려인 청년층에게 민족정체성은 한인으로서의 전통문화를 고수하는 것이 아니라, 한인도 러시아인도 아닌 '고려인'만으로서 정체성이라고 주장했다.

고아라(2018)는 고려인의 문화적응 유형을 분석했다. 국내에 1년 이상 거주한 154명의 고려인들은 모국문화 지향 성향이 높고, 한국문화의 수용이 낮은 분리 유형에 가까웠다. 한국 거주실태와 인구통계학적 특성에 따라 네 개의 문화적응 유형에 차이가 있었다. 따라서 이 연구는 고려인의 연령과 거주기간, 모국과 한국에서 직업에 따라서 다른 적응 유형을 고려하여 문화적응 지원프로그램을 개발할 필요성을 제기했다.

김영술, 홍인화(2013)는 전라남도 광주의 고려인을 대상으로 문화변용을 연구했다. 이 연구는 지역사회와 회사와의 관계, 고려인 민족 네트워크가 동화에 중요한 요인이었으며, 고려인의 경제적 생활에서도 정체성, 문화가 결정적인 요인으로 작용했다고 주장했다.

위의 선행연구에서 보다시피, 베리의 문화변용 및 적응 이론은 이주민의 정체성을 네 가지 유형으로 구분함으로 인해 단순하고 명료한 결과를 보여준다는 장점을 가지고 있어서 그동안 많은 연구에서 활용되었다. 하지만 이러한 이론적 단순함은 매우 복잡하고 모호한 정체성을 충분히 포착하기에는 어렵다는 단점을 가지고 있다.

2.
인종-민족-문화 정체성 이론

인종-민족-문화(Racial-Ethnic-Cultural, REC) 정체성에 대한 이론적 논의는 북미 대륙을 중심으로, 특별히 거대한 다인종 국가인 미국에서 활발하게 논의되어왔다. 주류집단으로서 유럽계 백인 인종과 비주류 집단으로서 아프리카계 인종, 인디언계 인종, 아시아계 인종, 히스패닉계 인종 등을 포함한 유색인종이 흔히 용광로(melting pot)라고 부르는 다문화 공동체를 형성하면서 발생하는 각 집단의 인종문화정체성의 과정을 단계별로 설명하는 방식으로 논의해왔다. 주요 연구결과는 다음과 같다.

첫째, 흑인 정체성 발달모형은 흑인과 백인 사이의 인종 갈등이 심각한 미국 사회에서 흑인 비주류 집단의 정체성 발달과정을 설명하는 가장 초기의 시도였으며 다른 유색인 소수인종들의 정체성 발달모형에도 토대가 되었다. 크로스(Cross)는 미국에서 흑인이 되어가는(becoming Black) 심리적 과정을 설명한 대표적인 학자다. 크로스의 정체성 발달모형은 1971년에 처음 등장했으며 점점 모형이 보완되어 1990년대에는 니그리센스(Nigresence) 모형이라는 이름으로 보완된 형태로 제시되었다. 그의 초기 모형에 따르면(Cross, 1971; Robinson-Wood, 2016; Sue 외, 2019), 흑인정체성은 5단계로 발달하는데, 전조우(pre-encounter), 조우(encounter), 몰입 및 재현(immersion-emersion), 내면화(internalization), 내면화 및 참여(internalization-commitment)로 구성된다. 전조우의 단계에는 흑인이 백인사회에 동화하려는 경향이 강하며, 흑인 고유의 가치를 평가 절하하고 낮은 자기 존중감, 자기혐오가 나타난다. 하지만 조우 단계에서는 문자 그대로 자신의 동화주의적 입장에 도전하는 사건을 조우하면서 세계관의 변화가 발생한다. 몰입 및 재현의 단계에서는 백인의 주류문화에서 흑인의 소수 문화 속으로 몰입하면서, 분노와 죄책감의 정서에서 벗어나 흑인으로서의 긍지와 같은 긍정적인 정서가 재현된다. 내면화 단계에서는 이전의 정체성과 새로운 정체성 사이의 갈등이 해소되면서 내면적으로 안정화되고, 백인에 대한 감정이 보다 유연하고, 관용적이고, 이중문화적이고 다문화적으로 변화된다. 마지막 내면화 및 참여 단계에서는 개인적인 변화가 사회정의, 시민권 운동 등에 대한 적극적인 사회적 현실 참여로 확장된다.

하지만 그의 초기 모형은 전조우 단계에서 흑인의 자기혐오나 낮은 자존감과 같은 심리적 역기능이 흑인 정체성 발달의 출발점이 되고 있다는 비판을 받아서 1991년 이후 〈표 7〉과 같이 개정된 4단계 모형으로 발전했다(Cross, 1991, 1995; Worrell, Cross, & Vandiver, 2001; Vandiver, Fhagen-Smith, Cokley, Cross, & Worrell, 2001).

표에서 보는 바와 같이, 초기 모형의 전조우 단계에서 친-백인에 대한 정도를 기준으로 흑인 됨을 설명하면서, 자기혐오와 낮은 자존감을 가지게 된다. 하지만 개정되고 확장된 니그리센스 모형에서 개인마다 인종이라는 개념을 정체성에 통합하는 정도에 차이가 있으므로, 개인별 통합의 정도를 나타내는 인종 특징(race salience)이라는 개념을 도입

〈표 7〉 니그리센스 모형

모형(연도)	단계		정체성
초기 모형 (1971)	1단계	전조우	친-백인, 반-흑인
	2단계	조우	
	3단계	몰입 및 재현	반-백인, 친-흑인
	4단계	내면화	인간주의자
	5단계	내면화 및 참여	
개정 모형 (1991)	1단계	전조우	동화, 반-흑인
	2단계	조우	
	3단계	몰입 및 재현	반-백인, 집중된 흑인운동
	4단계	내면화	흑인주의자, 이중문화주의자, 다문화주의자
확장 모형 (2000)	1단계	전조우	동화, 잘못된 교육, 자기혐오
	2단계	조우	
	3단계	몰입 및 재현	반-백인, 집중된 흑인운동
	4단계	내면화	흑인주의자, 이중문화주의자, 다문화주의자

출처: Worrell, Cross, & Vandiver (2001)에서 재구성.

했다. 확장모형에서는 인종을 개인 정체성에 통합하는 정도를 고려한 인종 특징에 따라서 전조우 단계를 동화, 잘못된 교육, 반-흑인(자기혐오)의 세 가지 형태로 나누었다. 아울러서 크로스는 개정 모형부터 기존의 내면화 단계와 내면화 및 참여 단계를 내면화 단계 하나로 통합했으며, 이 마지막 단계에서 흑인의 정체성은 흑인주의자(black nationalist), 이중문화주의자(biculturalist), 다문화주의자(muliculturalist)의 세 가지 정체성 유형으로 나타날 것으로 설명한다.

이러한 크로스의 모형은 미국 내에 존재하는 여러 소수 인종에 대한 인종문화정체성 발달모형의 이론적 기초를 형성하는 데 영향을 미쳤다(Ponterotto & Park-Taylor, 2007; Sue 외, 2019). 대표적으로 아시아계 미국인 정체성 발달모형은 아시아계 미국인의 정체성을 민족 자각, 백인 인식, 사회정치적 의식의 자각, 아시아계 미국인 의식으로의 재정향, 통합이라는 5단계의 과정으로 설명한다(Jean Kim, 2012; Robinson-Wood, 2016). 아울러서 인디언계 미국인 정체성 발달모형은 인디언계 미국인의 정체성을 일치, 부조화, 몰입, 내면화의 4단계로 설명한다(Bryant & LaFromboise, 2005; Robinson-Wood, 2016). 라틴계 미국인 정체성 발달모형은 히스패닉계 미국인의 정체성을 유발, 인지, 결과, 경험, 성공적 해결이라는 5단계로 설명한다(Ruiz, 1990; Sue 외, 2019).

둘째, 인종문화 정체성 발달모형은 순차적인 단계(stage)와 단계별 이념(ideology)·지위(status)를 엄격하게 반영하는 모형이기보다는 보다 유연한 모형이다. 인종문화 정체성 발달모형에는 전제가 되어있는 기본적인 가정들이 있는데, 그러한 가정들은 다음과 같다(Quintana, 2007). ① 정체성 발달과정에 정체성 탐색과 정체성 위기의 순간이 있다. ② 인종차별의 경험이 정체성 탐색을 촉발한다. ③ 민족-인종 집단을 긍정적으로 인식할 때 정체성 발달에 도움이 된다. ④ 정체성 발달모형이 인종차별을 대비할 수 있는 유익이 있다. ⑤ 정체성 발달에는 단계와 지위가 순차적으로 구성된다.

이러한 가정들 중에서 본 연구가 관심 가지고 있는 것은 ⑤의 가정이다. 정체성 발달모형은 대부분 순차적인 단계를 가지고 설명한다. 아울러서 이러한 단계에는 이론가가 품고 있는 이념 혹은 이상향(ideology)이 반영되고, 이러한 이념은 각 정체성 단계에 있는 개인의 지위를 설명한다. 크로스의 니그리센스 모형을 예를 들어서 설명하면, 인종문화정체성의 발달을 단계로 설명할 때 초기 단계보다는 후기 단계가 더욱 발달되고 성숙한 단계이며, 초기 단계의 동화주의적 이념·지위에서 후기 단계의 다문화주의적 이념·지위로 발전한다고 보는 것이다.

하지만 연구자들은 이러한 단계와 이념·지위가 엄격하게 위계적인 순서를 따라서 발달한다고 볼 수 있는 실증적인 증거는 아직까지 없다고 보고 있다. 오히려 상위 단계에서 하위 단계로 발달이 진행될 수 있다는 재순환적(re-cycling)인 개념으로 설명하기도 한다. 아울러서 일부 인종적인 이념들이 다른 이념들보다 더 우수하고 발달적이라고 보는 것에 대해서 신중하게 보는 편이다.

셋째, 인종문화 정체성 발달(Racial Cultural Identity Development, RCID) 모형은 인종-민족-문화 정체성 발달의 일반화 모형들 중의 하나다. Sue 외(2019)가 제안한 RCID 모형은 보다 넓은 범위의 인구를 포섭할 수 있도록 고안되었으며, 비주류 소수집단뿐만 아니라 주류집단인 유럽계 백인까지도 적용할 수 있다고 설명한다. 하지만 이 모형은 인간의 성격 및 정체성을 포괄적으로 설명하는 일반화 이론이라기보다는 다양한 인종, 민족, 문화 집단의 태도와 행동을 이해하는 데 도움을 받을 수 있는 개념적이고 탐색적인 이해의 틀이다.

RCID 모형은 억압받는 사람들이 자신의 소수집단 문화와 주류집단 문화 사이의 억압적 관계라는 측면에서 소수자인 자신을 이해하는 과정에서 경험하는 발달의 과정을 5단계로 구성한다. 다시 말해서, 정체성의 발달을 일치(conformity), 부조화(dissonance), 저항과 몰입(resistance and immersion), 내적 성찰(introspection), 통합적 자각(integrative awareness)으로 나눌 수 있다. 아울러서, 각 단계에서 억압받는 소수자들은 네 개 집단에 대한 태도·믿음을 네 가지의 태도, 즉 자신을 향한 태도, 같은 소수민족 집단을

〈표 8〉 인종문화 정체성 발달 모형

태도 단계	자신	같은 소수집단	다른 소수집단	주류집단
일치	자기경시 · 중립	집단경시 · 중립	인종차별 · 중립	집단존중
부조화	자기경시 · 집단존중 간의 갈등	소수민족계층화에 대한 집단경시 · 공유된 경험 간의 갈등	주류집단과 집단경시 사이의 갈등	집단경시와 집단존중 사이의 갈등
저항과 몰입	자기존중	집단존중 경험 · 문화중심주의 감정	다른 소수집단에 대한 공감의 감정 사이의 갈등	집단 경시
내적 성찰	자기존중	명백한 존중에 대한 관심	타인 평가에서 자민족중심주의적 기반에 관심	집단 경시에 기반한 관심
통합적 자각	자기존중	집단존중	집단존중	선별적 존중

출처: Sue 외(2019)

향한 태도, 다른 소수민족 출신 집단을 향한 태도, 주류집단을 향한 태도로 구분한다. 그러므로 단계와 태도로 구성된 정체성의 발달 모형은 다음의 〈표 8〉과 같다.

표에서 보는 바와 같이 RCID 모형은 소수민족의 정체성이 다섯 개 단계와 네 개 태도의 이차원적인 모델로 구성된다. 본 연구에서 관심을 갖는 고려인 결혼이주여성과 같은 소수집단은 한국에서 정체성 발달 단계와 집단 태도로 구성된 20개의 좌표들 중에서 어느 지점(들)에 놓여 있는지를 탐색하는 것은 다문화상담사들이 내담자를 이해하는 데 도움이 될 수 있을 것이다.

RCID 모형은 이주민과 같은 소수집단의 정체성을 완벽하게 구현한 모형은 아니지만, 상기에서 설명한 베리(1997; 2005)의 문화변용 및 적응 모형에서 제시한 네 가지 적응 유형과 크로스가 제시한 니그리센스의 다섯 가지 단계별 정체성 유형을 넘어서 보다 중층적이고, 비선형적이고 다면적인 이주여성들의 정체성 발달 양상을 탐색하는 데 용이하다. 이런 점에서 이러한 이론적 렌즈를 착장하고 고려인이면서 결혼이주여성인 이주민의 정체성을 살펴볼 때 보다 구체적이고 역동적인 정체성의 단면들을 제시할 수 있을 것이다.

2부

고려인 결혼이주여성의 이주 스토리텔링

4 장

끊임없이 배우며 사회에 필요한 사람이 되고 싶다

연구참여자 A의 부모님은 고려인이고 연구참여자가 어릴 때 이혼하셨다. 그 후 연구참여자는 편모 슬하에서 자랐다. 큰 회사 공장장으로 일하셨던 어머니 덕분에 상대적으로 부유한 편이었고 교육적인 혜택도 많이 받고 자랐다. 타슈켄트 국립동방대학교 재학 시절 유학하러 온 한국인 남편을 만나 먼저 혼인 신고를 하고 우즈베키스탄에서 신혼생활을 시작했다. 우즈베키스탄에서 남편이 사업을 하는 동안 두 아이를 낳고 키우며 지냈다. 둘째 출산 후 10개월이 되었을 때 6년의 우즈베키스탄 삶을 정리하고 한국에 들어왔다.

한국 입국 후 첫 3년은 시댁에서 시부모님과 함께 지냈다. 세대와 문화 차이로 인한 갈등이 심했다. 특히 자녀 양육방식에 대한 의견 차이로 어려움이 있었다. 또 한국 엄마들의 양육방식 중 유아 영상매체 노출, 아이들의 이른 핸드폰 사용, 부모 의존적 양육방식 등에 놀랐다. 한국은 엄마의 친분이 아이의 교우관계에도 큰 영향을 미치기 때문에 다문화가정 배경의 자녀들은 상대적으로 친구 사귀기가 어려웠다. 한국어가 아닌 러시아어를 사용할 때면 낯선 시선들을 받아 마음이 불편했다. A는 무엇보다 한국의 '다문화'라는 말이 사라지고 다민족 사회가 자연스럽게 받아들여지길 소망했다. A는 한국에서 웃음치료사, 다문화이해강사, 이중언어강사 자격증을 취득해 여러 기관에서 활동하고 있으며 토픽 5급과 한국어강사 자격증 공부도 계획하고 있다. 사회에 필요한 사람이 되고 싶은 열망으로 후에 우즈베키스탄에 돌아가 현지인을 위한 한국식 어린이집을 운영하고자 하는 꿈이 있다. A는 진취적인 결혼이주여성으로, 한국 사회의 다문화 차별의식에 대해 문제를 제기하며 자기 성장을 위해 끊임없이 배우며 미래를 준비하고 있다.

[주제어] 결혼이주여성, 우즈베키스탄, 문화적응, 자녀교육, 자기 성장

1.
유학생 한국인 남편을 만나 결혼하다

공장장이셨던 어머니 덕분에 부유한 어린 시절을 보내다

나는 고려인으로 우즈베키스탄의 수도인 타슈켄트에서 태어났다. 요즘은 다른 인종 또는 민족과 결혼하는 게 흔하지만, 부모님 결혼 당시에는 같은 민족끼리 결혼하는 것이 일반적이었다. 아버지는 러시아, 어머니는 우즈베키스탄 출신으로 내가 어릴 때 이혼했다. 같은 고려인이지만 출신 지역이 달라 문화적 차이가 있었다. 언니가 한 명 있는데 언니는 독일인과 결혼해 현재 독일에서 살고 있다.

부모님이 이혼하신 후 편모 슬하에서 자랐다. 유명 맥주회사의 공장장이셨던 어머니 덕분에 경제적으로는 부유한 편이었다. 어머니는 우즈베키스탄의 유명 맥주 공장의 공장장으로 40년 넘게 지금도 일하고 있다. 우즈베키스탄에서 고려인들은 똑똑하고 성실하다고 평가받아 대체로 좋은 직업을 가지고 있다. 그래서 대우도 좋은 편이다. 어머니가 다니는 회사는 직원들이 회사를 오래 다닐 수 있도록 사택을 제공해주었는데 우리 집은 자녀가 두 명이라 방이 세 개에 수영장도 있는 큰 집이었다. 어머니는 자녀교육에도 적극적이어서 교육받을 수 있는 기회가 많았다. 당시 우즈베키스탄에서는 한국어를 배우는 것이 유행이어서 어머니의 권유로 타슈켄트 한국교육원*에서 한국어를 배우기 시작했다. 이후 세종학당**에서 한국어 고급반까지 배웠고 여러 한국문화체험 프로그램에도 참여하며 한국에 대해 더 알아갔다.

유학생 한국인 남편을 만나 결혼하다

남편과는 타슈켄트 국립동방대학교*** 재학 시절에 만났다. 남편은 현지에서 사업하는 아버지를 돕기 위해 군대 전역 후 바로 유학을 왔다. 학교 수업에서 러시아어를 할 줄도 쓸 줄도 모르는 남편을 보고, 수업 후 찾아가 도움을 주었다. 그것이 인연이 되어 그 이후 1년 가까이 남편과 함께 수업을 들었다. 그러던 어느 날, 갑자기 보석과 곰 인형을 선물로 주었다. 우즈베키스탄에서는 일반적으로 연인 사이에서 이런 선물을 하기에 우리가 무슨 관계냐고 물어보았다. 남편은 대학교 1학년인 내가 어리다고 생각했는지 말하기를 주저했다. 하지만 우즈베키스탄은 18세부터 결혼하기 때문에 당시 내 나이가 어린 나이는 아니었다. 결국 남편이 아닌 내가 먼저 남편에게 말해서 연애를 시작하게 되었다. 남편은 감정표현에 서툴고 손도 잘 못 잡고 쑥스러워했다. 우즈베키스탄에서의 남녀는 연애할 때 스킨십도 빠르고 몇 번 만나 바로 결혼하는 반면 남편은 한국 드라마에서 보

---

* 한국교육원은 외국에 사는 교포들을 대상으로 민족교육을 실시하기 위하여 설치한 사회교육기관이다(출처: 한국민족문화대백과).

** 세종학당은 국외 한국어 교육과 한국문화 보급을 하기 위해 설치한 교육기관이다. 각 나라별로 일정 자격을 갖춘 교육기관과 연계하여 국고 지원 형태로 운영한다(출처: 우리말샘).

*** 타슈켄트 국립동방대는 1918년 우즈베키스탄국립대 동방학대학으로 최초 설립되었으며, 1991년 동양학 연구 활성화를 목적으로 대통령령에 의해 독립되었다(출처: 한국국제교류재단).

던 주인공처럼 선물도 꼬박꼬박 챙기고 조심스럽게 나를 대했다. 나는 남편의 예의 바르고 선을 지키는 모습에 반해 4년의 연애 끝에 대학을 졸업하자마자 곧바로 결혼했다. 그 당시 엄마는 우즈베키스탄에서도 잘 살 수 있는데 굳이 한국 사람과 결혼하려고 하는지 걱정했다. 내가 한국을 잘 모르니 일단 한국에 가서 지내보고 결혼하라고 했다. 하지만 혼인신고를 해야 한국 비자를 받고 한국에 갈 수 있었기 때문에 먼저 혼인신고를 해야 했다. 그러고 난 뒤 한국에 가서 시부모님을 뵈었다. 시댁의 반대는 딱히 없었지만, 공부하라고 유학 보냈더니 형보다 먼저 결혼하겠다고 사람을 데려왔다며 못마땅해했다.

두 아이의 엄마가 되다

결혼 당시 시댁이 우즈베키스탄에서 사업을 하고 있었기에 신혼생활을 우즈베키스탄에서 시작했다. 남편은 러시아어를 공부하며 아버지의 사업을 도왔다. 이후 여행사를 시작했고 학교를 졸업한 뒤로는 여행사는 아르바이트로 하며 공장을 차렸다. 그때만 해도 외국인이 우즈베키스탄에서 사업하기가 쉽지 않았다. 달러 환율과 현지 텃세로 사업하기 쉽지 않았고 결국 사업을 정리했다. 결혼 후 우즈베키스탄에서 사는 동안 우리는 딸과 아들 두 아이를 낳았다. 첫째인 딸은 우즈베키스탄에 있는 한국대사관 근처 타슈켄트 한국유치원*에 다녔다. 타슈켄트 지역에 한인들이 많이 살았는데 한국보다 물가가 저렴해 아파트를 구입해 사는 한국인들이 많았다. 첫째 아이가 한국유치원 다닐 때 만난 한국인 엄마들은 대부분 나이가 많았다. 현지 물가가 한국보다 저렴해서 골프도 치고 여유 있게 생활하

---

* 우즈베키스탄 한인회 산하기관으로 우즈베키스탄 재외국민자녀를 대상으로 운영하고 있다(출처: uzkorean.net).

곤 했다. 나는 한국 엄마들보다 한국 사람과 결혼한 우즈베키스탄 엄마들과 함께 어울리곤 했다.

2.
한국의 '다문화'에 대한 차별 바뀌어야 한다

한국에서 처음 3년 동안 시집살이를 하다

둘째 아이가 10개월쯤 됐을 때 가족이 함께 한국에 들어왔다. 처음 3년은 시댁에서 시부모님과 함께 살았다. 시댁은 매우 가부장적인 문화여서 시어머니가 집안일을 거의 도맡아 했다. 시어머니는 손이 무척 빨랐는데, 내가 어머니를 도와 집안일을 할 때면 일이든 음식이든 도저히 그 속도를 따라갈 수가 없었다. 돕고 싶어도 빠르게 혼자 다 하시고 내게 왜 안 하냐고 물으셔서 당황했다. 처음에는 일부러 그러는 줄 알고 오해하기도 했다. 나는 일을 천천히 쉬어가며 하는 스타일인데 한국 스타일은 뭐든 빨리빨리 쉴 틈 없이 해서 스트레스를 받았다. 당시 주변에 친구도 지인도 없이 마음 둘 곳 없어 힘들었다. 다행히 지금은 시부모님과 같은 건물에 분가해서 살며 가끔 둘째 아이 등원을 부탁하고 도움을 받으며 살고 있다.

다문화는 다 차별해! 다문화라는 단어가 없어지길

아이들이 한국에 적응하며 어려운 것 중 하나가 친구 사귀는 거다.

한국은 엄마들끼리 친해져야 아이들도 함께 어울릴 수 있다. 다문화가정의 아이들 역시 베트남, 중국, 필리핀 등 엄마의 출신 국가에 따라 끼리끼리 어울리는 경우가 많다. 우즈베키스탄 출신의 엄마가 주위에 없어 아이들이 친구 사귀기가 쉽지 않았다. 첫째 아이는 한국말을 할 줄 알았음에도 유치원에서 친구가 없었다. 둘째도 어린이집을 다녔는데 첫째와 마찬가지로 친구가 없었다. 우즈베키스탄은 동네 놀이터나 집에 딸린 수영장에서 자연스럽게 다른 아이들과 어울려 노는데 한국은 그렇지 않았다. 한국 아이들은 동네 놀이터에서 안 놀고 엄마를 따라 키즈카페에 가거나, 친한 엄마끼리 집에 초대해 놀렸기 때문에 친구들을 만나기 어려웠다. 다시 우즈베키스탄으로 돌아가고 싶은 마음이 간절했지만 첫째 아이가 초등학교에 들어가면서 그런 마음도 접을 수밖에 없었다. 첫째가 입학한 초등학교는 혁신학교인 행복배움학교*였다. 행복배움학교는 정부의 지원으로 여러 가지 체험을 할 수 있는 프로그램들이 있어 다양한 경험을 할 수 있었다. 일반 학교와 달리 시험이 없고 상대적으로 스트레스가 적어 아이들이 학교에 잘 적응할 수 있었지만, 여기서도 다문화가정 자녀라는 이유로 친구가 거의 없었다. 한국은 '다문화'라고 하면 다 차별하는 것 같다. 다행히 아파트 아래층에 사는 아이가 우리아이와 같은 반이 되면서 함께 등하교하는 친구가 생겨 감사했다. 아랫층 엄마가 간호사로 야간근무로 일이 있을 때 내가 아이들을 함께 돌봐주면서 엄마와도 친해질 수 있었다.

한국에 살며 가장 바뀌었으면 하는 것은 바로 '다문화'라는 단어가 없어지는 것이다. 우즈베키스탄의 경우 우즈베키스탄인 외에도 고려인,

* ○○시 혁신학교의 다른 이름으로 민주적인 교육공동체 문화를 바탕으로, 삶을 위한 배움이 있는 교육과정을 운영하여 교육의 공공성을 구현하는 혁신 미래 교육의 모델학교다(출처: http://www.epeople.go.kr).

러시아인, 타지크인, 카자흐인 등 그 외 여러 소수민족이 살고 있다. 하지만 소수민족이라고 차별받지 않는다. 하지만 한국에서는 보이지 않는 차별이 많이 존재한다. 특히 영어가 아닌 제2외국어를 사용하면 차별적인 시선을 많이 받는다. 첫째 아이는 우즈베키스탄에 있을 때 러시아어를 배웠기 때문에 기본적으로 러시아어를 읽고, 쓰고, 말할 줄 알았다. 한 번은 첫째가 학교에서 러시아어로 말했는데 다른 아이들이 너희 엄마 외국 사람이냐며 아이를 놀렸다고 했다. 이런 경우가 두세 번 더 있었는데 나는 아이에게 너는 한국어뿐 아니라 러시아어도 할 줄 알고 영어도 배우니까 친구들 말에 신경 쓰지 말라고 했다. 어느 날 둘째 아이도 엄마는 왜 러시아어로 말하는지 물었다. 그래서 외할머니랑 얘기하려면 러시아를 써야 한다고 하며 너도 러시아어를 배워야한다고 얘기해주었다. 아이들이 언어적인 문제로 크게 상처받은 일은 없었지만, 러시아 말을 할 때면 사람들이 자꾸 쳐다봐서 신경 쓰인다고 했다. 그리고 사람들이나 친구 앞에서 러시아 말을 쓰지 말라고 했다. 우즈베키스탄에서는 자연스러운 일이지만 한국에서는 눈치를 봐야 하는 것들이 불편하고 한편으로는 속상하다.

한국과 우즈베키스탄, 교육과 문화적 환경이 너무 다르다

한국 식당에 가면 엄마들이 아이들에게 스마트폰을 보여주며 밥을 떠먹여주는 모습을 자주 볼 수 있다. 유아들의 스마트폰 사용이 두뇌 발달에 부정적인 영향을 주고 집중력이 낮아지는 등 발달상 문제가 심각함에도 말이다. 또 워킹맘 자녀들 대부분 스마트폰을 가지고 게임을 하며 놀았다. 우즈베키스탄은 스마트폰이 비싸서 초등학생이 가질 수도 없고, 있더라도 학교에 가지고 갈 수 없다. 그래서 자연스럽게 책을 보거나 공부를 하며 친구들과 어울려 노는데 한국의 아이들은 어린 나이부터 스마트폰을 사용하는 것을 보고 문화충격을 받았다.

또 한국의 부모들은 아이들 스스로 할 수 있는 것들을 대신해주려는 경향이 있다. 우즈베키스탄의 아이들은 스스로 아침에 일어나 혼자 밥 먹고, 세수하고, 옷 입고 어린이집에 간다. 첫째도 다섯 살 때부터 혼자 씻었다. 하지만 한국에서는 시어머니가 아이 대신 모든 것을 해주려고 했다. 시댁에서 함께 살 때 시어머니는 둘째 아이를 따라다니며 밥을 입에 넣어주고 옷도 입혀주고 양말과 신발까지 신겨주려고 했다. 그렇게 하지 말라고 말했지만 소용없었다. 심지어 화장실에 갈 때 엉덩이까지 닦아주셨다. 이제 곧 둘째도 초등학교에 가야 해서 스스로 닦고 씻도록 교육하고 있다. 또 저녁 9~10시가 되면 책 읽고 얘기하다 일찍 재우려고 하는데, 시부모님이 방에서 텔레비전을 틀어 아이들이 텔레비전을 보느라 자질 않았다. 시부모님께 당부드리지만 소용없었다. 둘째는 할머니, 할아버지와 3년 정도 살다 보니 내가 보기엔 여전히 아기 같다. 최근 고향에 다녀왔는데 8살 조카 혼자 가스를 켜고 열쇠로 문도 여는 것을 보고 정신이 번쩍 들었다. 한국에 돌아와 첫째 아이에게 가스 켜는 법부터 가르쳤다. 이제 첫째는 엄마의 도움 없이도 8시면 일어나 옷을 입고 냉장고에서 요거트, 계란 등을 꺼내 요리해 샌드위치를 만들어 아침을 먹고 학교에 간다.

또 문화 차이를 느꼈던 부분은 첫째가 초등학교에 입학하며 학교에 방문했을 때였다. 한국은 선진국임에도 불구하고 교실이 생각보다 지저분하고 용품들이 낡았으며 그뿐 아니라 1학년 학부모들에게 교실 청소를 부담시켜 깜짝 놀랐다. 우즈베키스탄 타슈켄트 지역에서는 초등학교 입학생을 위해 학기 시작 전 교실을 리모델링하고 학부모들이 돈을 모아 업체에 맡겨 교실을 깨끗이 청소한다. 또 매년 칠판, 책상, 의자 등 학교시설을 수리하고 용품도 새것으로 준비하는 데 반해 한국은 우즈베키스탄보다 발달된 나라인데도 교육환경이 생각보다 낙후되어 있다고 느꼈다.

한국어 어휘와 발음이 너무 어려워

한국에서 아이들을 키우며 어려웠던 것 중 하나가 한국어 어휘와 발음이었다. 학습 프로그램에 모르는 단어가 너무 많아 설명해줄 수가 없었다. 옆에 한자로 써 있어도 한자를 몰라 읽지 못했다. 나는 아이들을 조금이라도 돕기 위해 학습지 선생님께 돈을 주고 한자를 배워 한자 6급까지 땄다. 아이의 공부를 도와주고 싶지만, 어휘가 이해되지 않고 발음도 좋지 않아 할 수 있는게 제한적이었다. 둘째가 책 읽기를 좋아해서 가끔 책도 읽어주고 받아쓰기 연습도 시키는데 발음이 좋지 않아 여러 번 얘기해줘야 알아들었다. 옆에서 남편이 듣다가 발음이 이상하다며 핀잔을 주었다. 다문화가정 엄마들은 나라별로 어려워하는 발음이 있는데 일대일로 발음을 수정할 수 있도록 도와주는 프로그램이 있으면 좋겠다. 다문화가족지원센터*에도 한국어 교실이 있지만 호흡 운동과 가, 나, 다, 라 등의 기초적인 글자만 배우고 끝나는 것 같아 아쉬웠다. 발음교정은 아이들 교육을 위해서도 필요하지만, 일상생활을 위해서도 필요하다. 말을 하면 자꾸 어느 나라에서 왔는지 물어보는 경우가 많아 마음이 불편하다. 발음을 정확하게 교정받아 이런 시선을 받지 않았으면 좋겠다.

책 읽기도 양국 간 차이점이 있다. 우즈베키스탄은 어린이집에서부터 동시를 외우고 내용에 대해 스스로 말하도록 가르치기 때문에 아이들이 책을 읽고 내용과 느낀 점에 대해 잘 얘기하는 편이다. 반면 한국은 책

---

* 다문화가족지원센터는 다문화가정이 행복한 가정을 이룰 수 있도록 지원함과 동시에 이주여성 그리고 자녀 등에 대해 도움을 주는 곳으로, 다문화 가족의 안정적인 정착과 가족생활을 지원하기 위한 종합 서비스를 제공한다(출처: 다문화 가족지원 포털 다누리, 다누리 사이트).

을 읽고 난 후에 누군가와 책 내용에 대해 나누기보다 '재미있다', '재미없다' 등 단순한 느낌만 나누고 책 읽기를 끝내버린다. 그래서 한국 아이들이 상대적으로 논술을 어려워하는 것 같다.

여러 가지 배우며 일하는 것이 즐거워

한국 정착 초기, 시댁에 살며 힘들어하자 남편이 다문화가족지원센터에 데리고 갔다. 처음에는 웃음치료사 3급 자격증을 취득하고 ㈜메이커스*에서 다문화이해강사** 자격증도 취득했다. 지금은 다문화이해강사로 일하며 다문화가족지원센터 외에도 학교, 어린이집, 주민센터, 아동센터, 노인센터 등 여러 곳에서 우즈베키스탄과 러시아문화에 대해 강의하고 있다. 이중언어강사로 학교에서 아이들을 가르칠 때는 사비를 들여 수업 교재를 고국에서 사올 만큼 열정적으로 수업을 준비하고 있다. 어제도 핼러윈 콘셉트로 수업을 준비하며 우즈베키스탄에 대해서 교육하고 왔다. 또 일주일에 두 번 어린이집 영어 강사로 일하며 다른 센터에서도 3시부터 5시까지 다섯 군데에서 정기적으로 수업을 하고 있다. 최근에는 진로교육센터의 요청으로 진로에 대한 강의를 러시아어로 통역하고 있다. 프리랜서로 다문화가족지원센터와 다양한 시설에서 다문화수업을 하고 어울림이끌림 사회적 협동조합***에서도 일하고 있다. 이렇게 일을 몰아서

---

* 메이커스는 세계시민교육, 다문화교육, 다문화강사양성 등 글로벌인재를 육성하는 글로벌교육 전문 기업이다(출처: https://culturemakers.modoo.at/).

** 내국인 또는 결혼이주여성들이 일정의 교육과정을 수료하고 내국인은 다문화가정을 대상으로 한국의 관습과 문화를 전달하고, 결혼이주여성은 유치원, 어린이집, 학교, 노인정 등에 본국의 문화를 전달하는 역할을 하고 있다. 이들은 다문화 감수성을 높이고 다문화사회를 보다 가깝고 익숙하게 받아들일 수 있도록 다문화 인식개선 및 다문화 이해교육을 수행하는 문화 외교 역할을 한다(김순애, 2022: 12-13).

*** 어울림 이끌림 사회적 협동조합은 다문화청소년과 결혼 이민자가족 및 일반귀화자 가족 등 다양한 유형의 가족들을 대상으로 위기 가정을 발굴하여 사회적 서비스를 지원하고 조합원과 구

하는 것은 학교 학기 중에만 일할 수 있기 때문이다. 공장이나 음식점에서 일하면 좀 더 많은 돈을 벌 수 있겠지만 그건 자존심이 허락하지 않는다. 기회가 된다면 더 많이 배우고 다양한 자격증을 갖추고 싶다.

성원의 복리증진을 통한 지역사회의 발전을 도모한다(출처: http://auliklim.cafe24.com/xe/).

3.
끊임없이 배우며 미래를 꿈꾸다

기회가 되면 토픽과 한국어 교원자격증을 따고 싶다

기회가 되면 토픽이나 한국어 교원자격증도 취득하고 싶다. 다문화가족지원센터에도 토픽* 자격증 과정이 있는데 수준별 강의가 없어서 아쉽다. 토픽 5급까지 따고 싶지만 지금은 발음이 많이 굳어 쉽지 않다. 혼자 공부하기는 힘들고 토픽을 집중적으로 가르치는 곳에서 배우고 싶다. 한국어 교원자격증** 과정을 알아보니 내가 다니던 A대학에는 과정이 없고 B나 C대학에는 과정이 있다고 했다. 하지만 너무 멀어서 오고 가기가 쉽지 않다. 토픽, 한국어 교원자격증, 또는 석·박사 공부를 하면 다문화가족지원센터 어디에서든 강사로 일할 수 있다. 여기 진로교육센터 팀장도 서울

---

* 한국어능력시험으로 한국어를 모국어로 하지 않는 재외동포와 외국인의 한국어 사용 능력을 측정하고 평가하는 시험으로 한국어를 세계에 보급하여 한국어 학습 방향을 제시하고 시험 결과를 국내 대학 유학 및 취업 등에 활용하기 위한 목적으로 시행하며, 국립국제교육원이 주관한다(출처: 한국경제 2001년 5월 보도자료).

** 한국어 교원자격증이란 한국어교육능력검정시험에 통과하거나 대학 또는 대학원에서 한국어교육학을 전공한 사람에게 부여하는 교원 자격증. 문화체육관광부 장관 명의로 부여된다(출처: 우리말샘).

대학교를 졸업하고 바로 팀장이 됐다. 기왕이면 좋은 학교, 전문성이 있는 기관에서 공부하고 배우고 싶다.

나중에 한국식 어린이집을 열고 싶다

남편을 만나기 전에는 석·박사까지 공부하고 싶은 마음이 있었다. 하지만 남편과 만나면서 그렇게 하지 못했다. 나중에 큰일을 하고 싶다는 욕심은 없지만 그냥 사회에 필요한 사람이 되고 싶다. 그래서 평상시 봉사활동을 자주 하려고 한다. 의료보험센터에서 다문화가족지원센터에 무료 진료를 나왔을 때 통역으로 봉사하고 아이들 학교에서도 여러 가지 봉사활동을 했다. 봉사할 때 진심으로 행복함을 느낀다. 그래서 전에는 석·박사까지 공부하는 것이 꿈이었다면 지금은 우즈베키스탄 현지 아이들을 위해 한국의 앞선 시스템을 갖춘 어린이집을 운영하는 것이 꿈이다. 우즈베키스탄의 어린이집 선생님들은 부모들과 잘 소통하지 못한다. 그래서 아이들이 어린이집에서 어떻게 지내는지 부모들이 알 수가 없다. 한국의 어린이집은 원에서 있었던 일들을 부모에게 알림장 앱으로 공유하고 부모들과 수시로 소통하는 시스템이 잘 갖추어져 있어 아이를 키울 때 좋았다. 그런 시스템을 갖춘 어린이집을 우즈베키스탄 사람들에게 제공해주고 싶다.

4.
전사록 요약

〈연구참여자 정보 및 특성〉

출생연도	1987년생	이주연도	2013년
국적(이주 전/현재)	우즈베키스탄/대한민국	학력	대학 중퇴
가족	남편, 딸, 아들	직업	이중언어강사 다문화이해강사

▸ 타슈켄트 대학에서 남편을 만나다

[조사자: 나이는 어떻게 되세요?] 서른둘. [조사자: 체류 비자는?] F6 결혼 이주. [조사자: 한국에는 언제 오셨어요?] 결혼한 지 원래 결혼한 지 12년 됐는데 한국에 6년 동안 살고. [조사자: 그럼 처음엔 어떻게 오셨어요?] 아니, 우리 우즈베키스탄에서 대학교에서 만났어요, 남편하고. 타슈켄트 국립 동방대학교에 왔어요. 아주 유명해요. [조사자: 공부 잘했구나!] 우리 남편도 우리 대학 들어가서 러시아 말 배우려고 거기서 제가 한국말 좀 알고 있어서 같이 친해졌어요. 그다음에 결혼했어요. [조사자: 선생님, 한국어를 어떻게 알았어요?] 타슈켄트 한국어교육원에서 배웠어요. 그냥 그때 아

주 유행이었어요. 엄마도

"너 한국말 배워라."

그렇게 얘기했었어요. 가서 배웠어요. 그리고 세종학당에서 타슈켄트 거기도 고급 배웠어요. [조사자: 대학교 때 뭐 배웠어요? 그러면?] 국제 경제요. [조사자: 국제 경제. 그니까 한국어도 배웠겠구나. 어차피 이런 거 배워야 되니까, 그렇죠?] 네. [조사자: 그러면 우즈베키스탄에 있을 때 한국은 좀 알았어요?] 네. [조사자: 어떻게 알았어요? 텔레비전으로 보고 알았어요?] 한국 대화요? 우리 한국어교육센터 타슈켄트에 있는데 저기 문화 수업 포함하고 한국어하고 문화 수업 그리고 여러 가지 프로그램 많이 있었어요. [조사자: 아, 그렇구나. 고등학교 때 만나서 사랑에 눈이 멀어서?] 아! 아니요 같이 졸업했어요. 쭉 4년도 안 돼서. 석사까지는 못 했어요. 아니, 이제, 석사는 우리 좀 힘들어요. [조사자: 한국에서 하시고 싶은 생각은 없으세요? 혹시?] 있는데 지금 돈 문제 있어서. [조사자: 한국어 몇 급이세요? 토픽 보셨어요?] 아니, 한국에 안 봤는데 우즈베키스탄 3급까지 땄어요. [조사자: 3급이요? 3급 말고 5급에서 6급까지 한번 도전해서 시험을 보세요. 그러면 석사 대학원 과정에서 외국인, 외국인 전형으로 지금 국적이 아직 외국이잖아요. 그렇죠. 외국인 전형으로 하면 장학금 혜택 같은 게 많을 거예요. 일단은 제일 가까운 저희 ○○대 같은 경우도 5급에서 6급은 장학금을 많이 줘요. 70퍼센트 이렇게 주기 때문에….] 아, 그래요? [조사자: 네, 그리고 석사는 그렇고 박사는 100퍼센트 주고 하니까 그래서.] 그럼 석사 몇 년이에요? [조사자: 석사 2년. 공부하는 거 좀 좋아하시고 조금만 여유가 되시면 공부하시는 것도 좋은 대학교를 나오셔서 여기 남아 한국에서 인정해주거든요. 그래서 아까워서, 나이도 아직 젊으시고….] 타슈켄트에서도 ○○대학교 있어요. 집 앞이에요, 바로. 너무 가까워. [조사자: 그럼 선생님 연애 결혼이시네요?] 네. [조사자:

남편분은 나이 차이가 얼마나 되세요?] 4살, 서른여섯. [조사자: 좋네요! 궁합도 안 본다는 4살. 몇 학년 때 만났어요? 그러면 대학교?] 1학년부터. [조사자: 1학년부터 4년을 사귀었어요?] 네. [조사자: 안 바꾸고? 한 사람만 쭉 사귀었어요?] 네.

▶ 우즈베키스탄에서 태어난 자녀들의 한국 적응 힘들었어요

대학 졸업하자마자 아기 낳았어요. 큰딸 지금 11살이에요. 둘째는 일곱 살. 딸 아들. [조사자: 손이 이제 많이 안 가겠네요. 내년에 학교 가면 좀 손이 가고 지금이 제일 좋았던 거 같아요. 6살, 7살 유치원 보낼 때 제일 좋아. 그러시구나. 그러면 결혼하고 6년은 우즈벡에서 산 거예요?] 네. [조사자: 그럼 큰애는 좀 하겠네요. 우즈벡어나 러시아어.] 러시아어 해요. 이해하고 읽기 쓰기 다 가르쳐주고 한국에 왔어요. 그럼 말할 때는 좀 서투르지만 자기가 말하고 싶은 걸 말할 수 있어요. 둘째는 알아들어요. 말은 못 해요. 제가 교육 많이 받아서 좀 규칙 있어요. 나는 꼭 러시아 말로 얘기할 때 얘기하고 못 알아들을 때 그다음에 한국말로 좀. [조사자: 노력하셨구나. 대단하다. 쉽지 않은데.] 아니, 집에서도

"러시아 말 책 읽어."

라고 계속 시켜요. 큰애 그러고 책 되게 많아요. 러시아 말을 배우는 책. [조사자: 남편은 우즈벡에서 공부만 한 거예요?] 공부하고 사업도 하고 일했어요. [조사자: 무슨 사업 했어요?] 처음에는 여행사부터 시작했는데 그다음에 학교 졸업하고 여행사는 아르바이트 했어요. 공장 열었어요. [조사자: 공장 열었어요? 사업하시구나! 지금도 사업하세요?] 응. [조사자: 선생님은 그러면 그냥 졸업하고 결혼하고 애 낳고 있던 거예요? 아니면 직장을 다녔어요?] 아니요. 저는 저기 우즈베키스탄에. 한국어 저기 은행 있잖아요.

○○○. 은행에서 안내 불렀어요. 못 해서 입덧 심해서. [조사자: 입덧 심했구나. 11살이면 3학년? 4학년?] 어디? [조사자: 11살이면 4학년인가요?] 4학년. [조사자: 딸은 한국에 와서 좀 적응하는 거 힘들어하지 않았어요?] 힘들었어요. 처음에 여기 왔는데 친구도 없고 저도 친구 없어서 한국말을 알았어요. 첫째는 타슈켄트 한국 유치원을 다녔어요. 대사관 밑에서 한국말 알고 있었는데 그래도 여기 와서 나도 친구 없어요. 아기 어린이집 친구 못 만나고 그러고 여기 한국 아이들 밖에서 활동 안 해요. 놀이방 가거나 집에서 많이 해요. [조사자: 맞아.] 엄마 손 잡고 여기 가고 저기 가고 우즈베키스탄에서는 그냥 밖에 나가서 밖에 노는 아기들하고 서로 같이 놀고 서로 되게 스킨십도 좀 하고 많이 나누고 집단 서로 카페 이런 베이비 카페 아기 카페 얼마 없었어요. 그때 우즈베키스탄에는 동네 놀이터요. 우즈베키스탄에서 아주 잘살았어요. 우리 엄마 집에서 수영장도 있어요. 집도 넓고 한국에는 좀 시어머니 시아버지 집에 같이 살았어요. [조사자: 아이고, 힘들었겠다.] 그런데 이게

'좀 다시 돌아오고 싶다.'

그래서 그런데 뭐 이제 학교 가서 조금 됐어요. [조사자: 학교 가면 포기하게 되죠? 엄마들은? 그래도 어떻게 친구는 어떻게 다 사귀었어요? 지금은 좀 괜찮아졌어요?] 어린이집은 병설에 여기 있어요. 1년만 다니고 학교 들어갔어요. [조사자: 6살에 왔으니까?] 네. [조사자: 공부하는 데 가르치는 건 힘들죠? 힘들고. 알림장 같은 거 보고 이런 거 해줘야 하고 괜찮았어요?] 알림장 아니, 제가 하는 것만 좀 알고 있어서 그렇게 안 어려웠어요. 그런 학교는 우리 학교 ○○초등학교예요. 행복배움학교예요. 시험도 없어요. 아무 문제 없어요. 공부하면서도 그냥 놀면서 공부해요. 나라에서도 지원 많이 받고 여러 가지 프로그램 많이 나와요. 아이들은 뭐 나라에서 신청할

수 있으면 그거 일단 신청하고 가고 나오는 대로 다 가는 그 보통 고구마 캐고. 한국문화 연결되는 거 떡 만들기 이런 거. 강화도 다니기 연마다 강화도 다녀요. 여기 학교에서 다문화가족지원센터에서 프로그램 되게 많아요. 그런데 아주 어린아이들 유치원생 아이들 많이 있어요. 프로그램이. 큰아이 이제 센터 잘 안 나가요. [조사자: 그러면 선생님 친구는 거기서 만난 거예요? 아니면 어떻게 만났어요?] 친구? 친구는 다문화가족지원센터에서 한 명 만나서 그다음에 없어요. 여기 전에 없어. 그리고 그 친구 이사했어요. 남동구로. [조사자: 남동구로 가셨구나. 지금 새로운 친구는?] 아직 친구 아니고, 그냥 아는 사이예요. 그분은 노동비자 고려인. 노동 비자 받고 와서 여기 한국 사람하고 결혼했어요. 이제 나이 좀 있어요. 집에서 아기 보고 있어요. 세 살이요. 저도 많이 바빠서 만날 시간 거의 없어요. 문화 수업 주니까 거의 맨날 있어요.

▶ 러시아인 아버지, 고려인 어머니 이혼했지만 부유하게 자랐어요

우리 아빠는 저기 러시아인 고려인으로 러시아에서 고려인 국적도 러시아예요. 옛날에는 그거를 국적 없이 그냥 왔다 갔다 했잖아요? 그러니까 아빠는 러시아에서 살다가 우즈베키스탄 와서 엄마랑 만나서 결혼하고 그다음에 자꾸 러시아 왔다 갔다 했는데 그다음에 이혼했어요. 지금도 러시아에서 친척들 만나요. 어머니는 우즈베키스탄 고려인. [조사자: 고려인 고려인끼리 만나는 편이세요?] 네, 문화 비슷하고. 옛날에는 고려인들끼리 많이 결혼했는데 요즘은 저기 여러 민족 같이 결혼해요. 저희 오빠도 사촌. 지금 제가 한국에 살고 있지만, 언니는 독일에 살아요. 저희 엄마 아빠 주는 사람은 저희 오빠예요. 사촌오빠인데 어렸을 때 엄마가 돌아가셔서 우리 엄마가 키워줬어요. 사촌오빠 아빠네 우즈벡 사람이에요. 저

기 오빠네 고려인처럼 안 생겼어요. 먼저 러시아 아가씨랑 만났지만 좀 문화 달라요. 그다음에 고려인하고 결혼했어요. 여기 오빠요, 오빠. 엄마 고려인, 아빠 우즈벡 사람 근데 여기 보시면 아기들 엄마 고려인이잖아? 아기 이렇게 생겼어. 막내는 고려인처럼 생겼어. 큰애는 좀 유럽 스타일이에요. 우리 어머니와 같이 살고 있어요. [조사자: 그럼 어머니는 혼자서 아이들을 다 키우시는 거예요?] 예, 혼자서 키우고 우리 어머니는 원래 정치원. 정치원 되게 높아요. 공장에서 40년 동안 일했어요. 지금도 60살 넘어서 계속 일하고 있어요. 공장 나오고 큰 공장장이에요. 공장에서. 우즈베키스탄 유명한 맥주 공장 있어요. 한국에 ○○처럼 브랜드 공장 있어요. 저기 공장장. 그래서 계속하고 있어요. 그만두지 않고. [조사자: 어떻게 차리셨대요? 맥주 공장을?] 옛날에는 러시아에서 우즈베키스탄같이 그 있었어. 그때는 학교 졸업하고 전문학교로 갔어요. 전문학교 우리 엄만 맥주, 맥주만 아니고 케미컬! 케미컬 아세요? 저기는 전문학교 졸업하고 그다음에 러시아 사람들 전문학교 졸업하면 보내줬어요. 여기 공장 우리 짓고 있어요. 이 공장에서 기술자들 필요해요. 그러면 보내줬어요. 저기서 그때부터는 계속 일하고 있어요. 40년 넘어서. 원래 고려인들 우즈베키스탄에서 아주 똑똑하고 좋은 자리 잡고 있어요. 원래, 일 잘하고. 그래서 고려인만 있으면 사장님 그만두지 않도록 해요. 계속 보살펴주고 있어요. 왜냐하면 인정받았어요. 그러고 집합해서 그때 공장에서 일 시작하고 이제 공장 직원들한테 러시아에서 집을 줬어요. 그 돈에 이제 다 공장 직원들이에요. 이런 식으로 그러니까 뭐 아기 두 명 있으면 방 세 개짜리 집 받을 수 있었어요. 네 명 있으면 방 다섯 개짜리 집을 얻을 수 있었어요. 보통 우즈벡 사람들 많이 아기 낳잖아요? 근데 우리 어머니 두 명밖에 안 낳아서 방 세 개까지만. [조사자: 아쉽다. 그러면 사촌오빠가 있고 선생님 있고 여동생이 있어요?]

아, 언니 있어요. 언니는 독일에. 엄마 가봤는데 제가 아직 못 가봤어요, 아기 있어서. 아기 두 명 데려가면 엄청 비싸게 나와요. [조사자: 세 명이니까. 그러네요, 한 번 비행. 언니는 한국에 와봤어요?] 언니는? 아니요, 계속 독일에 있어요. [조사자: 독일 형부는 만나봤어요?] 네, 저기 우즈베키스탄 저기 ○○○회사에서 ○○○독일에. 저기서 일했어요. [조사자: 조종사?] 네, 조종사. 같이 만났어요. 우리 언니 좀 이쁘게 생겼어. 키 작고 원래 왠지 모르겠지만 외국 사람인데 한국 스타일 아가씨들 좋아해요. 키 조그맣고 그러니까. [조사자: 그렇구나. 좋은 가정에서 태어나셨네요. 타슈켄트에 사신 거예요?] 네, 타슈켄트. 타슈켄트인데 우리 동네는 고려인들 안 살아요. 우리는 그냥 엄마 직장 때문에 좀 다른 동네 살아요. 고려인들 사는 동네도 따로 있는데 우리는 좀 우리밖에 한 가족만 고려인 있는데 다른 사람 다 러시아 사람 우즈베키스탄 사람이에요. 그러니까 우리 어머니 되게 일을 잘하니까 다니니까 우리한테 교육으로 많이 시켜줬어요. 그러니까 우리도 잘살고. 좀 남편하고 만나서

"너 왜 한국 사람하고 결혼하려고 해? 여기서도 잘살고 있는데."

우리, 아니 한국을 지금 모르고 있어요. 그래서

"먼저 한국 가보고 그다음에 결혼해라."

그렇게 얘기했는데 그래도 우리나라에서는 한국에 결혼 안 하면 한국 비자 못 받았어요, 그때. 무조건 혼인신고 하고 한국에 들어갈 수 있어요. 부모님 여기 시어머님 혼인신고 한 다음에 시어머님 봤어요.

▶ 한국의 시댁 식구들과 가깝게 아니고 그냥…

[조사자: 시어머니는 반대 안 했고요?] 반대 안 했는데 조그만 스트레스 받았어요. 외국으로 유학하러 보냈는데 외국 가가지고 외국인을 데려

오고. 막내아들이요. 큰아들 그때 아직 안 결혼했어요. 아버님도 우즈베키스탄에서 사업했어요. 그러니까 데리고 왔어요. 러시아 말을 배우라고. 우리 신랑이 그때는 좀 어떻게 얘기하면 아들이 배우고 아들 도와줬어요. 그때 사업은 망해서 아기 낳고. 처음엔 우즈베키스탄에선 좀 사업하기 힘들어요. 달러 환율이 못 해요, 은행에서. 여기는 다 투자를 달러로 하고 돈 벌어서도 은행에서 달러로 환율 안 돼요. 그다음에 한국에 못 가져가. 그리고 우즈벡 사람은 일부러 망하게 만들어요. 그다음에 자기한테 회사 오라고 하고. 식당만 되게 많고 다음에 하나 식당 있는데 우리. [조사자: 식당도 냈어요? 남편이?] 아니요. 우리 다니는, 우리 식당 안 했어요. 음식을 못 만들어서. 식당 되게 많아요. 우리는 요즘 식당에 고려인들 많이 다녀, 한국 식당. 삼겹살 먹고 싶으면 김밥 먹고 싶으면 한국 식당 찾아요. [조사자: 한국 식당들이 인기가 좋나 봐요?] 네. [조사자: 한국을 좋아하는구나, 고려인들이. 저희 모국이라 있다는 거는 좋은 거죠. 선생님, 종교가 있으세요?] 저, 원래 예수 믿는데. 저희 남편은 불교예요. 교회 못 나오게 해요. 불교 제사 지내는데 꼭 절하라고 하지 않아요. 그런데 제사는 꼭 지내야 돼. [조사자: 제사는 꼭 지내야 돼. 남편은 어떻게 되세요? 형제 관계가] 형 있어요. [조사자: 형은 아직도 결혼 안 했어요?] 결혼했어요. 늦게 좀 했어요. [조사자: 한국 여자랑?] 네. [조사자: 잘 지낼 만해요?] 전화도 거의 안 해요, 우리. 명절 때만 만나고 그리고 문자 가끔씩 보내죠.

"생일 축하한다."

너무 가깝게 아니고 그냥. [조사자: 시어머님이랑 몇 년 정도 같이 사셨어요?] 같이 살았어요, 3년 동안. 지금은 아니. 우리는 4층, 어머님 1층 전세로 나갔어요. [조사자: 지금이요? 어머님이 아기도 좀 돌봐주세요?] 뭐 그렇게 좀 이제 다 컸으니까 그런데 이제 문화 수업할 때 아침에 학교로 일찍 가야 되면 데려다주긴 해요. 어린이집까지 [조사자: 어머님 혼자 계세요?] 아버님까지. 육십둘. [조사자: 젊으시네. 어머니 아버님 일 안 하세요?] 일 안 하고 그런 일 있잖아요. 우리 아버님 가부장적이에요. 그러고 다 차리고 다 어머니 다 하셔요. 아침에 일 나가시면서도 차까지 데려다줘요, 인사하고. 남자는 위로. [조사자: 남편은 안 그래요? 아버님이 그러면 남편은 좀 그럴 법하지 않아요? 아니에요?] 아니, 우즈베키스탄에서 같이 살아봤으니까 우리 문화 좀 달라서 알고 있었어요. 집안일은 안 뭐. 정리하고 설거지는 안 하고. 정리, 서랍 정리해주고. 신발 닦아주고. 스트레스 쌓이면 신발 닦아요. 원래 한국 사람들 엄청 깔끔해요.

▶ 우즈베키스탄에서 아기 낳고 살다 한국에 와서 남편과 결혼식을 올리다

[조사자: 그러시구나. 맨 처음 남편 만났을 때 어땠어요? 첫눈에 반했어요?] 아니요. 처음에는 우리 학교 왔는데 나보다 항상 리더예요. 앞에 앉아요. 항상 앞에 앉아요. 대학교에도 학교에서도 앞에 앉아요. 언제 교육받으면 앞에 앉아요. 그런 습관 있어요, 선생님 옆에. 그런데 제일 뒤에 앉았어요. 처음에 그리고 통역하는 사람 왔어요. 옆에서 그다음 통역하는 사람 계속 못 듣잖아요. 수업에 그리고 나가서 제가 다들 궁금해서 한국말 아무도 모르니까는.

"어디서 오셨어요? 한국에서 왔어요?"

아무 말 안 하고 그냥저냥 앉아있었어요. 그때는 우즈베키스탄 아예 러시아 말을 몰랐어요. 쓰기도 모르고 아무것도 몰랐어요. 제가 좀 도와줬어요. 처음에 그다음에 같이 앉았어요. 그다음에 1년 지나가는데 나한테 선물 주고 뭐 여기 주얼리 주고 큰 곰인형 주고 아니 이거는 우리나라에서는 연애라고 해요. 그런데 손도 안 잡고 그냥 선물 주는 걸.

"왜 이러는지, 우리 무슨 사이예요?"

그렇게 얘기했는데

"아니, 저는 아직 어렵다고, 넌 아직 어려."

한국 나이로 어려요. 우리나라는 안 어렵잖아요. 학교 들어가기 때문에 18살 때부터 결혼해. 그래서

"나한테 무슨 느낌 있어요? 마음을 얘기해주세요."

하니까

"사랑해."

라고 그래서

"사랑하면 우리 연애해요."

라고 제가 그랬어. 선물만 받기 좀 그렇잖아. 연애해도 식당 가서 레스토랑 가서 초대하고 손도 안 잡고. 스킨십 없어요. 남편 군대 졸업하고 바로 왔어요. 우즈베키스탄. 아직 그때 안 뚱뚱하고 날씬했어. 군대 갔다 오고. 손 잡고 가자고 그래서. 그다음에 손잡고 했어. 지금도 쑥스러워. 한국 스타일이에요. 저 안 쑥스러워요. 우리 사람들 스킨십 서로 있어야 해. 저도 한국문화 이거만 좀 고치면 좋겠어요. 사람들 기본적으로 다 해요. 그런데 마음은 열지 못하고. 자연스럽게 웃고 자연스럽게 서로 안아주고. 만나서 웃음치료사 3급 받았어요. 그때는 웃음치료사 배우고 막 집에 와서 웃었어요, 선생님 숙제로. 집 오면 웃어야 해. 그래야 스트레스 풀어요. 그런데 이해가 안 간대. 이해가 안 해요. 아, 저 원래 적극적인 사람이에요. [조사자: 멋있네. 잘생겼어요? 딱 처음 봤을 때? 남편이? 그게 마음에 들었어요? 아니면 순수한 게 마음에 들었어요? 선생님이 마음에 들었어? 머리가 좋아요? 목소리가? 뭐 하나 마음에 드는 포인트가 있을 거잖아요.] 아니, 특히

그걸 잘생기지도 않았지만 저기 한국 스타일 드라마 보시면 여기 연애할 때는 예쁘게 해요. 선물 예쁘게 드려요. 그리고 예의 바르게. 넘치지 않고, 그냥 꼬박꼬박 천천히. 우즈베키스탄에서 몇 번 만나서 결혼하자고 해요, 사람들. 그래 선물도 많이 안 하고 그렇게 로맨틱 없어요. 그런데 로맨틱 있었어. 아, 지금은 없지만, 그때 있었어요. [조사자: 아유, 꼬시려면 뭘 못 해. 그러셨구나. 재밌네요. 이야기들 재밌어요. 그러면 전 해서 가장 재미있었던 기억은 뭐예요?] 아, 우리 사이요? 아, 있어, 있어. 우리 밥 먹을 때 갑자기 화장실 가서 두루마기(두루마리) 휴지 가지고 왔어요. 두루마기 휴지는 여기 닦아줬어요. 근데 두루마기 휴지는 우리는 화장실에서만 쓰는 거예요. 그러니 이해가 안 가. 아니, 화장실에서 두루마기 가져오니까. 되게 웃겼어요.

"이거 쓰지 않아요."

한국에서 많이 쓴다고 아무 데나 막 써요. 결혼식은 우리 한국에서 했어요. 혼인신고 하고 파티 하고. 아기 이제 낳고 우리 큰아빠 저기

"결혼식 해라."

고 해서 동생한테 우리 아직 큰아빠 결혼 안 해서 결혼식을 못 했어요. 이제 둘째 아기 생겨서 결혼했어요. [조사자: 아, 진짜? 어떻게 해. 오래 걸렸구나. 그전에는 우즈벡에서 두 분만 사신 거예요? 아기 낳고? 아기까지 낳고? 안 불안했어요? 그러다가 저 남자가 나를 버리고 가면 어떨까 하는.] 안 불안했어요. 우리 서로 믿어요. 어렸을 때부터 만나서. [조사자: 믿음이 있었구나. 아기는 첫애는 우즈벡에서 낳으신 거예요?] 둘 다 다 우즈벡에서 낳았어요. 둘째는 10개월 때 왔어요. 그럼 둘째는 한국에서 말을 잘해요. 우리 아이는 타슈켄트 한국유치원에 다녔어요. 대사관 밑에서. 우즈베키스탄에서도 계속 한인들끼리 만나서 저기 타슈켄트 저기서 되게 많아요. 한

국 사람들 그 동네 살고. 저기는 카스피탈네이라는 동네요. 월세로 많이 살아요. 한국 사람들 한국 가게, 한국 식당 다 있어요, 저기서. 저기 식당은 호스피탈이라는 뜻이에요. 저기는 러시아 교회 있고 옆쪽에는 옛날에 러시아 군인들 호스피텔 있어서 역사적인 자리예요. 그리고 저기는 아파트 많이 있어요. 좀 부자들 많이 살아서. 그러고 한국 사람도 집 많이 갖고 있어요, 저기서. 옛날에 샀어요. 사업하면 지금은, 지금도 살 수 있어요. 모르겠어요. 옛날에 다 샀어요. 가격도 싸고 옛날에 3천만 원에 아파트 살 수 있어서 그때 많이 샀어요. 지금은 올랐어요, 가격이. [조사자: 그때 한국 친구들도 있었어요? 한국인 친구들 있었어요? 선생님.] 어, 저기 우리 타슈켄트 한국유치원 다녔을 때 한국 엄마들 만났는데 저기는 저희 나이보다 한국 다 아줌마들이었어요. 남편 따라 사업하러 왔어요. 그 정도 그냥 집에서. 골프도 거기 사실은 10년 전에 엄청나게 가격 쌌어요. 한국보다 저렴했어요. 저기 한국 사람, 일반 한국 사람 가면 부자예요, 저 나라에서. 가난했어도 우즈베키스탄 가서 부자 삶으로 살아요. 그렇게 사는데 그래도 우리나라 아가씨들 한국 사람 결혼하고 그 모임으로 만났어요. 그리고 또 다문화 가정 이렇게 있어요.

▶ 다문화 이해 강사 일 재미있어요. 또 기회 있으면 공부하려고

[조사자: 그러면 선생님, 한국에 와서는 뭐 배웠어요?] 웃음치료사, 다문화이해강사. 그냥 자격증인데, 메이커스 아세요? 메이커스 다문화 회사. 메이커스라고 있어요. 거기에는 우리가 귀화 도전해서 3급까지 배웠는데 그냥 다문화가족지원센터에서 자격증 땄어요, 자격증. 다문화가족지원센터에서 배웠어요. 그러니까 나는 집에만 있었어. 어디 나가고 싶었어. 그다음 다문화가족지원센터 찾아봤어. 남편 찾아줬어요. 그다음에 저

기는 다문화언어강사. ○○시청에서. 2017년 그런데 18년은 교육 못 받아서 돈이 안 나왔는데 그때부터 여기서 교육받은 사람들만 여름에도 교육받고 겨울에도 교육받고 우리 이제 상반기 안 불러요. 후반기부터 불러요. [조사자: 왜지?] 여기는 다문화 보조 강사로 배웠잖아요. 2018년 한국어 강사로 배웠어요. [조사자: 아, 달라요?] 저기 중도 입국 아이들은 한국어 배우잖아요. 한국어 가르쳐주잖아요. 우리는 보조 강사로 수업까지 참석하고 이거 좀 달라요. 그런 거 그리고 이때는 4월부터 교육 시작해서 선생님들 이미 다 일을 시작했어요. 4월도 다른 사업으로. 많이도 못 나오고 그리고 처음에 시작해봤는데 다문화 위주로 교육 많이 받았어요. ○○대 대학교에서. 2018년에

'이제 한국어 위주로 좀 받아서 그런가?'

몰라, 이번에 교육 있으면 나오고 없으면. 사실은 다문화이해강사로 많이 바빠요. 우즈베키스탄하고 러시아 다 가르치죠. 학교, 어린이집, 주민센터, 아동센터, 노인. 여기는 다문화 고정센터도 있고, ○○구 다문화가족지원센터에서 다문화 수업이 있으면 나한테 연락이 와요. 여러 가지로. 재미있어요. 나는 아이들하고 잘 어울려. 그냥 하면 항상 즐겁게 기쁜 거 좋아해요. 그리고 교육을 많이 받아서 어떻게 아이들하고 어울리는지 잘 알고 있어요. 교보재 우리 다 작년에 나라에서 가지고 왔어요. 샀어요. 지원 안 해줘요. 어제도 이렇게 나와서 우즈베키스탄. [조사자: 어머, 예쁘다. 할로윈이다.] 우리 영어 강사, 어린이 영어 강사 사업 있어요. 저기서도 나오고 있어요. [조사자: 앞으로 뭐 또 배우고 싶은 거 있어요?] 네. 그, 한국어 가르쳐줄 수 있는 자격증. 한국어 교사. 여기에도 교육시켜서 수료했어요. 그 선생님들만. 또 기회 있으면 공부하려고. 아, 이번에도. [조사자: 자격증은? 수료증은 필요 없어요. 자격증이 있어야 해. 이게 그래도 나중에 취업할 때

도움이 되고 자격증은….] 여기 선생님들 다 수료증으로 했고요. 제가 원래 토픽 5급까지 따려고. [조사자: 그니까 토픽을 하셔야 해요. 선생님은 일단은 아직 선생님 굉장히 젊으시거든요? 진짜 젊기 때문에 앞으로 선생님 마음만 먹으면 뭐든 할 수 있어요.] 말이 굳었어요. 한국말이. 발음이 안 좋아요. [조사자: 아니! 아니! 아직 괜찮아요. 현장에서 많이 하시면 괜찮고. 그래서 되게 젊으시고 배우는 것 좋아하시고 성격도 좋으시니까 애들도 이제 많이 큰 거잖아요. 엄마 손 떠나니까 선생님도 하고 싶은 것 하시는 게 좋을 것 같아요. 이것도 괜찮더라고요. 외국인 상대로 해서 자격증을 받는데 이게 인터넷으로 하는 게 있고 근데 조금 투자하긴 해야 해요. 돈 한 푼도 안 들이고 할 순 없고. 인터넷으로 자격증 받는 거는 100만 원에서 200만 원 정도 들어가고 그다음에 학원을 들어갈 수가 있어요. 외국어로서 한국어 교육이라는 건데.] 우리 A대 없어요. [조사자: A대 없어요? B대에는 있어요!] 너무 멀어요. 그냥 A대 좋은 데간 건데 왜 없어요? [조사자: B대학교는 있어요. C대학교 있고 D대도 아마 있을 거예요. 외국어로서 한국어 교육인데 일반대학원이면 아까처럼 토픽 같은 경우는 5급 정도만 나오면 장학금 다 받고 지금 한 2년만 돈이 좀 들어도 학자금 대출도 있거든요? 이런 걸 통해서 배워나가면 괜찮지 않을까 싶어요.] 아니, 우즈베키스탄에서도 B대학교 석사 들어갈 수 없어요? 저기도 5급. 제가 모르겠지만 좋은 데서 살아서 좋은 엄마 좋은 삶을 해주고 제가 공장 일하는 수준으로 내리기 힘들어요. 돈은 벌고 싶은데 저기 한 달에 180만 원 아니면 200만 원 벌 수 있는데 나는 몸이 그거 이제 쪽은 안 되고. 자존심 자신감 너무 상할 것 같아요. [조사자: 꼭 돈을 벌어야 해요? 남편분?] 아니에요. [조사자: 그렇지 않으면 공부를 좀 하셔서 계속 이렇게 학문적으로 하시는 것도 적성에 맞으실 것 같아. 제가 모든 분들한테 이런 얘기를 하지는 않지만…. 그냥 얘기하다 보니까 아직 젊으셔서.] 아니, 우리 남편도 힘들고 우리 그렇게 얘기했어.

"남편도 힘들고 돈 못 벌면 차라리 우리 애들하고 우즈베키스탄에서 좀 살고 좀 돈 모아서 그다음에 오자."

고 했어요.

왜냐면 이런 경우 많이 봤어요. 한국에 엄청 다 비싸고 아빠는 돈 못 벌고. [조사자: 진짜 많아요.] 가족하고 저기 가서 아빠 조금씩 한 달에 50만 원 보내도 우즈베키스탄에서 엄청 잘살아요. 학교 무료요. 학원비 안 내요. 학원 안 다녀요. 외국인도 학교 일반 국가 학교 가면 무료예요. 그런데 요즘 많이 한국 학교도 생기고 영국 학교도 생기고 저기 부자들 많잖아요. 그런 학원 안 다니고 집에서 다 배워요. 선생님 개인 레슨 해요. 와서 선생님도 돈 벌어요. 2020 여기 문자 받았는데 중국어 선생님 여기는 이제 내년 2월에 설명회가 있을 거예요. [조사자: 유치원 들어가려고요?] 아뇨! 여기 다문화 한국어 강사. 그런데 2017년에 뭔가 ○○대에서 했는데 좀 안 좋았나 봐, 유치원에서. 그러니까 2018년 저기 ○○대 가서 수업 많이 해요. 전문가니까.

▶ 한국과 우즈베키스탄의 교육적 환경이 달라 놀라다

[조사자: 아이들 학교에 처음 보낼 때 두렵지 않았어요? 한국 학교를 처음 보낼 때?] 학교 가서 첫째는 입학하면 깜짝 놀랐어요.

'교실이 너무 지저분해.'

'리모델링도 안 깨끗해.'

그냥 일반 학교예요. 우리 타슈켄트에서는 학교 1학년 학생들 위해서 여름마다 리모델링하고 다 깨끗하게 닦고 선생님 닦고 수업 끝나고 선생님 청소 안 해요. 부모 돈 모아서 사람 불러서 청소하는 사람 따로 있어요.

부모 부담으로 청소시키는 거예요. 근데 여기는 좀 칠판도 좀 들고 있는 상태 다 쓰던 거처럼 그러니까 이것만 좀 깜짝 놀랐어요.

'한국은 발달된 나라인데.'

보통 1학년 아이들 다 새 걸로 만들어요. 연마다 여기 칠판도 다 수리해주고 나라에서. 이번만 놀랐어요. 그런데 교육, 교육적으로 우리 학교는 시험 없어요. 어떤 우리 행복 배움 학교라고 시험 없고 다 놀아요. 애들. 1학년 때 노는 거 얘기했어요. 2학년 때 와서도 아직도 놀아요. 아니, 갑자기 수학이 좀 더 어려워졌어요. 그래도 숙제는 1페이지만. 학원 안 다니면 어떻게 풀어요. 애들 초등 일곱 살인데 다 서술형. 그냥 계산하는 거 아니요. 무슨 문제, 무슨 문제 생기고 애 아빠도 봐서

"이거 뭐예요?"

그러니까 학원 안 다니면 못 풀어요. [조사자: 그래서 학원 보냈어요?] 아니요. 우리 아직 아동센터 다녀요. 아동센터도 괜찮아요. 그런데 학원처럼 아니에요. 나라에서 많이 지원받지만 매일 공부시켜요. 그리고 그렇게 학원처럼 아니에요. [조사자: 그러면 큰애는 그냥 아동센터 다닌 다음에 학원은 안 다니는 거예요?] 피아노 학원 다녀요. 영어는 저랑 하고. 우리 대학교 선생님 영상통화 과외 해요. 이 선생님하고 해요. 우즈베키스탄에서 대학교 선생님인데 동방대학교. 아니, 박사까지 했어요. 저기 미국에서. 그런데 우즈베키스탄 원래 작아서 우리 딸만 받았어요. 왜냐면 제가 엄청. [조사자: 그럼 얼마 정도 드리는 거예요? 교육비를?] 네, 3만 원 한 번에 3만 원, 일주일에 한 번밖에 못 해요. [조사자: 고액 과외네요.] 그래도, 일주일에 한 번 배워서 또래보다 더 잘하는 것 같아요. [조사자: 큰애가 딸이죠?] 네. [조사자: 딸은 어떤 아이예요? 자랑 좀 해주세요. 소개 좀 해주세요. 어때요?] 너무 우즈베키스탄 살다 보니까 너무 착해. 너무 착해. 이런 고집 같은 거

질투 없어요. 처음에 친구들하고 잘 못 친했어요. 여기 아이 위주로 다 해주는 거야. 아이 먼저야. 다 그런데 고집이 생겨요, 애들이. 여기는 고집 없어, 좀. 너무 착해. 뭐하면 다 들어요. [조사자: 그래도 시간이 지나면 애들도 더 어차피 자기네도 착한 아이들 좋아하니까 인기가 좀 많아지지 않아요?] 요즘 한국이 유행에 따라 유행 시작하면 못 멈춰요. 아이 저번에 앞머리 지금 학생 다 앞머리 잘라요. 초등학생들이요. 계속

"앞머리 잘라주세요."

라고 해요. 앞머리 안 어울리는데. 여자들 다 초등학생 여자들 앞머리 생겼어요. 그러니까 잘라달래서 해줬어요. 이제 뭐 립스틱 발라요. 이제, 틴트. 원래 중학생부터 시작인데 이젠 좀 3학년 4학년. 그리고 염색, 염색하고 싶대요. [조사자: 그러면 어떻게 해달라고 하면 다 해줘요?] 아니, 염색은 안 해요. 우리 숱이 없어요. [조사자: 외모를 밝히는 편이구나. 그렇죠? 여자.] 외모하고 아시잖아요. 러시아 사람들 우즈벡 사람들 자기 옷 입는 거 화려하게 예쁘게 좀 스타일 그냥 그거 그냥 티셔츠 안 입고 좀 화려한 거 깔끔한 거 좋아해요. 이런 걸 좀 잘 닮아졌어요. [조사자: 그런 거 좋아하는구나. 여자네 뭐 천상. 어떤 과목을 좋아해요? 딸은? 딸은 꿈이 뭐예요?] 꿈은 처음에 피아니스트 되고 싶었어. [조사자: 피아노 잘해서? 몇 년 다녔어요?] 3년도 안 다녔어요? [조사자: 3년이나 다녔어요? 그러면 진짜 좋아하네.] 지금도 다녀. 피아니스트 안 되고. 뭐 우리는 그냥 스튜어디스. 저기 아니면 승무원 이런 쪽으로 자꾸 고향 가니까 이쁜 우리 ○○○○ 타요. ○○○○ 너무 예뻐요. 그리고 깔끔하고 우리 다문화 센터에서도 ○○○○에서 왔어요. 본사 저기서 사진도 찍고 제가 알아봤는데 저기는 영어만 알면 된다고. [조사자: 딸의 꿈이 스튜어디스예요? 아니면 선생님이 시키고 싶은 거예요? 애가 원하는 거예요?] 아니요, 애도 마음에 들어요. [조사자: 선생님은 뭐했

으면 좋겠어요, 딸이?] 저는 먼저 사회복지사 그거 자격증 따면 러시아 말을 알면 영어 알면 한국말 알면 거의 다 취직할 수 있어요. 좋은 일자리 할 수 있어요. 여기도 뭐 다문화 이해강사 한국 사람들 몇 명 있어서 작년에. 러시아 살다가 왔다고 그러니까 러시아 아이들한테 한국말을 가르쳐주는 거예요. 그런 거 뭐, 여기 다 아는. [조사자: 아, 귀여워. 승무원 옷을 입었네. 애기 사이즈가 있나 봐요.] 가지고 왔어요. 엄마는 키가 안 돼서. 우리 딸은 좀 키가 있어요. [조사자: 키가 큰 편이구나. 4학년인데 벌써 이만큼 올라왔어. 아들? 되게 귀여운데? 아들 얼굴 완전 브이라인.]

▶ 우즈베키스탄에서의 추억의 사진을 꺼내보며…

타슈켄트 사진 보여드릴까요? 작년에 갔다 왔어요. 여기여기. [조사자: 강아지도 있어요?] 고양이, 고양이. 앞머리 없었을 때. [조사자: 뭐예요?] 우즈베키스탄 나라 볶음밥 비슷한 거 할로비*라고 해요. [조사자: 왜 이렇게 큰 데다 해요? 대박.] 근데 한국 사람들 처음에

"먹고 기름 보세요. 느글느글해."

[조사자: 기름이구나, 그게. 국물인 줄 알았는데….] 고기, 고기. 고기 많이 있고 이렇게 많이 만들고 그다음에 15명 정도 만들어요. 외국 사람들도 많이 와요. 여기 타슈켄트 타워 밑에 그 할로비 집 있어요. 타슈켄트 타워. 여기 겨울에 갔으니까 겨울방학 길어서. [조사자: 어머, 눈 봐. 대박이다. 저기 애는 누구예요? 동네 아이들?] 아니, 우리 조카, 같이 살아요. 그냥 어디 스키장 안 가서도 집 앞에 스키장 만들어요. [조사자: 그냥 타면 되겠네. 눈이 많이 오나 봐요. 타슈켄트는 겨울에?] 네, 겨울에 많이 왔어요. 그다

---

* 할로비는 우즈베키스탄의 볶음밥이다(출처: 우즈베키스탄 유학생).

음에 우리 식당 갔는데, 아 여기. [조사자: 애들이 진짜 많다. 다 친척들인가요?] 아니요. 학교에서 왔어요. 애들이 저기 노래도 하고 이런 체험장. [조사자: 아, 거품 놀이구나! 비눗방울 놀이구나!] 무슨 공기, 어른 공기, 이렇게. 그다음에. [조사자: 얼마에 한 번씩 가요? 고향은?] 2년에 한 번씩 가요. [조사자: 같이 움직이면 돈이 많이 들죠. 남편도 같이 가요?] 200만 원, 아니 남편도 같이. 우리 있으니까 두 달씩 있어요. 왜냐면 비싸게 사고, 엄마 보고 싶어서, 이번에. 우리 엄마 곤지 안 다녀. 국가 공자. [조사자: 선생님, 되게 깔끔하다.] 이거 되게 유명한 거 제가 찍었어요. 아, 여기 우리 뒷집이에요. [조사자: 부자 동네 같아요.] 여기 겨울에 아이스크림 먹었어요. 여기 유명한 아이스크림 가면 그냥 여기에 우리 엄마 러시아 친구 러시아 친구 어렸을 때부터 러시아 친구 이거는 우리 집에서 산타 할아버지 초대했어요. 동네 아이들 다 부르고 여기 보시면 다 우즈벡 사람도 살고 러시아 사람도 살아요. [조사자: 우와, 예쁘다!] 아, 여기 타슈켄트 극장이에요. 극장 지금은 비자 필요 없어서 그냥 다녀오시면. 저기는 설날 30일, 11월 30일 그때부터 저기. [조사자: 명절이에요?] 네, 네. 크리스마스 같은 거 크리스마스 전에 산타 할아버지 나오고 사진 찍어요. 이거는 좀 부자 동네 센터예요. 그냥 동네 가면 없어. 여기 케밥 먹어요. 케밥 아세요? 케밥. 우즈베키스탄 케밥. 양배추 고기 많이 넣잖아요? 우즈베키스탄 양배추 안 넣어요. 우즈베키스탄. 고기하고 소세지, 마요네즈, 케찹 그리고 양파랑 토마토, 오이, 여기는 주스예요. 그거 수제 주스. 우즈베키스탄 과일 많잖아요. 집에서 다 끓여요. 주스 과일 넣고 설탕 넣고 비타민 많이 들어가는 거예요.

▶ 한국어 어휘사용이 어려워요

[조사자: 저는 누가 이제 이거도 좀 물어봐달라고 하셔서 한번 여쭤볼게

요. 혹시 아이들을 가르치면서 어려운 점 있으셨나요?] 네! 어휘, 한국 어휘. [조사자: 강의할 때 어려우신 건가요? 아니면 단어 사용하는 게 어려우신 건가요?] 여기 자기 아이 아니면. [조사자: 자기 아일 것 같아요. 선생님 애 키우면서 어려운 점은 어떤 게 있나요?] 어휘, 어휘 그런 거 프로그램 열어봤더니 내가 모르는 단어 되게 많아요. 아이한테 어떻게 설명해요. 한자도 옆에 한자로도 옆에 쓰여있으면 나는 한자 읽지 못해요. 중국인 엄마들 한자도 읽을 줄 아니까 좀 괜찮아요. 한자 몰라요. 그러니까 나는 몰라도 애 가르쳐줬어요. ○○ 선생님께서. 6급까지 땄어요. 그런데 나는 모르면 엄마 모르면 애 가르쳐줘야 해. 그런데

'어떻게 애 가르쳐줘야 돼?'

진짜 돈 없으면 선생님 못 불러요. 그러면 어떻게 가르쳐줘야 돼? 제가 모르겠어요. 그리고 논술, 논술. 한국 프로그램은 러시아 쪽은 어린이집부터 학교에서도 숙제 있어요. 동시 외우기. 동시 외우고 그대로 얘기하기. 한국은 외우기 없어요. 왜냐면 다 풀기, 풀기 있어요. 그러면 아이는 조금 외우고 동시로 얘기할 수 없어요. 그걸 논술로. 아니면

"하나 텍스트 읽으면 얘기해봐."

나는 얘기해요.

"다시 설명해봐."

설명해주지 못해요. 이런 거, 참 어려움이 있어요. [조사자: 엄마도 하기 힘들고.] 아니 애한테 시켜요. 4학년 애.

"이거 읽고 나한테 얘기해봐. 다시 설명해봐. 뭐 읽었는지 똑같이 아니면 비슷하게."

설명해주기 힘들어요. [조사자: 애가 힘들어요?] 네, 그러면 논술로 배우면 우리도 학교에 이제 하나 읽으면 아니 동화 읽으면 집에

"숙제 동화의 내용을 써달라."

고 해요.

독서로 그럼 길게 해야 해. 한국에는 재미있다, 재미없다 이렇게만 쓰면 돼요. 아니면 그림으로 그려줘요. 제가 생각하기에는 언어를 배우면 쓰기도 하나 읽으면 똑바로 쓰고 뭐 대학교에서 힘들지만 여기 어린아이들은 이렇게 대충대충 자기 말을 써야 돼요. 특히 책에서 나온 말 책 많이 읽어야 돼. 읽기만 아니고 그 내용에 조금 문자로. [조사자: 자기가 요약해서 표현할 수 있고 쓸 수 있고.] 읽으면 얘기를 못 해요. 재미없다. 재미있다. [조사자: 그걸로만 말하고. 어렸을 때 책 많이 읽어줬어요? 선생님이?] 우리 큰애 책 읽기 싫어요. 막내는 좋아해요. 애 관심 있어요.

"책 읽자."

그래요. 제가 읽어줘요. 그리고 애 받아쓰기 집에서 연습했는데 제가 읽어줬어요. 그런데

"너 이렇게 써라."

애 아빠 옆에서

"그렇게 하지 말고…. 나도 너가 무슨 말을 하는지 이해를 못 하겠다."

고 하지만 받아쓰기 써요. 그러면 서너 번 똑같이 받아쓰기 쓰고 그렇게 외우는 거야. 나는 읽으면서 확실히 아니라서 발음이…. [조사자: 그래서 속상해요?] 네. [조사자: 그런 어려움이 있구나….] 발음 고치는 거 선생님 교육 받고 싶어요. 보통 다문화가족지원센터에서 한두 번만 오는데 대충 얘기해요. 호흡 운동 아니면 가, 나, 다, 라, 한 번 읽고 끝이에요. 이렇게 계속 꾸준히 받으면 [조사자: 발음교정 같은 거 받고 싶어요?] 진짜 교수님 같은 거 이걸 어떻게 해야 해요. 소리를 어떻게 내야 해요. 이런 거 다 얘기해주면 엄마 다문화가정 엄마마다 고쳐주면 좋을 것 같아요. 그런데 다

대충 하루에 두 시간 받고 가는 거예요. [조사자: 발음교정 이런 걸 받고 싶구나. 애들 받아쓰기 잘해야 되니까…. 받아쓰기 금방 지나가요. 좀 더 크면.] 받아쓰기 아니고 제가 고려인이라서 보통 한국 사람처럼 생각해요. 그런데 말을 시작하면

"무슨 나라? 어디서 왔어요? 중국인이세요? 일본인 사람 있어요?"

뭐 그런 식으로…. [조사자: 그러시구나…. 그러면 그 외에 또 어떤 어려움이 있으실까요? 아이 키우는 데 또 생각나는 어려움이 있으세요? 이거 꼭 물어봐달라고 너무 궁금하다고. 그쪽으로 연구를 하고 싶은데 또 뭐가 어려울까요? 아이들 키우는 데에서 다른 어려움은 없어요?] 사실은 경제적으로 아이들 키우면서 비싸고 특히 유아들은 유아 기저귀 써야 되고 분유도 써야 되고. [조사자: 아기 때 경제적인 어려움이 있고…. 남편은 지금은 사업하세요? 지금도?] 응. 그, 비닐 있죠. 비닐, 플라스틱 비닐. 그거는 이제 한국에서 점점 없어지는데 그거 에코 플라스틱, 에코 비닐 자연에서 녹일 수 있는 거. 이거 지금 바꾸고 있어요. [조사자: 잘하면 대박 나겠는데?] 아니요, 그런데 나라에서 안 도와주니까 어려워요.

▶ 사실은 다문화 아이들은 친구 없어요. 여기에는 다 차별해

[조사자: 학교는 자주 가세요? 아이들 큰애 학교는 자주?] 처음에는 자주 다녔어요. 지금도 한 번 다녀요. 사실은 다문화 아이들은 친구 없어요. 친구 없어. 다문화 아이들이 아니면 진짜 엄마 친구 있으면 엄마끼리 친구 있으면 그래야 만날 수 있어요. 없으면 못 만나요. 지금 우리 큰애 처음에 친구 없었는데 지금 밑에 사는 아이랑 같은 반 다녀요. [조사자: 오, 다행이다!] 엄마와 많이 친해졌어요. 왜냐면 애 엄마 간호사로 일 다녀요. 언제 제가 봐주고 언제 도와주고 있어요. 친해져서 그러니까 애기들 만나요.

다른 애들은 친구 사이 없어요. 막내아들도 어린이집 다니는데 친구 없어요. 동네 친구 없어서 우리 또래 없고 만날 일 없어요. 학교 가서밖에 안 놀아요. 어린이집 엄마들도 안 친하고 애들끼리 안 만나요. 지금 학교 가서 나도 학교 나와서 어떻게든 친구 만들어줘야 해요. 다문화 아이들도 또 베트남 아니면 중국 필리핀. [조사자: 자기 나라끼리.] 응, 나라끼리 지내고 이거 좀 어려움이 있어요. 교육에. [조사자: 선생님은 노력을 하셨네. 큰애한테.] 저기 애 엄마들 다 일하고 다녀서 지금은 스마트폰도 엄청 안 좋아요. 어려움이 있어요. 저 사실은 우즈베키스탄에 지금 초등학생들 핸드폰 갖고 오면 안 된다고 그래요. 이거 핸드폰 그거 워치 아니면 여기 거는 워치 이걸 만든다고 그래서 나라에서 학생들 학교 안 가지고 그리고 이런 핸드폰 비싸요. 엄마들 못 사주니까 핸드폰 안 놀아요. 잘 안 놀아요. 공부하고 책 보거나 요렇게 놀거나 해요. 자연스럽게 이거 좀 한국 문제라고 생각해요. 집중이 엄청 낮아. 또 식당가면서도 애기 이렇게 밥 먹어요. 애기 입에다 넣어주는 거 이거. 우리 엄마도 처음에 봤는데 그다음도 안 해요. 왜냐면 이거 애기 못 만들어요. 기계예요, 뭐예요? 애기 핸드폰 하면 외적으로 어떤 걸 아예 죽는 거예요. 발달이 안 돼. [조사자: 맞아, 그것도 속상하시고 친구도 걱정이고 아직은 뭐 계속 걱정하겠네요. 그 걱정 속에서도 잘 걱정보다는 잘 크더라고요. 애들이 또 잘 크기를 바라고 그러면 뭐 어떤 도움이 필요할까요? 어떤 것들이 바뀌었으면 좋겠어요? 선생님이 생각하는 거 있으면?] 일단은 다문화 단어 없어지고 싶어요. 우즈베키스탄도 우즈베키스탄 사람만 안 살잖아요. 너무 많아요. 누구는 외국 사람 얘기도 안 해. 그런데 역사적으로 엄청 많이 시간 지나갔어요. 왜냐면 우리 여권에서도 저는 고려인. 고려인 카레이스키에서, 카레이스키 러시아 사람에서 러시아 사람이라고 쓰여 있어요. 근데 국적은 우즈베키스탄 사람이에요. 여권도 우즈베키스탄 사람이고 우즈베키스탄 거예요. 그냥 외국인 아니면 고려인들 사실은 지금 외국 저기도 얼굴 외모 안 닮았지만 저기 나라에서

"누구?"

그러지 않아요. 차별받지 않아요. 여기에는 다 차별해. 그리고 엄마들 인식도 점점 더 바꿔야 해요. 엄마 한국 사람은 할머니들 아직도 보면 바로

"어디서 왔어요?"

그렇게 물어보는 그런 젊은 사람들 30대 사람들 40대 사람들 안 물어봐요.

"어디서 왔어요?"

특히 연세 있는 분들 좀 바꿔야 해. [조사자: 어떻게 바꿔, 연세 있는 분들이 바뀌겠어요? 그게 참 큰일이에요. 한 60 이렇게 되면 할머니들은 이미 살아온 세월이 60년인데 그게 참. 어떻게 안 바뀔까, 할머니들….] 그래서 제가 한번 어떤 할머니한테서

"우리 며느리 필리핀 사람인데 고급스러워요."

그렇게 들어봤어요. 깜짝 놀랐어요. 그러면 '다른 사람들 고급스럽지 않은' 같은 사람들 고급스러워요. 무슨 뜻이에요?

"학교도 졸업하고 여기 삼성 회사 다녀요."

고급스럽대요. 전 깜짝 놀랐어요. 그래도 뭐. [조사자: 당연한 거를 자랑이라고 하셨으니까.] 학교에서 우리 아이가 너무 몇 번 했어요, 말이.

"너 엄마 외국 사람이야?"

너 저기 약올렸어. 몇 번. 두세 번. 그런 거 신경 쓰지 말라고 했어요. 나는 너 특징이 있어요. 너 러시아 말도 알고 저기 한국말도 알고 영어도 배우고 그러니까 신경 쓰지 마. 한 번 두 번 하고 그다음 아이들 안 해요. 나이 먹어서 나이 어릴수록 안 해요. 그럼 우리 막내아들은 한 번도

"엄마 외국 사람이에요?"

그렇게 얘기 안 했어요. 아직 몰라요. 일곱 살 그냥….

"엄마 왜 러시아 말로 얘기해요? 엄마 왜 러시아 말로 얘기해야 해요?"

그렇게 물어봐서.

"러시아 말로 얘기 안 하면 엄마는 외할머니랑 어떻게 얘기할 거야. 너도 배워라."

그랬어요. [조사자: 아이는 그거 때문에 밖에서 상처받거나 그런 건 없어요? 속상해하거나.] 아니요. 그런데 옆에서 친구한테서 아니면 누구 앞에서

"러시아 말 쓰지 마."

라고 해요. 그러는 거 있어요.

"바로 사람들 찾아봐서 그래."

[조사자: 다 쳐다보는구나. 아이는 자랑스럽지 않구나. 그런 거 좀 속상하죠?] 네. [조사자: 당당하게 할 수 있고 그게 이상하지 않은 나라가 되어야 하는데, 그렇죠? 이게 그럴 수 있는 건데. 요즘 어떤 세상인데, 그렇죠? 다 섞여서 살고. 이런 말 할 수 있고 저런 말 할 수 있고 아직은 아이들 때문에 그럴 때는 좀 속상하죠?] 네.

▶ 내 꿈은 나중에 고향에서 한국식 어린이집을 여는 거예요

[조사자: 좀 기가 죽고 그런 것도 있으니까 그런 사람이 아닌데. 저기 우즈벡에서는 되게 훌륭한 사람이었는데 남들 눈에 의해서 좀 평가받는 그래도 그 안에서도 더 단단해지고 더 살아가는 게 그렇구나. 만만하지 않구나. 어때요, 선생님 꿈은 뭐예요? 나중에 선생님이 이루고 싶은 꿈 이런 거 있어요?] 나는 지금 할머니 되면 한국에서 어떻게 사는지 상상도 못 해요. 석사 박

사까지 하려고 했는데…. 애 아빠 만나서 그렇게 안 됐는데. 난 그냥 필요한 사람 되고 싶어요. 사람들한테 필요한 사람 되고 싶어요. 그냥 필요한 사람, 누구한테 도움 주고. 무슨 도움 잘 모르겠지만 도움을 주고 싶어요. 모든 사람. [조사자: 모든 사람한테. 봉사활동 이런 건 해봤어요?] 봉사활동 했어요. 의료보험센터에서 다문화가족지원센터에 의료 보험에서 와서 무료 진료했을 때. [조사자: 통역 봉사 이런 거 하신 거구나?] 학교 봉사도 많이 하고 아이들 운동회 할 때 도와주기 이런 거. [조사자: 재밌어요?] 네, 교통수단. [조사자: 녹색어머니?] 네. [조사자: 아이고, 재밌던데. 저도 몇 년을 했나. 1학년부터 4학년까지 하고 5학년 돼서.] 그럼 학교 어떻게 다니신…. [조사자: 아침에 잠깐 하니까 하고 그다음에 가고 4학년까지 하고, 나 이제 그만해야겠다. 너무 힘들다. 이제 쉬어야지 그랬는데 5학년 되니까 모든 엄마들이 선생님 학교는 안 그래요? 올해는 모든 엄마들이 하루씩 꼭 이렇게 하게 다 돌아가더라고요. 또 못 벗어났네. 5학년인데 또 했어요. 내년까지 아마 할 것 같아요, 녹색어머니회. 아, 그럼 봉사활동을 하면 어때요? 어떤 생각이 들어요?] 뭐 제가 항상 행복한 스타일이에요. 항상 행복해요. 몰라요. [조사자: 봉사를 하면 행복한 그거구나. 또 뭐가 있을까요? 도움되는 사람이 되고 싶고, 대학원에서 계속 공부도 하고 싶고?] 옛날에 석사 박사까지 하려고 했는데. 그리고 저희 꿈 하나 있는데 어린이집 우즈벡 한국에 뭐하지만 어린이집 우즈베키스탄에서 하나 열고 싶어요. [조사자: 우즈벡에서?] 네, 어린이집. [조사자: 그럼 유아교육과를 다니셔야겠네.] 우리 아이들 유아교육 할 때, 시킬 때 저도 같이 따라가려고. 러시아 말을 배워야 해요. 엄마도 러시아 말 아니까 아빠도 러시아 말 알고 있었던 거. 그렇게 어린이집 여기 한국에 봐서 너무 좋아요. 교육적으로도 좋고. [조사자: 시설도 좋고.] 알림장에 다 적고 나서 부모들하고 연결 잘되어 있어요. 우즈베키스탄은 부모들하고 잘 연결되지 않아요. 그냥 다 집에 들어가고 한국식 어린이집 열고 싶은데 그거 한국 아이들 위해서 아니고 그냥 우즈베키스탄 사는 시민을 위해서. [조사자: 어린이집 원장?] 네. [조사자: 원장이 꿈이구나. 꿈은 더 다양할 수 있죠. 또 뭐가 있을까요? 행복한 할머니?] 네. 행복한 할머니. [조사자: 여기서 사시고 싶어요? 아니면 우즈벡으로 아직도 가고 싶어요?] 아직은 제가 상상 안 돼서 아직 할머니 되면 어떻게 뭐 그때는 이제 애기 커서 애기 옆에 있어야 돼요. 생각할 수도 있어요. 지금은 그냥 몰라요. 나도 나이 22살에 좀 18살처럼 느껴요.

▶ 독립적인 아이로 키우고 싶어요

[조사자: 둘째는 어때요? 아들은? 어떤 아이예요? 아들 자랑. 뭘 잘해요?] 요기서 키워서 할머니하고 할아버지 살았어요. 근데 할머니, 할아버지 어떻게 하시는지 아세요? 모든 걸 대신하려고. 애기 스스로 하는 거 없어요. [조사자: 아들이니까 더 예뻤겠지, 손주] 그래서 마음에 안 들어요. 입에도 이렇게 막 입에 넣어주는 거예요. 아, 우즈베키스탄의 러시안 스타일 다 스스로 해요. 아침에 일어나서 혼자서 밥 먹고 혼자 세수하고 옷 입고 스스로 어린이집으로 가는 거예요. 근데 여기는 다 입혀주고 다섯 살도 입혀주고 양말까지 신겨주고 신발까지 신어주고

"할머니, 그렇게 하지 마세요. 그렇게 하지 마세요."

그렇게 100번 애기해도 안 되는 거예요. 안 바꿔요. 엉덩이까지도 닦아줘.

"이제 학교 가면 엉덩이 못 닦아요."

이제 난 혼자 씻으라고 시켜요. 우리 큰애도 다섯 살 때부터 혼자 씻었어요. 만 다섯 살 아니 모든 걸 대신해주는 건 마음에 안 들었는데 지금

도 좀 아기 같아요. 아기 같아요. [조사자: 할머니, 할아버지가 너무 오냐오냐 키워서? 몇 년을 같이 산 거예요? 시부모님이랑?] 3년 같이 살았어요, 3년. 그리고 저녁에 이제 잘 시간이면 일찍 자고 이런 스타일이에요. 10시에 아니면 9시 누워서 책 읽고 얘기하고 자는 일부러 자기 방에서 텔레비전 틀어주는 거예요. 우리 같이 좀 누우려고. 아니, 저녁에 그걸 키면 얘기해요. 싫어요, 또. 그러니까 난 그랬어요.

"TV 틀어주지 말아요."

[조사자: 그런 부분이 있구나. 한국 음식은 잘 만들어요?] 제가요? 간단하게 김치찌개, 된장찌개 이런 식으로는 책에서 몇 번 봤어요. 된장찌개 우리나라 고려인들도 하잖아요. 그거 김치찌개는 누가 김치 만드는 데 좀 흰 김치 만들어요. 그건 어머니 다 하셨어요. 저는 그냥 고기하고 했어요. [조사자: 시어머니 막 구박하지는 않았어요? 괜찮아요?] 나보다 더 빨리해요. 그다음에는

"왜 안 했냐?"

고 물어봐요.

"그렇게 빨리하면 어떻게 해."

난 도와주고 싶어도 벌써 다 하셨네. 너무 같이 살아서 몇 번 너무 오해했어요. 나는 일부러 아니고, 어머니 일부러 하신 줄 알았어요. 제가 좀 느려. 그리고 제가 좀 편한 스타일이에요. 뭐 러시아 놀러 와도 저기 있어요. 하고 싶은 거 하고 쉬고 싶은 대로 쉬고 그런데 일 나가잖아요. 그런데 한국 스타일은 먼저 다 하고 그다음에 일하고. 쉬는 꼴 없어요. 그때는 스트레스받아요. [조사자: 다 그래요. 재밌네. 사는 게 참 재밌어요. 그럼 지금은 하루 일과 어떻게 되세요? 아침에 어린이집 보내고, 큰애 학교 보내고, 둘째 어린이집 보내고, 남편은 아침에 출근 나가시죠?] 응, 일곱 시. [조사자: 아침밥

은 누가 해요? 선생님이 해요?] 아침밥 안 해요. 아무도 안 먹어요. [조사자: 애기들도 안 먹어요?] 아, 애기는 학교 가기 전에 먹어요. 러시아 스타일 ○○○(요거트), 빵, 햄, 치즈 이런 거. 샌드위치 이런 식으로 우유하고. [조사자: 큰애?] 막내도요. [조사자: 둘째도? 남편은 안 먹고 가요?] 안 먹고 가요. 저도 안 먹어요. 그냥 빵하고 조금 먹고 나가면 밥하면 엄청 아침에. [조사자: 시간 많이 걸려요?] 걸리고 자야 해. 아침에는 남편 먼저 보내고 다시 자요. [조사자: 아, 남편은 몇 시에 나가요?] 일곱 시. [조사자: 일찍 가는구나. 남편이 일곱 시에 가고 왜 보내요? 혼자 알아서 가면 되지. 선생님께서 자면 되지.] 아니, 인사해야 해요. 애들 여덟 시에 일어나서 나는 이제 가르쳐줬어요. 큰애기 혼자서 옷 입고 뭐 ○○○(요거트) 먹고 싶으면 ○○○(요거트) 갖다 냉장고 있어요. 샌드위치도 만들어요. 계란 프라이도 만들 수 있어요. 먹고 싶은 걸 먹어요. [조사자: 애기가 혼자서 계란 프라이를 해 먹어요?] 응, 제가 가르쳐줬어요. 다 같이 몇 번 했어요. 그럼 조심히 잡으라고 해서

"해봐."

두세 번 하고 그다음에 잘해. [조사자: 선생님 아이를 강하게 키우시네. 4학년인데 벌써 불을 만지게 하고.] 아! 이번에 우리 고향 갔는데 거기는 비밀번호 문 아니잖아요. 열쇠로 여는 거. 아니 애기는 열쇠도 못 넣고 우리 어머니 되게 혼냈어. 나한테. [조사자: 아, 뭐야 바보로 키웠다고?] 너무 밑에 떨어지고 있어가지고 그다음에 가스도 못 켜요. 우리 조카들 여덟 살 가스 켜요. 켜달라고 하면 켜지도 못하고.

"무서워, 무서워!"

몇 번 가르쳐줬어요.

'이제 안 되겠어.'

집에서도 여기 와서 가르쳐줬어요.

▶ 어린이집 영어 강사, 다문화이해강사, 멘토, 여러 가지를 해요

[조사자: 재밌다. 애기는 혼자서 그렇게 먹고 가고 선생님은 둘째 챙겨서 보내고.] 네, 그럼 애기 간 다음에 또 일어나요. [조사자: 그다음 선생님 뭐 해요? 애기 보내고 나서 뭐해요? 보통?] 제가 어린이집 영어 강사로 나가고 일주일에 두 번. 다른 센터도. [조사자: 다른 센터 몇 번 가요?] 다섯 군데 세 시부터 다섯 시까지. 매일 그리고 중간에 오전에 시간 있으면 저기 다문화 이해강사로 나가고 멘토도 하고 여러 가지 이번에 진로교육센터에서 나왔어요. [조사자: 그건 뭐예요?] 저기는 진로에 대하여 우리는 러시아 말로 통역해줬어요. 진행이 여러 가지 진행이 설명하고 조금 하고 듣기 연수도 중도입국 아이들 많아서 저기 학교에 많이 나왔었어. ○○구. 얘기할 때만 나와요. 프리예요, 프리. 영어 사업 들어가고 나머지는 제가 프리예요. [조사자: 프리랜서구나. 이렇게 막 여러 개 하잖아요. 그러면 돈은 어때요? 좀 많이 벌어요?] ○○구청에서 88만 원, 일주일에 16시간 다문화수업은 센터에서 학교 부담으로 나오면 1시간 3만 원.

"어울림 ○○에서 어울림 아세요?"

거기서 나오면 2만 5천 원, 1시간. 그럼 보내주니까 저 그냥 나와요. 하루도 5만 원 벌면 좋잖아요. 매일 아니지만. 저는 목적이 있어요. 한 달 백만 원 그러면 여기 사업은 11월까지만 있어요. 그다음에 3월까지 기다려야 해요. 모든 일은 3월까지 기다려야 해요. 겨울은 쉬어요, 그냥. 학교도 쉬고. [조사자: 그, 뭐지 토픽을 빨리 따놓으시고.] 토픽 어디서 배울 수 있어요? 혼자서 안 돼요. 제가 집에 있어요. 그냥 준비해서. [조사자: 배우려면 돈 내고 배워야 되잖아요. 제가 아는 데는 어학당 이런 데서 돈을 많이 내고 배워야 해서….] 어학당에서 얼마예요? [조사자: 어학당이 3개월에 한 학기거든요? 그런데 정확히는 엊그저께 140.] 140, 3개월. [조사자: 일단 그냥

한번 시험을 봐보세요, 얼마 나오나. 왜냐하면 책 같은 거 많이 보고 이런 거 듣기 있고 어렵게 나오더라고요. 시험이 쉽진 않아요. 그렇게 한번 봐보시고.] 다문화가족지원센터에서 있는데 좀 안 좋아요, 수준이. 초보고 어떤 아가씨들 잘하고 어떤 아가씨들 아예 모르고 같이 배우는 거예요. 그럼 안 돼. 그럼 여기 전문가라서 그래도 많이도 합격해요. 다문화센터마다 다 들어갈 수 있어요. 여기 진로교육센터 팀장이 서울대학교 졸업했어요. 그걸로 바로 팀장이 됐어요. 나는 생각하기에

'젊은데 36살인데…. 어떻게 38살인데.'

바로 팀장이 됐어요. 운이 좋아요. 서울대학교 졸업하고 바로 믿음이 있어요. [조사자: 전공이 진로 교육이랑 맞았나 보다.]

5장

사각지대의 다문화 여성과 가정을 위해 일하고 싶다

연구참여자 B는 고려인 교포로 우즈베키스탄에서 태어나 키르기스스탄과 러시아를 오가며 부유한 어린 시절을 보냈다. 그녀는 키르기스스탄에서 법학대학을 졸업 후 한국에서 S대 법학과 석사과정에 입학했다. 지인 소개로 남편을 만나 결혼했지만 가부장적인 시댁과 간섭이 심한 동서와 형님 간 갈등이 심했다. 시댁과 불화가 있을 때마다 자신의 편이 되어주지 않는 남편에게 섭섭함을 느끼곤 했다. 이혼하려고 했지만 부부상담도 받고 신앙의 힘으로 어려움을 지나올 수 있었다. 그녀는 한국에 오기 전 할머니와 부모님의 영향으로 고려인, 한국 동포라는 자부심이 강했다. 하지만 막상 한국에서 자신은 다문화 외국인이라는 현실을 깨달으며 정체성에 혼란이 왔다. 그래서 결혼 후 10년 동안 한국 국적을 취득하지 않았고 최근 한국 국적을 취득할 때도 자신의 이름을 한국어가 아닌 원래의 이름으로 등록했다.

B는 세 자녀를 낳고 남편의 도움 없이 자녀를 혼자 양육하다시피 했다. 그리고 출산과 휴학을 반복하며 아직 대학원을 졸업하지 못했다. 현재 이중언어강사와 심리상담 통역관으로 일하며 석사학위를 마치고 법 관련 일을 하고 싶지만 다시 공부를 시작할 엄두가 나지 않는다. 차후 폭력에 노출된 아동·청소년을 돕고, 본인처럼 차별과 폭력에 노출된 다문화 배경의 여성을 위해 일하고 싶다.

[주제어] 우즈베키스탄, S대 법학과 석사과정, 이혼 고려, 정체성

1.
고려인 교포로 한국에 유학오다

한국인의 정체성으로 자라다

고려인 교포로 자라며 자연스럽게 한국에 대한 관심이 많았는데, 특히 할머니의 영향을 많이 받았다. 할머니는 평생 러시아어를 배우지 않고 한국어만 고집할 만큼 한국인 정체성이 강한 분이었다. 심지어 남자친구를 만날 때 꼭 같은 고려인, 한국인을 만나야 한다고 당부했다. 혹여 고려인이 아닌 남자친구들이 집에 찾아오면 문도 열어주지 않았다. 당시에 주변에 한국인과 고려인들이 많지 않았기 때문에 할머니께 그러지 말라고 몇 번 말씀드렸지만 같은 민족 사람을 만나야 한다는 할머니의 생각은 완고했다. 그런 할머니의 영향으로 한국 사람이라는 정체성을 가지고 자란 듯하다. 어린 시절 할머니의 영향으로 한국어를 자주 접할 수 있었다. 어머니가 선교사로 오신 한국 목사님의 통역을 도와드리면서 목사님 가족과 가깝게 지냈는데, 자주 만나고 어울리면서 자연스럽게 한국어를 배울 수 있었다. 하지만 주로 러시아어를 사용하다 보니 한국어를 사용할 기회가 점점 줄어들었고, 할머니가 돌아가신 후로는 한국어를 거의 사용하지 않았다.

1991년 소련이 붕괴하고 2년 후부터 사업가와 선교사들이 중앙아시아에 들어오기 시작했다. 한국어 통역이 가능했던 엄마는 들어온 사람들의 정착을 많이 도왔다. 특히 선교사로 오신 목사님 가정과 친하게 지냈는데, 그러면서 자연스럽게 기독교 신앙을 받아들이셨고 나도 자연스럽게 엄마를 따라 기독교 신자가 되었다.

사람을 돕고 싶은 마음으로 법대에 진학하다

나의 학창 시절은 전학이 잦았지만 대체로 무난하고 즐거웠던 것으로 기억한다. 엄마가 모스크바로 발령받으면서 모스크바에 있는 학교로 전학했다. 그곳은 백인우월주의가 심해 처음엔 피부색 때문에 차별을 당했다. 다행히 러시아어를 잘했던 난 친구들이 하나둘 생기면서부터 따돌림이나 무시를 당하지 않았다. 이후 외과 의사가 되기 위해 생리화학 분야 고등학교에 진학했다. 그때 처음 내가 피 보는 것을 무서워한다는 걸 깨달았다. 항상 메스를 들고 피를 봐야 하는 외과 의사는 도저히 할 수 없겠다는 생각이 들어 외과 의사의 꿈을 접고 법대로 진학했다. 진로 문제로 엄마와 많은 이야기를 나누며 내가 어디에 관심이 있고 또 무엇에 내 마음이 끌리는지를 고민했는데, 사회와 인간에 관심이 많다는 걸 깨닫게 되었다. 사실 외과 의사의 꿈도 사람에 관한 관심, 사람을 돕고 치료하고 싶은 마음에서 시작했던 것 같다. 그런 측면에서 변호사도 도움이 필요한 사람을 도울 수 있고 의사들처럼 사람을 치료하는 치료사라는 생각이 들어 법대 진학을 결정하게 되었다.

우연한 기회에 한국으로 유학을 오다

대학 졸업 후 바로 취업이 예정되어 있었다. 교수님 추천으로 지원한 키르기스스탄* 법학 아카데미에 예비합격 된 상태였다. 어느 날 우연히 신문에 한국 정부에서 진행하는 대학원 유학생 선발 공고를 보게 되었다. 나라 전체에서 딱 한 명만 선발하기에 내가 뽑힐 확률은 희박하지만, 왠지 모르게 도전해보고 싶었다. 원래 대학 졸업장이 있어야 지원할 수 있지만, 한국대사관까지 찾아가 졸업을 앞두고 있으니 꼭 지원하게 해달라고 사정해서 지원할 수 있었다. 중앙아시아는 다민족 국가지만 국비유학과 같은 주요 혜택과 프로그램은 소수민족보다 지배 민족에게 돌아가는 게 일반적이었다. 혹여 소수민족에게 기회가 돌아가더라도 소수민족 단체에 소속된 사람이어야 가능했다. 나는 고려인 소수민족인 데다 고려인 단체에 소속되어 있지 않았기 때문에 더욱 불리한 상황이었다. 그래서 가족과 주변 사람들 모두 안 될 거라고 말렸다. 하지만 지원 소식을 들은 많은 분들이 나를 위해 기도해주었고 기적처럼 최종 한 명으로 뽑히게 되었다. 나중에 추가로 두 명을 더 선발한다는 공지가 났고 결과적으로 대표 민족 두 명과 함께 유학생으로 선발되어 한국에 오게 되었다.

* 중앙아시아 북부에 있는 내륙국으로, 1864년 제정러시아에 정복되었다. 러시아혁명 후 소비에트 투르키스탄공화국의 일부가 되었고 1926년 키르기스자치공화국, 1936년 키르기스스탄공화국을 거쳐 1991년에 독립했다(출처: 두산백과).

2.
한국에서 동포가 아닌 외국인으로 취급받다

쉽지 않았던 한국에서의 유학 생활

처음 한국에 올 때만 해도 한국 생활에 대한 기대감이 컸다. 대학원 졸업 후엔 UN에서 일하고 싶은 정확한 목표도 있었다. 한국 S대 어학당을 다녔는데 캠퍼스 분위기가 조금 우울하고 무거웠다. Y대나 K대 같은 사립대 캠퍼스의 유쾌하고 환한 분위기와 사뭇 달랐다. 어학당에 다닐 때 우즈베키스탄에서 온 친구와 친하게 지냈는데, 그 친구의 한국인 룸메이트가 기숙사 화장실에서 자살한 사건이 일어났다. 그 사건의 충격으로 그 친구는 한 달 동안 말을 못했다. S대는 가장 좋은 대학 중 하나이고 엘리트들이 모이는 학교이기 때문에 학생들은 치열한 경쟁을 할 수밖에 없고 그만큼 학업 스트레스를 많이 받는 것 같다. 이런 분위기 때문에 이 학교를 선택한 것을 후회하기도 했다. 어학당을 마칠 무렵 대학원 선택을 위해 여러 학교의 교수님들께 메일을 드리고 찾아가 상담도 받았다. 상담한 교수님 중 S대 교수님이 가장 마음에 들었고 학교 분위기에도 불구하고 결국 S대 법학 대학원 국제법 전공으로 진학을 결정했다.

한국에서의 대학원 생활은 쉽지 않았다. 기후 적응도 어려웠고 언어 소통도 힘들었다. 어릴 때는 한국어를 곧잘 했는데 학교에 다니면서부터 한국어를 사용하지 않아 대부분 잊어버렸다. 또 대학의 분위기가 키르기스스탄 대학과 너무 달라서 적응하기가 힘들었다. 키르기스스탄 대학은 교수와 학생의 관계가 좀 더 편안하고 수업 중에도 질문을 많이 한다. 자연스럽게 토론을 많이 하는 분위기고 논문을 쓸 때도 조금 더 구체적으로 방향성을 잡아주고 지도해준다. 하지만 한국은 교수가 큰 그림만 제시하고 학생들이 스스로 자료를 찾고 탐구하고 연구하는 분위기여서 너무 어려웠다. 국제법 전공이라 상대적으로 영어가 많긴 했지만, 법 관련 용어들이 한자 또는 어려운 한국어로 되어 있어 이해하기 쉽지 않았다. 또 수많은 정보의 바다에서 무엇부터 어떻게 연구해야 할지 막막했다.

세대와 문화 차이로 동서간 갈등을 겪다

대학원에 다니던 중 남편을 만나 결혼했다. 지인의 소개로 만났는데 속이 깊고 마음이 착했다. 남편은 나보다 11살 많았지만, 형제 중 막내이고 내가 아줌마 같은 성격이라 나이 차이를 거의 느끼지 못했다. 그런데 결혼 후 시댁 식구들과 관계가 너무 힘들었다. 시부모님은 막내며느리인 나를 예뻐하셔서 고부간 갈등이 없었지만, 형님들과 동서 간 갈등이 많았다. 시댁은 유교 전통을 중시하는 장손 집안으로 4대까지 제사를 올리는 좀 유별난 집안이었다. 고려인들도 제사를 지내지만 3년까지만 지내고 후로는 간단하게 약식으로 하는데 시댁은 제사가 너무 많았다. 제사가 많고 집안일도 많아 두 형님과 자꾸 부딪혔다. 당시 대학원을 다녔기 때문에 사정상 일정이 안 맞을 때도 있었는데 형님들은 무조건 같이 모여서 똑같이 일하기를 강요했다. 일할 때도 형님들의 지시에 일방적으로 복종하고 대

꾸도 못 하게 했다. 일이 있어서 잠깐 자리를 비워야 할 때는 어디에 가는지 형님에게 허락받고 가야 했고 돌아와서도 일일이 보고해야 했다. 법학대학원을 다니고 있던 나는 인권 문제에 대해 '이건 아니다'라는 생각이 들었다. 어느 날 내가 집에 없는 사이 형님들이 우리 집 비밀번호를 알고 들어와 냉장고, 옷장 등을 열어보고 살림을 어떻게 하는지 확인하고 간 일이 있었다. 결혼 후 1년 반 정도 꾹 참고 지냈는데 그날 일은 도저히 참고 넘어갈 수 없어서 형님들에게 따졌고, 그날 이후로 형님들과 관계가 멀어졌다. 지금은 시아버님이 돌아가시고 제사도 많이 줄어 평상시 연락도 안 하고 명절 때만 잠깐씩 만난다.

남편과의 관계 회복을 위해 부부 상담을 받다

시댁 식구들과 갈등이 생길 때면 남편만은 내 편이길 바랐다. 하지만 남편은 갈등이 있을 때마다 그 자리를 피해버리곤 했다. 결국 나 혼자 그 모든 상황을 감당해야 했고 나는 그런 남편의 태도가 얄밉고 섭섭했다. 남편은 가부장적인 집안에서 자라서인지 고지식한 편이다. 본인 스스로는 자신이 가부장적이라고 생각하지 않았고 내가 한국문화를 잘 몰라서 그런다고 했다. 정말 내가 한국문화를 잘 몰라서 그런 건지 궁금해 같이 교회에 다니던 언니에게 상담도 받았는데, 내가 이상한 게 아니라고 했다. 그러던 어느 날 마침내 사건이 터지고 말았다. 시아버님 사십구재 날이 마침 대학원 기말고사였다. 그래서 전날 미리 준비해놓고 시험 보러 나가려는데 형님들이 어디 나가냐며 못 나가게 했다. 정작 아주버님은 중요한 볼일이 있다고 안 오면서 나는 기말고사인데도 못 가게 해서 도저히 이해되지 않았다. 그래서 그냥 시험 보러 나가버렸다. 남편은 그날에도 역시 내 편이 아니었다.

그날 이후 '이혼만이 답이다'라는 생각이 들었다. 마지막이라는 생각으로 남편과 같이 부부 상담을 받기 시작했다. 상담 선생님도 기독교인이었는데, 객관적인 관점에서 우리 부부가 종교적인 차이도 있고 성격도 너무 안 맞는다고 했다. 상담 중 16가지 성격테스트를 진행했는데, 검사 결과를 보시고는 "둘이 성격이 너무 안 맞아서 상담사로서는 둘이 헤어지라고 하고 싶은데, 교회 다니니까 기도하세요"라고 얘기했다. 상담을 진행하며 상담 선생님은 제3자 입장에서 우리 부부를 상담해주었다. 상담 중 남편이 나에게 "우리 가족은 너랑 나랑 둘만이 아니다. 부모님과 형님, 형수님까지 모두 다 가족이다"라는 이야기를 했다. 그때 상담 선생님은 "이제 한국 사회는 핵가족 사회가 되었다. 큰 벌집도 각자 작은 방이 있고 그 작은 방들이 모여 큰 벌집을 이루는 것처럼 대가족을 이루고 있는 우리도 각자 가족의 공간이 필요하고 서로 벽이 필요하다"라는 이야기를 해주었다. 상담 선생님의 이야기가 남편의 마음을 불편하게 했는지 남편은 결국 상담 시간을 끝까지 채우지 않았다. 그래도 지금 생각해보면 상담이 우리 부부에게 많은 도움이 되었던 것 같다.

한국 사람이 아닌 외국인으로 취급받다

한국에 오기 전까지 한국 사람이라는 정체성으로 살았다. 2002년 월드컵에서 한국을 너무 열심히 응원해서 터키 친구랑 싸울 뻔했다. 하지만 막상 한국에 오니 나는 한국 사람이 아니었다. 한국에서 나는 다문화라는 범주로 취급받는 외국인이었다. '나는 누구인가?', '나는 한국 동포인가 그저 외국인인가?'이런 의문들이 나를 힘들게 했다. 국내에 동포재단도 있지만 재미교포, 재일교포 등 선진국을 중심으로 운영된다는 것을 알고 마음이 어려웠다. 심지어 남편도 나를 한국 사람이라고 생각하지 않았다. 남편은 내게 "여기는 한국이야! 한국 사회가 이런 거야! 한국 사람들은 이렇게 살아!"라고 말하곤 했다. 외국에서 교포로 살면서도 한국 사람이라는 정체성을 가지고 살아온 나는 아이러니하게도 정작 한국에 와서 정체성 혼란을 경험했다. 그 이후 한국 국적을 받고 싶은 마음이 사라졌다. 지난 10년 동안 한국 국적을 취득하지 않고 살았다. 10년 동안 버티다 결국 올해 한국 국적을 취득했다. 내가 외국인으로 등록되어 있어서 주민등록등본 서류에서 내 이름은 가장 하단에 별도로 기록되어 있었다.* 아이들 학교에 등본이나 가족관계 서류를 제출하면 선생님들이 아빠만 있는 한부모가족으로 오해했다. 또 서류상 고려 이름이 약식으로 표기되다 보니 제대로 된 내 이름이 아닌 다른 이름으로 불려서 불편했다. 결국 아이들을 위해 또 나를 위해 국적도 취득하고 잘못 표기된 이름도 제대로 된 이름으로 바꿨다. 언니는 이름도 한국식으로 개명하라고 했지만, 그냥 원래 이름으로 신청했다.

독박육아로 아이 셋을 양육하다

나는 9, 8, 4세의 세 딸을 키우고 있다. 남편은 자영업을 하는데 사업을 하다 보니 외식도 많고 술자리도 많은 편이다. 게다가 고지식한 사람이라 육아며 집안일을 거의 도와주지 않아서 독박육아를 해야 했다. 수업 때문에 학교에 가야 하거나 일이 있으면 아이돌봄서비스**를 이용하고, 어

---

* 2018년 3월 20일부로 외국인 배우자가 주민등록표 등본에 표시되도록 신청하는 방법 등을 규정한 주민등록법 시행령 · 시행규칙 개정안(주민등록법 시행령 제6조의2 제1항)이 시행되어 현재는 외국인 배우자도 등본상 다른 세대원과 동일한 위치에 표기됨(출처: 행정안전부 홈페이지, 「3월 20일부터 다문화 가정의 차별 해소를 위해 외국인 배우자도 주민등록표 등본에 표기됩니다」).

** 부모의 맞벌이 등으로 양육공백이 발생한 가정의 만 12세 이하 아동을 대상으로 아이돌보미가 찾아가는 돌봄 서비스를 제공하여 부모의 양육부담을 경감하고 시설보육의 사각지대를 보완하고자 만들어졌다(출처: 아이돌봄서비스 홈페이지).

린이집 24시간 서비스를 이용하기도 했다. 대학원은 직장인들이 많다 보니 저녁 7시 반에 시작하는 수업이 많았다. 전철과 지하철로 학교에 다녔는데 학교까지 편도로 2시간이 넘게 걸려 저녁 수업이 있는 날은 거의 밤 12시 넘어 집에 들어오곤 했다. 대학원 다니며 나는 첫째와 둘째를 연년생으로 낳았고 휴학과 출산을 반복하면서 공부할 타이밍을 놓쳤다. 사실 부부관계도 그렇게 좋지 않았는데 왜 이렇게 아이들을 많이 낳았는지 모르겠다. 특히 셋째는 내가 병원 조직검사를 받는 중에 갑자기 생긴 아이였다. 그런 상황에서 임신이 될 확률이 의학적으로 5%밖에 되지 않는데 아이가 생겨서 셋째의 태명이 5%였다. 하나님이 주신 아이들이라 감사하지만 홀로 육아와 집안일, 공부까지 하다 보니 결국 대학원 공부를 제대로 할 수 없어 아쉬웠다. 시댁 식구들은 내가 아이 키우면서 공부하는 걸 이해하지 못해 그만두라고 했다. 매 학기 수강신청 할 때마다 눈치를 보며 제삿날을 피해 과목을 선택했다. 불필요한 과목을 수강하고 정작 필요한 과목은 수강하지 못해 지금 생각해보면 왜 그렇게까지 했는지, 그냥 조금 더 나를 위한 선택을 하지 못한 것이 후회스럽다.

이중언어강사와 심리상담 통역으로 일하다

한국에 오기 전 나의 계획은 석사를 마친 후 UN에서 일하는 것이었다. 키르기스스탄에서 법대에 다닐 때부터 국제기구에 관심이 많아 4, 5학년 때 세부 전공을 국제법으로 선택했다. 그런데 결혼과 육아를 하며 UN에 가려던 나의 계획은 틀어졌다. 남편은 지금이라도 도전해보라고 하지만 말처럼 쉽지 않다. 정규직을 얻기도 힘들고 또 막상 들어간다고 해도 육아 문제 때문에 풀타임으로 일할 엄두가 나지 않는다.

지금은 다문화가족센터 소개로 이중언어강사* 교육을 받고 이중언어강사로 일하고 있다. 이 일을 하면서 육아에서 조금 벗어날 수가 있어서 좋다. 초등학교와 고등학교에서 이중언어강사로 일하고 있는데, 초등학교는 매일 수업이 있고, 고등학교는 일주일에 한 번 수업이 있다. 고등학교 수업이 없는 요일은 심리상담 통역도 하고 있다. 일을 시작하고 처음에는 낯설고 모르는 것이 많아 어려웠지만, 초등학교에서 이중언어강사로 일하면서 학습정보도 얻고 배운 것이 많아 아이들 키울 때 무척 도움이 되었다.

---

* 이중언어강사는 모국어와 한국어를 유창하게 구사하는 이중언어 구사자로, 초 · 중 · 고교 혹은 다양한 기관에서 모국어와 모국 문화를 가르치기 위한 교수법을 배운 후, 교육 현장에서 가르치는 일을 하는 사람을 말한다(출처: 다문화 인재 개발원 홈페이지). 중도 입국한 다문화가정 학생, 국내출생 다문화가정 학생 등 다문화가정 학생의 초기 한국어 교육 및 학교적응과 일반 학생들의 다문화이해 교육을 담당하고 있다(원진숙, 2014: 44).

3.
사각지대의 다문화 여성과 가정을 위해 일하고 싶다

신앙과 교회 모임이 큰 힘이 되다

10년 동안 한국에 살면서 힘든 적도 있지만, 한국은 아이들을 키우기 좋은 나라라고 생각한다. 특히 치안이 좋아서 아이들을 키울 때 안정감을 느낀다. 그리고 처음엔 단일민족 의식이 강했지만, 지금은 다문화가정뿐 아니라 유학생도 늘어 점점 다문화사회로 변하고 있다고 생각된다. 특히 요즘 TV 프로그램 중 아빠가 하는 육아, 일기, 요리 등이 인기가 있고, 남편도 점점 변하는 것 같아 가부장적인 한국 사회도 변하고 있음을 경험한다.

한국에서 결혼생활 하며 힘들 때 신앙과 교회 모임이 큰 힘이 됐다. 어렸을 때부터 엄마와 항상 교회에 다녔고, 한국에 와서도 결혼 전에는 유학생 친구들과 같이 교회에 다녔다. 하지만 결혼 후 신혼 초 남편의 반대 때문에 한동안 교회에 다니지 못했다. 지금 생각해보면 그때가 가장 힘든 시간이었다. 첫째를 낳고 출산 도우미로 오셨던 분이 기독교인이었는데, 그분을 통해 다시 교회에 나갔지만, 아이도 어리고 혼자 다니기 힘들어서 얼마간 다니다 말았다. 그러던 중 가깝게 지내던 동네 언니가 나를 교회로 인도했고 다시 교회에 다니기 시작했다. 그 언니와 친한 또 다른 분이 있는데 그분이 나를 많이 도와주고 챙겨주었다. 지금도 내게 무슨 일이 생기면 언제나 도움을 받을 수 있고 기댈 수 있는 모임이 바로 그 교회 모임이다. 이제는 교회에서 집사 직분도 받고 소그룹모임의 인도자로도 열심히 봉사하고 있다. 또 일요일은 오전에 한국예배를 먼저 드리고 오후에 러시아 예배를 드리는데, 아무래도 나와 비슷한 다문화 여성들이 함께 모이다 보니 그곳에서 더 큰 위로와 힘을 얻는다. 러시아 예배를 같이 드리는 이들 중 S대 약대 박사 학위를 마치고 병원에서 약사로 일하는 언니와 친하게 지내는데, 신앙뿐 아니라 생활적인 모든 면에서 멘토로 도움을 많이 받고 있다.

학위를 마치고 일하고 싶지만 자신없어

지금은 이중언어강사 일을 하고 있지만, 나중에 법과 관련된 일을 하고 싶다. 가끔 법을 전공한 러시아어 통역사 채용공고를 찾아보는데, 아직 아이들이 어려 엄두가 나지 않는다. 법 관련된 일을 하려면 석사 졸업을 해야 하는데, 다시 대학원에 돌아가 공부할 수 있을지 모르겠다. 졸업시험도 통과해서 이제 논문만 쓰면 되는데 공부와 너무 멀어진 것 같다. 논문을 쓰기 시작하면 시간과 에너지를 집중해야 하는데, 아이들이 있어 맘에 걸린다. 교수님은 너무 어려운 주제로 논문 쓰지 말고 그냥 키르기스스탄과 관련된 주제로 쓰라고 하시는데 생각하는 주제가 있어 고민된다. 자녀양육과 시간적인 제약이 졸업에 걸림돌이지만 사실 내적으로 의지를 흔드는 정체성 혼란이 가장 큰 걸림돌이다. 그동안 한국 사람이라는 정체성으로 살아왔는데, 막상 한국에서 나는 다문화 외국인으로 취급받는 것이 혼란스럽다.

아직도 내 안에는 여러 가지 부딪힘이 있다. 특히 형님들과의 관계는 여전히 힘들고 개인의 인권보다 가족 행사가 우선이고, 남녀평등도 없는 그들의 행동은 아직도 이해되지 않는다. 그래서 가끔 약사인 멘토 언니에게 이혼하고 싶다고 홧김에 말하면 이기적인 생각이라고 혼이 난다. 사실 어릴 때 아빠가 엄마를 많이 때렸다. 그 기억 때문인지 공격받는다고 느끼면 나도 모르게 자기 보호를 하게 된다. 이론적으로 그렇게 하면 안 된다는 것을 머리로는 알고 있지만, 막상 그 상황이 되면 나도 모르게 자기방어를 하게 된다.

다문화 여성들을 위한 좋은 정책들이 많아졌으면 한다

나는 한국의 다문화정책에 관심이 많다. 결혼이주여성들은 한국에 와서 정신적·물리적 언어폭력에 노출되곤 하는데 남편 또는 시댁 식구들이 폭력의 주체인 경우가 많다. 그냥 이대로 있으면 안 된다고 생각한다. 내가 직접 경험했기 때문에 여성센터와 인권센터 같은 곳에서 일하고 싶다. 지역마다 다문화가족지원센터 지원제도도 다르고 정책도 다르다. 그리고 어떤 센터는 열심히 하고 어떤 센터는 그렇지 않다. 결혼 후 나도 ○○지역 다문화가족지원센터에 등록했지만, 센터에 잘 나가지 않았다. 센터에 몇 번 가봤는데, 국적이 다른 외국인들과 어울리는 게 쉽지 않아 그냥 학교 복학을 결정했다. 다문화가족지원센터 관계자들은 '센터에 오는 외국인들은 알아서 잘 어울리겠지'라고 생각하지만, 문화와 개인의 성향이 달라 그렇지 않은 경우가 많다. 여러 가지 상황과 필요를 고려해야 한다.

지금 하는 이중언어강사 일도 내게 큰 의미가 있다. 학교에서 아이들에게 언어만 가르치는 게 아니라, 상처받고 사랑과 관심이 필요한 아이들을 돌보려고 노력한다. 심리상담 통역을 하면서 아이들을 인격적으로 안

아주는 일이 더욱 중요하다고 느낀다. 가정형편이 좋지 않고 늘 폭력에 노출되어 있고 자살을 시도하는 아이들의 이야기를 듣다 보면 '내가 겪은 일은 아무것도 아니구나'라는 생각이 저절로 든다. 스스로 돌아보며 반성하게 되고, 이 아이들을 어떻게든 돕고 싶다는 생각이 든다. 연락처도 알려주고 도움이 필요하면 낮이든 밤이든 언제든 연락하라고 한다. 쉼터가 있고 불법체류자라도 신고할 수 있는 권리가 있다는 것을 모르는 사람이 생각보다 많다. 찾아보면 도움을 받을 수 있는 방법도, 또 도와줄 사람들도 있는데 막상 도움이 절실한 사람에게는 잘 안 보이는 것 같다. 결혼이주여성들도 폭력 속에 침묵으로 살아가는 이들이 많다. 더러는 여권을 뺏긴 채 도움받을 방법을 몰라 이혼하거나 극단적이면 자살을 선택하는 사람도 있다. 나도 법을 공부하지 않았다면 그런 제도와 정책이 있다는 걸 몰랐을 것이다. 정책을 세우고 실행하는 공무원들과 직원들이 자리에 앉아 사람이 찾아오기만을 기다리면 안 된다. 정작 도움이 필요한 사람은 자신이 도움을 받을 수 있다는 것도 인지하지 못할뿐더러 어디로 가야 할지도 모르기 때문이다. 출입국사무소에서 결혼비자를 발급할 때 본인에게 어떤 권리가 있고, 어디에 어떤 센터들이 있는지, 위급한 상황이 생기면 어디서 어떻게 도움을 받아야 하는지 다국어로 번역된 책자를 만들어주면 좋을 것 같다.

다문화 배경 여성들이 사회적으로 좀 더 안정적이며 더 많은 일자리가 생기고 4대 보험과 연수의 기회 등이 많아졌으면 좋겠다. 긍정적인 부분은 한국은 법과 제도가 유연하고 빠르게 바뀌고 있다는 사실이다. 한 예로 과거에는 국적취득을 위한 면접에 갈 때 남편과 무조건 동행해야 했는데, 지금은 남편이 출석하지 않아도 면접이 가능하도록 제도가 바뀌었다. 이렇듯 다문화 여성들을 위한 좋은 정책들이 더 많아졌으면 좋겠다.

4.
전사록 요약

〈연구참여자 정보 및 특성〉

출생연도	1986년생	이주연도	2009년
국적(이주 전/현재)	우즈베키스탄/대한민국	학력	대학원 재학
가족	남편, 딸	직업	이중언어강사, 통역

▶ 한국인의 정체성으로 성장한 어린 시절

[조사자: 어릴 때 생활 중 어떤 것들이 가장 기억에 남나요?] 어렸을 때부터 저는 교포다 보니까 한국에 관심이 많았고, 할머니가 돌아가실 때까지 한국말을 쓰셨어요. 러시아어를 스파시바 그것밖에 몰랐어요. 할아버지는 러시아어 하시고. [조사자: 어렸을 때 할머니랑 같이 사셨나요?] 아니요. 엄마가 입원한 적이 있어요, 몇 번. 제가 어리니까 할머니가 봐주셨어요. 가까이 살았으니까. [조사자: 할머니 영향을 많이 받으셨나요?] 네. 많이 받았어요. 어렸을 때부터 남자친구들이 전화가 오면 할머니가 전화도 안 바꿔주셨어요. 혹시 외국인 남자를 사귈까 봐. [조사자: 사시는 동네에 한국

인이 많았나요?] 아니요. 그 당시는 한반도가 하나였죠. 할머니는

"너희들은 무조건 한국 사람을 만나야 한다."

그러셨어요. 중학교 때 남자애들한테 한참 관심을 가졌을 때 할머니가 안 된다고 했어요. 고려인이나 어쨌든 한국 같은 민족. 제 친구들이 많이 속상해했어요.

"너희 할머니가 왜 그러시냐? 전화해도 안 되고, 너희 집에 찾아갔는데도 문을 열고 보시고는 외모 생김새 보고 안 된다고 하시고."

그래서 내가 할머니한테 몇 번 얘기했는데도 안 돼요. [조사자: 주변에 한국 친구가 많았어요?] 아니요. 많지는 않았어요. 그래서 그랬어요. 그 전에는 많지 않았어요. 소련이 무너진 다음에 91년이죠? 한 2년 뒤에 선교사들이나 사업가들이 탐색하러 오는 거죠. 중앙아시아에서 소련 지역 전체적으로. 그때 들어오기 시작했을 때 목사님들도 많이 들어오고 그때 믿음이 생긴 거예요. 엄마가 고려인이시니까 한국말을 알기 때문에 많은 도움을 받았어요, 목사님한테. 엄마 전화번호를 받으면 아직까지도 도움을 받아요. 소통이 안 되니까 사기를 당할 수도 있잖아요. 우리 어머니는 정직하세요. [조사자: 어렸을 때 친구들은 주로 어떤 친구들이 있었어요?] 여러 민족이요. 유대인들도 많고, 러시아인들도 거기 대표 민족들도 다양했어요. 오히려 고려인은 많지 않았어요. 근데 어렸을 때부터 엄마가 목사님하고 교제했을 때부터 목사님 아이들과 어울리고. 그때 어렸을 때 잠깐 한국어를 되게 잘했었어요. 잠깐 했다가. 학교생활을 해야 하니까 러시아어를 했어요. 할머니 돌아가시고 난 다음에는 한국어 거의 안 썼어요. [조사자: 어렸을 때 해서 그런지 발음이라든가 그런 건 아주 자연스러우시네요.] 십몇 년 동안 있었으니깐. 그래도 아니에요. 모르는 게 많은 티가 나요. 저도 그걸 느껴요, 스스로. [조사자: 어렸을 때 음식은 어떤 거 먹었어요?] 할머니

가 김치찌개 이런 거. 된장찌개도 잘 끓여주시고 만두, 평양만두, 평양식으로. 순대도 평양순대, 그런 거 많이 먹었어요. 된장, 고추장, 장 담그는 것까지 다 봤어요. 어떻게 하는지, 할머니 집에서. 다양해요. 식성이 까다롭진 않아요. 아무거나 잘 먹고.

▶ 학창 시절 외과의를 꿈꿨지만 법학대로 진학하다

[조사자: 학교생활은 어땠나요?] 학교생활은 그냥 무난했어요. 우리는 초등학교, 중학교, 고등학교는 다 같은 데 있어요. 같은 건물에 있고. 뭐 특별한 건 제가 학교를 자주 옮겨 다녔어요. 엄마랑 언니가 모스크바에 발령받아서 저도 모스크바에 갔어요. 여러 가지 사람들도 만나보고. 그때는 백인주의가 심해서 당하고 아무래도 황인이다 보니까 차별을 당하기도 했었어요. 거기서는 황인이면 다

"차이나다."

해서 흉도 보고. 그런데 그나마 제가 러시아어를 잘했어요. 그래서 아이들에게 따돌림이나 선생님들한테 무시를 당하는 건 없었어요. 그렇게 재미있게 잘 지냈고. 그리고 근무 기간이 끝나가지고 다시 돌아갔어요. 그래서 다른 학교로 갔어요. 저는 원래 외과 의사가 되고 싶었어요. 그래서 생리화학 분야 학교에 갔어요. 거기 졸업했어요.

[조사자: 대학을요?] 아니요, 대학 아니고, 화학 중심. 아니요, 대학은 법대예요. 고등학교 때는 의사가 되고 싶었는데 2년 만에 바뀐 거예요. 못하겠더라고요. 외과는 보니까 칼을 갖고 피를 보는 거라서 기절했어요. 변호사도 어떻게 보면 의사들처럼 사람을 치료하는 치료사예요. 그래서 법학과로 갔어요. [조사자: 그건 부모님이 권유하신 건가요?] 엄마도 같이 앉아서 생각해본 거죠, 둘이서.

'어디 가는 게 나을까.'

'어디에 관심 있나.'

'어디에 더 끌리나.'

인간, 사회, 국제 이슈에 관심이 많아서 고등학교 때 그런 과목에 집중했어요. 글 쓰는 것, 시도 많이 썼어요, 옛날에. 지금은 안 써요. 어렸을 때 많이 썼어요. [조사자: 성격은 어떠셨어요?] 대체로 차분해요. 대학교 가서는 성격이 많이 바뀌었어요. 왜냐하면 법대다 보니까 약간 분위기가, 법대 분위기 아시죠? 엄하고 엄격하고 스트리트하고 거기에서 성격이 많이 죽었다기보다는 다정해졌다고 해야 하나. 더 꼼꼼해지고. 꼼꼼한 걸 좋아하잖아요, 거기는. 고집도 세져지고. [조사자: 한국에서는 대학에서 공부 이외에도 다른 활동들을 많이 하는데 거기는 어떠셨어요?] 동아리는 못 했어요. 거기는 많이 우리는 아무래도 소통이 잘 안 되니까. 그런 아쉬움이 있어요. 그리고 거기랑 여기는 교풍이 완전히 달라요. 여기는 표면적인, 뭐라고 해야 하나, 깊숙이 들어가지 않잖아요. 여기는 이렇게 교수님이 주시는데 대충. 그거를 잡아가지고 도서관에 가서 알아서들 찾아요. 자료를 알아서들 탐구하고 알아서 연구하세요. 거기는 구소련이라서 그런 건지…. 주는 대로 배웠어요. 그런 게 있어요. 물론 논문 쓸 때는 자유로웠는데 주제 발표 같은 거는, 수업 중에 하는 거는 집필을 많이 했어요. 선생님이 자료 다 준비해오시고 우리는 그냥 받아주기만 했던 그런 기억이 나요. 주는 대로 외우니까 오히려 쉬웠어요. 그런데 여기 와서 갑자기 정보의 바다, 소통도 안 되고 무엇부터 시작해야 하는지 너무 어려웠어요. 거기다가 소통이 안 되니까 또 한자도 많고. 영어도 원어민이 아니다 보니까 여러 가지 어려움을 많이 느꼈어요. 정신적인 스트레스 컸어요. 그나마 국제법이라서 영어가 많아서 나았어요.

'S대를 잘못 택했다.'

그런 생각도 들었어요. [조사자: 너무 어려워서요?] 네, 그리고 분위기가 국립대잖아요. 다른 사립대도 다 있었는데 내가 왜 여기를 선택했을까 생각했어요. Y대나 K대 다른 캠퍼스는 즐거워요. 환해요. 아이들이 환해요. 그런데 여기는 어학당에 다녔을 때도 누가 자살하고 막 그런 분위기니까 우울하고. [조사자: 어학당은 어디를 다니셨어요?] 어학당도 S대로 1년 동안 다니면서 우즈베키스탄에서 온 친구 룸메이트가 한국 사람이었어요. 자살했어요. 한국 사람이, 법대생이 시험을 앞두고 있었는데 못 볼 거 같아서 한국에서는 그런 거 있잖아요. 고향에 못 돌아가잖아요. 현수막도 달고.

"누구누구가 입학했다."

"합격했다."

그러니까 부담감을 느끼는 거 같아요. 그 친구가 한 달 동안 말을 못 했어요. 충격을 먹어가지고. 화장실에 들어갔는데 두들겨도 두들겨도 문을 안 열어주는 거예요. 2시간 동안 끝내는 신고를 해서 누가 와가지고 문을 확 여니까 막 나중에 알고 보니까.

'아, 내가 법대를 가야 하나.'

그런 생각도….

▶ 국비장학생으로 한국에 유학을 오다

[조사자: 키르기스스탄에서 대학을 졸업하고 한국으로 바로 오신 건가요?] 어떻게 보면 바로 온 거예요. 졸업 중, 졸업 과정 중에. 원래 졸업장이 있어야 하는데 대사관에 가서

"꼭 합격하겠습니다."

하고. 그게 프로그램이었어요. 딱 한 명이 통과한다고 했거든요. 신문에서 읽었어요. 공지를. 사실은 제가 여기에 가는 건 기적이에요. 대표 민족도 아니잖아요. 그래서 다들 나보고

“너는 미련 갖지 말아라. 대표 민족이 무조건 통과할 거야.”

라고 그랬어요. 저는 대표 민족도 아닌데, 소수민족이잖아요. 신청하지 말라 그랬어요. 언니도 말렸어요. 괜히 상처받을까 봐. 그런데 저를 위해서 아주 많은 사람들이 기도를 해줬어요. 그래서 저도 한번 해보고 싶었어요. 법대 선생님들도 그냥 선생님들이 아니거든요. 외교부 근무하신 분들 그런 정도 높은 위치의 선생님들이셔서 제가 추천서를 좀 받았어요. 신문에서 공지를 읽고 참석했어요. 한국대사관 통해서. [조사자: 민족 상관없이 전부 통틀어서 한 명 뽑는 거예요?] 네, 그건 그렇긴 한데 그래도 한 명이라.

“대표 민족이 무조건 된다.”

그러더라구요. 그래서 대표 민족들도 저한테 뭐라고 했어요. 대사관 갈 때도 눈치를 막 주더라구요.

“너는 어떤 식으로 여기에 왔냐?”

“어디 소속이냐?”

그러면서 따졌어요. 거기 고려인 단체들도 많아요. 그런데 우리는 무소속이었어요. 엄마가 그냥 저희 키우느라고 시간이 없으시고 일만 하셨어요. 꼭 가입해야 하는 거 아닌데 보통 이런 큰 프로그램 규모가 큰 게 있으면 대표 민족 중에 누가 한 명이나 아니면 고려인 단체 소속인 사람이 통과해요. 보통 그렇게 해요. [조사자: 그래서 시험 본 거예요?] 서류 심사하고 면접을 봤어요. 근데 나중에는 두 명 더 뽑는다고 재공지가 났어요. 저는 다행히 거의 졸업과 동시에 대표 민족 두 명이랑 저랑 총 세 명이 됐어요. [조사자: 처음에는 어학당부터 시작하시고 그다음에 학교를 여러 개 비

교를 하다가 가신 거예요?] 여러 군데 이메일을 먼저 보내드렸어요. 교수님이 누가 누군지 모르지만, 홈페이지 들어가서 법대를 누르고 그러면 리스트가 나오잖아요. 그중에서 고르고 이메일 보냈어요. 만나 뵙고 싶다고 얘기도 나눠보고 그중에서 제일 마음에 들었던 교수님은 S대 교수님들이었어요. 다른 분들도 다 괜찮으셨지만 아무래도 제가 어학당을 S대를 다녀가지고 익숙해서, 캠퍼스도 그렇고 그래서 그냥 여기에 남았어요. [조사자: 처음에 한국 오셔서는 어디서 사셨어요?] 거기 기숙사에 살았어요. [조사자: 처음 한국에 왔을 때 생활은 어떠셨어요?] 힘들었어요. 기후도 안 맞고, 소통이 잘 안 되고. [조사자: 그래도 언어를 잘하시잖아요.] 아니요. 조금밖에 못 했어요. 처음에는 영어가 더 익숙했어요. 나중에 갑자기 터지고. [조사자: 몇 년 만에?] 법대 다닐 때 그때 괴로워서. [조사자: 한국 사람들도 다른 언어 배울 때 터지지 않잖아요.] 일상 한국어는 아무래도 결혼하고 나서 터진 거고 학습 한국어를 많이 배운 거죠. 학습 한국어는 다르잖아요. 생활언어와 학습언어가 다르기 때문에.

'학습언어가 생활에서는 아무런 도움이 안 되는구나.'

느꼈죠. [조사자: 한국에 와서는 친하게 지내는 친구들은 만들었나요?] 그냥 외국 학생들과 친하게 지냈는데 나중에 결혼해서 우리 집에 와보고는 너무 멀다고 한번 찾아오고 다시는 (안 와요). 서울에서 여기까지가 너무 멀다고. 한두 번 정도 오고, 그리고 결혼하면 끊기잖아요, 바빠서.

▶ 남편과의 결혼과 시댁 식구와의 갈등

[조사자: 남편은 어떻게 만나신 거예요?] 소개로. 아는 사람이. [조사자: 남편은 어떤 성격인가요?] (웃음) [조사자: 어떤 점에 끌려서 결혼하셨나요?] 마음이 착한 것 같았어요. 속이 깊고. [조사자: 남편과 나이 차이는 얼

마나 나세요?] 11살. 차이가 많이 나지만 못 느끼겠어요. 제가 아줌마 같아요. 그리고 막내다 보니까 형들이랑 형수들 많이 챙겨줬어요. 처음에 동생을 시동생을 나이 차이가 거꾸로 된 것 같아요. 그런 느낌을 받았어요. [조사자: 결혼하고 나서는 생활은 어떠셨어요?] 좋지 않았어요. 안 좋았어요. 솔직히 말하면, 녹취 중이죠? 힘들었어요. 보통 집안이 아니에요. 유별난 집안이에요. 한국 사람들도 그렇게 말하더라구요, 장손 집안. 아버님이 장손이셨어요. 돌아가셨는데 그 제사가 엄청 많았어요. 4대까지 올렸어요. 시댁은 서울이에요. 장손 집안이라서. [조사자: 특히 제사 지내는 것과 같은 건 문화가 많이 다르잖아요.] 아무래도 아니, 문화가 다른 것보다 고려인들은 거기 있으면서 아무래도 거기서 살다 보니까 한국문화를 보존하지는 못했고 제사 같은 것도 좀 달라요. 3년까지만 치러요. 3년만요. 그다음에는 간단하게 간소하게. 근데 여기는 아니잖아요. 죽을 때까지 해야 하잖아요. 그런 어려움도 많이 느꼈고 제가 막내며느리잖아요. 많이 힘들었어요. [조사자: 막내라서 좋을 수도 있을 텐데….] 막내라고 봐주지 않아요. 무조건 똑같이 해야 해요. [조사자: 어떤 점이 어려우셨어요?] 일도 많고 서로 부딪치고 많이 부딪치고 지금도 부딪혀요. [조사자: 다른 형님들이랑?] 형님들과 동서지간에. [조사자: 동서가 몇 분이세요?] 두 명이요. 형님 두 명이요. 그냥 시간 안 맞을 수도 있고 견해 차이. 또, 저는 물론 존경하기는 하지만 저보다 나이도 많으시고 제가 법대를 나와서 그런지 인권에 대해서 잘 알고 있어요. 그래서 그 부분은 절대 못 받아줬어요. 절대 못 견디겠어요. 내가 막내라고 무조건 시키는 대로 하라고 하고, 대답도 못 하게 하고, 허락도 받아야 하고, 매사에 다 통보해야 하고.

"다녀왔어요."

"다녀오겠습니다."

"여기 다녀오겠습니다."

"저기 갔다 왔습니다."

다 보고를 해야 하고, 그리고 한 명한테 하는 게 아니라 모두한테. 한 사람과 결혼했는데 한 사람과 결혼한 게 아니었어요. 요구사항은 그런 거였어요.

"무조건 윗사람들에게 다 통보해라. 뭘 하는지, 무엇을 했는지."

마침 우리 집에 비밀번호까지 알고 들어 오시더라구요. 우리 없는 사이에. 살림을 어떻게 하는지 다 뒤져보고 냉장고도 열고 옷장 문도 열고. [조사자: 왜 그러신 거예요?] 그냥 뭐, 동생을 챙겨주려고 그런 건지. 무슨 좋은 의미로 했겠죠? (반어적 의미) 그런데 저는 굉장히 날카롭게 받았어요.

"그건 아니다."

라고. [조사자: 결혼한 여자들은 그걸 받아들이는 경우도 있잖아요.] 근데 저는 그렇게 못 하겠어요. 뭐라고 했는데 끝내는 제가 외톨이가 됐어요. 한 1년 반 정도 참았어요. 딱 1년 반이요. 더 이상 못 참겠더라고요. 이혼하든가 뭐하든가 그런 생각도 많이 들었었어요. [조사자: 지금은 좀 나아지셨나요?] 지금은 잘 연락을 안 해요. 명절 때는 가요. [조사자: 제사가 많잖아요.] 이제 많이 줄었어요. 아버님도 돌아가셔서. [조사자: 그럼 부딪힐 일은 많이 없어졌나요?] 그래도 견해 차이, 나이 차이, 문화 차이 그런 게 있어요. 고지식해요. 가부장적이에요. [조사자: 외국에서 살다 온 사람이라서 그렇게 느끼는 건가요?] 다른 한국 사람들도 다 그렇다고 해요. 들어보면 소름 끼친다고. 못된 집안에 들어갔다고 해요. 그런데 교육은 잘 받은 거예요. 이런 면에서 장단점이 있죠. 부모님은 좋으세요. 아버님이랑 어머님은. 어머님 아버님은 잘 받아주셨어요. 문제가 없었어요. 아버님은 되게 예뻐해주시고. 돌아가실 때까지. 시골에 가시면 약주 드시고 제 칭찬을 많이 해주셨나 봐요. 나중에 제가 알았어요. 돌아가신 다음에. 그러니까 다른 며느리들이 심술 나서. 왜냐하면 어머니도 연세 드셔서 저한테 시집살이나 그런 걸 안 시키셔서 형님들이 시킨 거죠. 시누도 있는데 시누는 안 그래요. 오히려 형들이랑 형수들이. 전화까지, 집 전화기로 전화하고. 한 번 제가 메시지 읽어봤는데 쌍욕을 하더라구요. 그래서 제가

'약주 드셨나 봐요.'

그냥 그렇게 생각하려고 했어요. 잘못 보낸 거 같아요. 왜냐하면 집 전화기랑 조금 비슷했어요, 번호가.

'잘못 보내셨나 보다.'

하고 그냥 넘어갔어요.

▶ 내 편이 아니었던 남편과 상담을 받다

그런데 항상 뭔가 있으면 남편은 방에서 나가고 제 편 안 들어줬어요. 항상 혼자서 다 감당해야 했어요. 그런 것 때문에 얄미웠어요. 되게 얄미웠어요. [조사자: 남편 입장에서 부인 편들어주면 일이 더 커질까 봐 그럴 수도 있잖아요.] 그런데 저는 그렇게 생각 안 해요, 결혼했으면. 그래서 부부 상담을 받았어요. 부부 상담을 받은 다음에 많이 좋아졌어요. 왜냐하면 제3자 중립 입장이니까.

"이렇게 하면 안 된다."

이렇게 얘기해주고…. 그런데 남편은 끝까지 못 버텼어요. 상담 시간을 끝까지 못 채우고, 듣기 싫은 말이 나오니까.

"우리 가족은 너랑 나랑 가족이 아니라 이렇게 크게 다 가족이다."

라고. 그런데 상담사가 하는 말은

"가족은 핵가족이다. 점점 한국 사회도 그 방향으로 가고 있다."

그런데 전혀 안 통했어요. 우리 가족은 이거다(크게 범위를 가리키며), 문이 없는 가족이다. 그래서 상담사가 벌집이랑 비교를 해주시더라구요. 그런 이론이 있나 봐요. 벌집이 각자가 있잖아요. 그렇듯이 가족도 핵가족이다. 벽이 있어야 한다고. 너무 벽이 없고, 여기는 너무 벽이 두껍다고. 왜냐하면 우리가 엄마랑 둘만 살아가지고. 언니는 나가 있었으니까. 친척들도 힘들게 살고 바쁘게 살다 보니까 그렇게 된 거죠. [조사자: 원래 어렸을 때 생활 규모랑 결혼하고 나서의 규모가 완전히 달라지셨네요.] 그렇죠. 여기는 소가족이 아니라 완전히 대가족이고 그리고 한 사람과 결혼한 게 아니라 전부다. 누가 이거 마음에 들어 그러면,

"어, 가져가."

그러면서 마음에 드는 대로 다 가져가고.

"먹을 것도 있어?"

이런 거는 좀. 이해를 못 하겠더라고요. 그리고 얘기할 때도 너무 이해를 못 하겠어요. 그러면

"여기는 한국이야! 한국 사회가 이런 거야! 한국 사람들은 이렇게 살아."

그러는 거예요. 그러면

"나도 한국 사람이야."

그런데 저는 한국 사람으로 취급을 못 받은 거 같아요. [조사자: 남편한테요?] 남편한테도 그렇고 다른 사람들한테도 그렇고. 그래서 여기 오기 전에는 한국 사람인 줄 알았는데 여기 와서 보니까 내가 누굴까 정체성 혼란이 왔어요. 그래서 그 이후로 국적을 받을 생각이 없어졌어요. [조사자: 그럼 현재 국적은요?] 올해 받았어요, 올해. 제가 셋째까지 낳고 학교에서 등본이나 서류 같은 거 뗄 때 한부모가족인 줄 알아요. 내 이름이 아

래 하단에 나오니까. 그리고 이름도 왜곡됐어요. 고려 이름이 다 간소화되잖아요. ○○ 씨는 '△' 이렇게 돼버리고, '○○○'는 △△ 이렇게 돼버리고, ○○○○은 △△△. 러시아식으로 왜곡됐어요. 여권 가지고 여기 와서 외국인증을 받으면 그대로 그거를 쓰니까. 이게 무슨 동포 이름이냐 절대로 아니잖아요. ○○ 씨는 △가 되잖아요. 저도 ○○○ 씨인데 여기 오니까 '△△'으로 바뀌는 거예요. 그래서 사람들이 △△이라고 부르면 되게 귀가 따가웠어요. 10년 동안 그것 때문에 바꾼 거예요.

"저는 △△이 아니에요. ○ 씨예요, ○ 씨."

하면서. 사람들이 이름을 보고

"베트남에서 왔냐? 중국인이냐? 동남아?"

그냥 자신을 위해서 바꾼 거예요. 국적도 받고. 법원에 가서 신청했어요. 그래도 이름은 남겼어요. 이름은 아무래도 특별한 거잖아요. 언니는 이름을 바꾸라고 했는데 못 바꾸겠어요. [조사자: 왜 못 바꾸시는 건가요?] 그냥 뭐 사람이 이름 한번 지으면 좀…. 한국에서는 개명하고 하잖아요. 저는 그런 것 못하겠어요. 제 이름이니까. 그리고 마땅한 한국 이름도 못 찾았어요. [조사자: 남편은 요즘 한국 사람치고도 예전 스타일 같아요. 그런데 남편은 자신이 가부장적인 게 아니라 네가 한국 사람이 아니라서 한국문화를 몰라서 그런다고 치부해버린 거네요.] 네, 네, 네. 바로 그거예요. 그래서 내가 처음에 충격 먹으면서

'아닌 것 같은데.'

아무리 봐도 그렇게 생각했어요. 교회 다니기 시작했을 때 그때도 사람들한테 이걸 물어봤는데, 다들 아니라고 했어요. 그래서 언니들이 많이 가르쳐줬어요, 어떻게 해야 하는지. 그래서 제가 많이 악처가 됐어요. [조사자: 부부 상담 받고 좀 나아지셨나요?] 조금 나아졌지만 그래도 아니에요.

영향이 많아요. 그 문화가 어디 가겠어요? 사십구재까지 다 했어요. 돌아가신 다음에 하지 말자 했는데 근데 어르신들이 시골에서 오셔가지고….

"안 된다. 너희 돌았니? 꼭 해야 해!"

그러셨어요. 자기네들이 하는 것도 아니면서. 그래서 그것 때문에도 한번 부딪친 적이 있어요. 사십구재 날 제가 S대에서 시험을 봐야 했어요, 기말고사를. 그래서 그 전날에 와서 차리고 다 준비해놓고 가려고 했어요. 그런데

"너 어디 가니?

그러는 거예요. 크게 부딪쳤어요. 나는 시험을 봐야 하는데 아주버님은 볼일이 있으면 안 가세요. 산소도 안 가시고. 중요한 일이라고. 어떻게 보면 불공평하잖아요. [조사자: 그럼 시험 어떻게 하신 거예요?] 시험 봤어요. 그냥 갔어요. 그냥 나가버렸어요. 그날 싸워가지고 그때는

'이혼이 답이다.'

라고 생각했어요. 그 뒤로 우리 상담 신청했어요. 안 되겠다 싶어서. 너무 자꾸 눈치를 보면서 살아야 하니까. 내 인생이 어떻게 되겠나 싶어서요. 그런데 남편은 옛날에 며느리들은 다 그렇게 살았다는 거예요. 그렇다고 저까지 그렇게 살아야 하냐고요. 그래서 저를 되게 미워해요, 지금도. 그래도 저 덕분에 많이 바뀌었어요. 저한테 고마워해야 해요. [조사자: 애들 키울 때는 어떻게 하셨나요?] 독박육아죠. 아이 돌봄 이용했어요. 아이 돌봄 신청하고 어린이집 24시간도 이용해보고 그랬어요. 밤 12시까지. 왜냐하면 학교 석사 과목은 거의 다 직장인들이 일이 끝나고 퇴근하고 나서 하니까 7시 반부터 시작해요. 타이밍이 불편한 타이밍이에요. 제가 학교에 갔다가 전철 타고, 버스 타고. 예전에는 운전도 못 했어요. [조사자: S대에서 왔다 갔다 하신 거예요?] 예, 인천에서 왔다 갔다 했어요. 2시간 반

걸려서. 집에 오면 거의 밤 12시예요. 애들은 자고 있어요. [조사자: 남편은 애기 잘 돌봐주셨어요?] 원래 시댁에서 그만두라고 했어요. 저한테 공부를…. 등록금을 내주는 것도 아니면서. 그래서 저는 제가 알아서 하겠다고 했어요. 그 대신 제가 제삿날 피해서 과목을 선택한 거예요. 그런데 그건 잘못한 거예요. 지금 큰 후회가 돼요. 그냥 나대로 그냥 갈 걸 하고…. 불필요한 과목을 신청해서 학점도 정말 쓸데없고 필요 없는 걸 선택해서. 남편은 사업해요, 자영업을. [조사자: 그래서 남편은 시간이 없으신 건가요?] 외식이 많죠. 술자리도 많고…. 옛날 스타일이니까 도와주지는 않아요. 그나마 자기 양말을 빨래통에 갖다 넣는 걸 고마워해야 하는 정도죠. 제가 교육을 많이 시켰죠. [조사자: 아이들은 몇 학년이에요?] 초등학교 1, 2학년. 스트레스받아요. 휴학했다가 출산했다가 또 휴학했다가 출산했다가…. 반복적으로 그렇게 되니까 잠이 안 오는 거예요. 타이밍을 놓친 것 같아요. 그래서 후회가 몇 번 왔어요, 너무 생각이 짧았다고. 부부관계도 좋지도 않은데 왜 이렇게 애를 많이 낳았는지…. 언니도 그랬어요.

"왜 싸우면서 애를 세 명까지 낳았냐?"

사실은 부부관계가 좋아서 그렇게 낳은 건 아니에요. 셋째도 태어날 아이가 아니었어요. 계획도 없었고…. 의료적으로 검사받고 있었는데 낳을 아이가 아니었는데 갑자기 생긴 거예요. 그래서 태명 5%였어요. 그렇게 생길 확률이 5%래요. 치료 중에는 거의 안 생긴다고 하는데 조직검사를 했거든요. 제가 암세포 이런 거…. 암을 불러일으키는 세포들이 번호는 기억이 안 나는데 몇 개가 발견이 됐다고 해서 검사를 받는 중에 아이가 생긴 거예요. 하나님 믿으니까 뭐 또 아들인 줄 알았어요. [조사자: 위에 둘이 딸이니까 아들을 바랐나요?] 예, 아들을 낳고 싶었어요. 첫째부터 그냥 제가 어렸을 때 남자처럼 놀았어요. 주변에 남자애들이 별로 없어요. 언니도 딸

낳고. 남동생도 없고 조카들도 거의 다 여자들이에요. [조사자: 한국에도 예전에는 남자를 선호했는데 그런 것도 있나요?] 아니요, 그냥 신기해서.

▶ 한국에서의 기대

[조사자: 처음에 한국에 오실 때 어떤 기대가 있었나요?] 기대가 있었어요. 정확한 목표가 있었어요. 유엔이었어요. 유엔에 들어가고 싶었어요. 석사 취득하고 돌아가서. 사실은 고민 중이었어요. 제가 졸업하고 나서 취직을 바로 해야 했어요. 교수님한테 추천서를 받았어요. 졸업하고 바로 대학교에 들어가라. 서류까지 넣었어요. 법학 아카데미가 있었어요. 그런데 여기도 서류 넣고 여기도 신청서를 내고 해서. 둘 중 하나가 되면 어느 하나에 가려고…. 그런데 다 된 거예요. 그래서

"죄송합니다. 한국에 갔다 온 다음에 들어가겠습니다."

했어요. 그래서 기다리신다고 했는데 제가 못 돌아간 거죠. [조사자: 키르기스스탄 그쪽에?] 예, 법학 아카데미가 있어요. 교장이랑 면접도 보고 거기 들어가기로 돼 있었어요. [조사자: 여기서 석사 마치고 유엔에 가려고 했나요?] 네, 변호사 시험을 보려고. 아무래도 국제기구 그런 데 관심이 많아서, 국제법이었으니까. 거기도 국제법이었어요. 전문화된 분야. 4, 5학년 때 전문화가 돼요. 대학교에서 분리시켜요. 국제법을 선택한 거예요. 원래 형사법을 선택하고 싶었는데 사촌오빠가 러시아에서 형사를 했는데 하지 말라고 말렸어요. 의사랑 하는 일이랑 똑같아요. 피를 많이 봐요. 그래서 하지 말았으면 좋겠다고. 여자가 할 일이 아니라고. 그런데 저는 그런 데 관심이 많았어요. 그런데 계획이 완전히 틀어진 거예요. 너무 많이 틀어진 거지요. 후회가 엄청 많았어요. 지금도 가끔…. 왜냐하면 이제는 결혼생활도 해야 하니까 많은 것 못 하고 일단 정규직으로 들어가기

힘들어요. 하고 싶어도 항상 아이들이 걸려요. 남편은 들어갔으면 좋겠대요. 그러면 애들은 누가 감당해요. 제 몫이잖아요. 아프면 제가 학교나 뭐 병원이나 다 다녀야 하는데. [조사자: 지금은 이중언어강사 일 하고 계시잖아요.] 하고 싶었던 것이 아닌데 그냥 기회가 생겼으니까…. 정부에서 기회를 주셨으니까 감사하게 생각해요. 이거라도 육아에서 조금이라도 벗어날 수가 있으니까 너무 좋아요. [조사자: 지금 어디 학교?] 초등학교하고 고등학교랑 그리고 오후에는 심리상담 들어가요, 중학교에. 초등학교는 매일 나가고 고등학교는 일주일에 한 번 나가고 거기는 시간을 안 늘려준다고 해서. 그리고 다른 요일은 오후에 심리상담 통역해요. [조사자: 일하시면서 보람 같은 것은 어떤 것이 있나요?] 있긴 있죠. 뭐, 근데 지금은 없어요. 처음엔 많았어요. 이젠 익숙해졌어요. 처음엔 힘들었는데 잘 어울려야 하고 모르는 것도 많고. 여기서 안 태어나보니까 모르는 것도 많고 개인적으로도 공부를 많이 하죠. 저한테는 이중으로 도움이 되죠. 애들이 초등학교니까. 학습지식도 많이 늘었어요. [조사자: 이중언어강사 하거나 대학원에 다니면서 한국에 대한 인상은 어떤가요?] 음, 뭐 특별히…. [조사자: 다른 나라에서 살다 온 사람으로서 한국에 대해 느끼는 점이 있으신가요?] 음… 잘…. [조사자: 그럼 첫인상은요?] 첫인상은 동화 나라. 만화 캐릭터처럼 옷을 입고 화장하고 말투도

"엥 엥 엥."

그렇고. 그런 환경에서 안 살아봤으니까 어르신인데도

"엥 엥 엥."

하는 것이 동화 같았어요. 법적으로는 한국이 안전해요. 안정감을 느껴요. 아이들 키우기에는 힘들지 않은 나라예요. 대체로 범죄율이나 그런 특별한 문제, 마약 같은 것, 무기 소지라든가 미국처럼 그런 거 없으니까.

차이나타운같이. 팍팍 쏘거나 그런 거 없잖아요. 그런 거 없어서 다행이에요. 단일민족 의식이 강했는데 지금은 변해가고 있으니까 많이 좋아지고 있어요. 유학들도 많이 다니고 해외로 한국 사람들도 가기도 하니까. 우리 남편을 보면 한국 사회가 바뀌는 거 느껴요. 방송을 보면 그런 거 나오잖아요. 아빠 일기, 아빠 육아 같은 거. 남자 셰프, 남녀평등, 공동육아 그런 거 보면은….

▶ 신앙생활을 통해 가정을 지키다

[조사자: 남편은 부부 상담을 받고 바뀐 건가요? 다른 계기도 있었나요?] 부부 상담이 많이 도움이 됐어요. 특별히 그 선생님이 잘해주셨어요. 그 선생님 교회를 다니셨어요. 그 선생님 말씀은 그런 거였어요. 제가 크리스천이라서 둘이 너무 안 맞대요, 검사 결과. 우리가 테스트했어요. 무슨 테스트가 있어요. 무슨 테스트가 있어요. 16가지 성격테스트. 그걸 해보니까 결과가 너무 안 좋게 나왔어요. 서로 너무 안 맞는 거예요.

"상담사로서는 둘이 헤어지라고 하고 싶은데 교회 다니니까 기도하세요."

라고 애기해주더라고요. [조사자: 남편은 교회 안 다니세요?] 끌려가죠. 처음에는 많이 부딪혔어요. 처음에는 남편이 죽으려고 했어요, 일요일마다. 거기는 마치고 나서 술 많이 먹고 욕하고, 그렇게 좋은 친구들이 아니었어요, 분위기가. 남편이 야구를 좋아하니까 어렸을 때부터 노는 걸 좋아하는데, 야구를 하는 걸 안 해봤는데, 그래서 그걸 딱 잡고 우리 교회에 야구단이 생겼는데

"들어갈래?"

해서 들어갔어요. 전도사님한테 애기해서 가입시킨 거예요. 그래서

자연스럽게 야구 동아리 시키고. 거기서도 많이 변화당한 거예요. 왜냐하면 교회 야구단 남자들은 다르잖아요, 믿음이 있는 남자들은. 카톡 채팅방을 봐도, 슬며시 보니까. 나는 오늘 쓰레기 분리수거하고 간다. 나는 오늘 설거지하고 간다. 나는 어제 아이들 놀아주고 등등 뭔가 가사 역할을 하고 가는 거예요. 아, 이거는 괜찮다. 남자 전도회 모임 있을 때도 거기서 주고받고 남편이 보잖아요. 남편으로서 이렇게 해야 하는 거구나 하고. 믿음이 있든 없든 일단은 다른 남자들이 하는 걸 따라가게 되잖아요. 그래서 거기서 많이 바뀌었어요. 믿음은 없어요. 지금도 끌려가요. 옛날에는 힘드니까 애들 둘 혼자 가기 힘드니까 같이 가자고 해서 갔는데. 또 그때는 운전을 못 했으니까. 나중에 운전면허 따고

"이제는 안 가도 돼."

라고 했는데 이제는 알아서 따라와요. 안 가는 날은 1년에 다섯 번인가…. 늘 나가요. 안 가도 된다고 했는데도 그냥 나가요. 나가서 감시하는지 뭐하는지 모르겠지만. 일단 나쁜 건 안 하잖아요, 우리가. 다른 여자들은 그렇게 하는 사람도 있잖아요. 일주일에 수요일을 빼달라고 했어요. 수요일에는 제가 목자 모임을 해요. 4년 됐어요. [조사자: 종교 활동을 열심히 하시는 거네요.] 열심히 하려고 하는데 잘 안 돼요. 창피해요. 성가대 들어갔는데 올해. 감기 걸려서 축농증이에요, 만성 축농증. 벌써 몇 달 동안 여름 내내 약 먹고 지금까지도 약 먹고 있어요. 그래서 못 해요. 나왔어요. 집사 진급도 맡았는데 제가 못하겠다고 했는데도 목사님이 하래요. 러시아 예배가 따로 있어요. 큰 한국교회 내에서 영어예배, 몽골어, 중국어 다 있어요. 그래서 저는 아이들을 위해서 아이들이 못 알아들으니까 한국예배 먼저 드리고 그다음에 오후에는 러시아 예배 해요. 거기서 집사를 맡았어요. 거기서 더 큰 힘이 돼요. 왜냐하면 거기에 저 같은 다문화 여성들이 많

아요. 결혼해서 열심히 활동하고 있고. 한 분은 남편이 한국어를 가르치는 분이에요. 선생님이세요. ○○대에도 가르치시는 거 같던데, 연세가 많으신데. 그 언니도 사할린. 그 언니도 열심히 활동하고 있어요. 약사예요. 여기 병원에서 일해요. 서울대 나오고 박사 학위 마치고 약사로 일해요, 믿음도 좋고. 그분이 제 멘토예요, 영적 멘토. 제가 힘들 때 제가 넘어질 때 영적으로 넘어질 때, 세상에서 넘어질 때. 도움을 주세요. [조사자: 다른 모임은 없나요, 친구들 모임?] 옛날에는 있었어요. 산후조리원 모임이 있었어요. 큰애 모임이 있었어요, 친구들이랑. 나중에 제가 복학하고 점점 조직이 약해지면서. 초등학교까지 간다고 하더라구요, 그 모임이. 거의 초등학교 들어가면. 7년 동안 만났어요. [조사자: 한 달에 한 번씩?] 수시로 만났어요. 협동 생일파티도 하고 친하게 지냈어요. 옛날에 한국교회에 다닐 때도 거기도 모임이 있었어요. 거기도 친하게 지냈어요. 지금 이사 와서 교회도 바꾸고 그냥 연락을 안 해요, 바빠서. 지금 모임은, 교사 모임도 있어요. 이중언어강사 모임. 그래서 환경이 달라졌어요. [조사자: 친목 모임은 따로 없고?] 친한 친구는 딱 두 명 있어요. 여기 없어요. 어렸을 때부터 친한 친구. 한 명은 미국에 있고 한 명은 터키에 살아요. 너무 멀리 사니까 이제는 연락도 잘 안 돼요. 친한 친구는 두 명밖에 없어요. 지금은 교회 모임도 친해요. 만약 무슨 일이 생기면 언제나 제가 도움을 받을 수 있고 언제나 제가 도와줄 수 있어요. 그거는 친구보다 자매지요. 예수 안의 가족. [조사자: 교회 나가면서 힘든 생활에 도움이 됐나요?] 결혼하고 나서 교회 안 다녔어요. 제사 문화도 그렇고 안 맞는 게 많아서. 남편이 싫다고 해서. 남편도 너는 교회 안 빠졌으면 좋겠다고 해서요. 큰형님처럼. 우리 큰형님이 집사님이세요. 교회 다니면서 저보고 절하래요. 웃긴 거 같아요. 어쩔 수 없이, 싸우다가. 못 버티신 거예요. 교회는 다니세요. 근데 약간 나만의 종교 이런 거 있잖아요. 참종교가 아니라 나만의 종교. 천주교처럼 술, 담배, 절 다 해도 되고 하나님 믿어도 되고, 편한 종교. 우리 둘째 형님은 천주교. 그래서 잘 맞아요. 천주교는 다 해도 되니까 절해도 되고 하니까. 기독교는 그런 걸 안 하잖아요. 절대로. [조사자: 선생님은 중간에 교회를 안 나가다가 다시 나가신 거예요?] 중간에 안 나갔을 때 그때 실수였어요. 암흑의 시간이었어요. [조사자: 그 시간은 어떻게 보내셨어요?] 너무 힘들었어요. [조사자: 어떻게 다시 나가게 됐어요?] 동네 친구가 집으로 불렀어요. 친구라고 하는데 연세가 많으신 친구예요. 해외에서는 무조건 친구예요, 나이가 있어도. 나이 많은 언니죠. 근데 친구처럼 지냈어요. 불러가지고 그날 마침 어떤 교회 사람이 왔어요. 그분이 저랑 친하게 교제하기 시작하고 그래서 전도하고 절 많이 챙겨주고 거기도 아이가 셋이고. 저는 처음엔 하나였어요. 전염된 거 같아요. 그 교회 목원들은 거의 다 세 명, 네 명, 다섯 명. 그분 덕분에 많이. [조사자: 선생님이 전도하시고 같이 나가신 거예요?] 전도를 받아서 같이 나가고. 아니구나. 그전에 출산 도우미 오셔가지고 그 길로 ○○교회 다녔어요. 그분이 저를 터치한 거 같아요. 처음에 거기 다녔다가 얼마 못 다녔어요. 혼자 다니기가 힘들고. 나중에 그 친구 통해서 다른 교회로. 처음에는 학교, 대학교에 있었을 때는 학생들과 같이 ○○○교회 다녔어요. 계속 교회 다녔어요. 어렸을 때부터.

▶ 나중에 법 관련 일을 하고 싶지만 두려움도 있다

[조사자: 공부 때문에 와서 원래 고려인이시고. 다문화 여성에 대한 지원 정책은….] 처음에 다문화센터에 등록했어요. 인천에 오면서 거기 등록하고. 그런데 잘 안 다녔어요. 뭐라고 해야 하나. 센터 직원들 생각은

'너희들은 다 외국에서 왔으니까 서로 어울리겠지.'

라고. 그런데 그렇진 않아요. 다 취향도 다르고 다 다르잖아요. 꼭 어울리지 않아요. 그래도 어울리려고 노력을 했는데. 남편도 그렇고 나중에 복학했어요. 차라리 복학이 낫겠다고 생각해서. 처음에는 교육 같은 것도 찾아왔어요, 다문화센터에서. 크게 도움이 안 됐어요, 사실은. 그냥 복학하는 게 낫다고 생각해서. 그런데 이번에는 제가 센터 통해서 교육받고 수료한 거예요. 이번에 ○○고. [조사자: 프로그램 같은 건 들을 만한 거나 듣고 싶은 거.] 듣고 싶은 건 많죠. 많은데 시간이 안 돼요. 홈페이지 수시로 확인하는데 잘 안 맞아요. 시간이 항상 오전이라서. 여유도 없고, 지금 하는 일도 바빠서. 집에 와서 뻗어요. 집에 오면 애들 숙제도 봐줘야 하고, 집안일도 해야 하고. 옛날에는 전화 수업도 했어요. 얼마 전에 그만뒀어요. 왜냐하면 집에 와서 충전이 안 되니까. 계속 소모되는 거예요, 에너지가. 어떻게 보면 전화로 하는 게 편할 수도 있는데 시간을 내야 하고, 공무원들 대상으로 러시아어 했어요. 교육청이나 시청에서 다 익명으로. 근데 체력이 달리더라고요. 지금은 잠시 쉬는 거예요. 사실 돈은 얼마 안 되지만 능력을 늘리려고 하고 있어요. 앞으로 내다보면서. 지금도 하고 있어요. 초등학교 러시아어 수업을 하고 있어요. 가르치고 있어요. [조사자: 러시아어, 영어, 법학 등 배운 지식을 써먹어야 할 텐데요.] 항상 그건 아쉬워요. 공고도 항상 많이 봐요. 러시아어 하는, 아니면 법대 나온 러시아 통역사 구하는 그런 거. 그런데 여건이 안 돼요. 용기가 안 나요. 아이들 때문에. 아직은 어리니까. 조금 더 기다리고. 그래도 지금 공부하고 있어요. 준비하고 있어요. 그거를 하기 위해서. 법과 관련된 일을 하려고. [조사자: 졸업은 힘들더라도 하실 계획이신가요?] 논문만 남은 거예요. 계속 멀어지니까 돌아가기가 쉽지 않아요. 교수님들도 제가 이렇게 결혼해서 애가 셋까지 있는데,

'이런 여건을 이해해주시려나.'

싶기도 하고 모르겠어요. 그런데 보니까 다른 일반 한국 사람들도 졸업을 안 한 사람들이 많더라고요. 바빠서 변시 보고 각자 바빠서. [조사자: 졸업을 해야겠다는 생각은 있으신 거예요?] 있으니까 자퇴를 안 한 거죠. 지푸라기라도 잡아야죠. 그리고 이유가 뭐가 있었냐면. 사실은 마음만 먹으면 할 수 있었을 텐데 걸림돌이 뭐가 있었냐면

'이걸 해서 뭐해.'

하는 생각 때문에

'한국 사회가 이렇게 냉정한데, 다문화로 나를 취급하는데.'

사실은 다문화센터 다니는 것도 좀 그랬어요. 내가 다문화인지 아닌지. 아닌데 갈만한 데가 없으니까. 동포재단이 있어요. 서울에 있고 몇 군데 안 되고 그것도 거의 재미교포, 재일교포처럼 잘사는 나라에서 온 교포들 받아주는 거더라고요. 냉정해요. 그런 느낌 받았어요. [조사자: 오시기 전에는 오히려 '한국 사람이다'라고 생각했지요?] 네. 당연히. 저는 한국 사람이라고 생각했지요. 2002년에도 거기 있으면서 너무 열심히 응원했는데…. 터키 친구랑 싸울 뻔했어요. 그런데 여기 오니까….

'아니구나.'

그런데 지금은 그런 실망감조차 다 접었어요. 옛날에는

'여기 말고 다른 데 가야겠다.'

생각도 했었어요. 그래서 국적도 안 받고 싶었어요.

'받아봤자 뭐해, 졸업해봤자 뭐해.'

라는 생각이 들어서요. 괜히 졸업장 가지고 있으면서 취업을 그쪽으로 못 하면 더 속상할 거 같아서. 그래서 조금 두고 보자 하고, 될 때까지. 복학하고 휴학하고, 또 복학하고 휴학하고. 하지만 졸업시험을 봤어요. 논

문은 아니고. 종합시험은 통과했는데 논문은 코앞이죠. 저는 그래요. 글 쓸 때 집중이 필요해요. 항상 그랬어요. 학사 때도 그랬고 학회 나갈 때도 글을 쓸 때 무조건 일주일 잠을 안 자기도 했어요. 밤을 완전히 새고 ○○○(에너지드링크) 같은 거 마시면서 완전히 올인하는 스타일이에요. 안 좋은 거죠. 스위치를 잘해야 하는데 그게 잘 안 되니까. 교수님도 사실은 어려운 주제를 고르지 말라고 했는데 그래도 뭔가 내가 재미있어야 하니까. 교수님들은 그냥

"키르기스스탄에 대해서 써라."

고 하시더라구요. 저는 그게 마음에 안 들었어요.

'내가 하고 싶은 걸 하면 왜 안 되나.'

'제가 하고 싶은 쪽으로 서포트를 조금이라도 해주셨으면.'

'방향이라든가 그런 걸 잡아주셨으면 좋았을 텐데.'

그런 것도 없어가지고 여기는 교육제도가 그런 게 아니라서…. 거기는 방향이라든가 그런 건 잡아주거든요. 그런데 여기는 다는 아니겠지만 일단 법대 분위기는 그랬어요. 그리고 교수하고 관계가 좀 어려워요. 수업 중에도 질문이 별로 없더라고요. 우리는 자연스럽게 토론하고 뜨겁게 토론했어요. 싸울 정도로 크게 언성을 높이고 쉬는 시간인데도

"야, 너는 틀렸어."

그러면서…. 그런데 여기는 너무 조용해요. 그게 되게 우울했어요.

'멍~.'

초등학교를 나가면서 느낀 건 거의 비슷한 분위기예요. 다는 아니지만 활발한 애는 질문을 많이 해요. 저는 질문을 좋아해요. 질문을 해야 내 수업을

'내가 수업을 잘했다.'

보람을 느끼죠. 그게 없으면 교사가 꽝이라고 해외에서는 거기서는 그렇게 평가하거든요. 질문이 있어야 교사가 잘했다는 보람도 있고 결과가 나오거든요. 교실마다 다르고 학교마다 다르지만, 제가 다니는 학교가 그렇게 나쁘지는 않아요. 우리 아이들 다니는 학교보다 나은 것 같아요. 거기는 다문화 애들이 많아요. 교감 선생님도 두 명이고, 선생님도 되게 열심히 하세요. 다문화 학생들을 위해 너무 열심히 하세요. 분위기가 좋아요. 새로운 동네라서 그런지 모르겠어요. ○○동이요. ○○○동. 학교 건물도 시설도 좋고 아이들도 밝고 제가 보기에는 괜찮아요. 깜짝 놀랐어요. 쉬는 시간에 방송이 영어로 나와요. [조사자: 앞으로 희망 사항, 바라는 점은 어떤 게 있나요?] 바란다는 것보다는 우리가 뭔가를 해야 부딪혀야 법이 바뀐다는 걸 느껴요. 항상 법이 조금 늦잖아요. 현실에 안 맞고 못 따라가니까. 멀리 안 가도 돼요. 우리 가족만 해도. 남편도 자꾸 싸워요. 대부분 싸우는 이유는 그거예요. 제사하고 문화적인 차이. 문화적인 차이라기보다 남편도 남편대로 힘들 거예요. 막내니까 다 들어줘야 하고.

"너는 와이프가 뭐 어쩌고저쩌고."

분명히 그럴 거 같아요. 그래서 제가 말을 했어요.

"차라리 나한테 전화하라고 그래. 나한테 직접 쏟아부으라고 그래."

왜 오빠, 당신이 그걸 듣고 있냐고. 저는 그렇게 생각해요. 왜냐하면 그러면 고자질이지요, 누굴 통해서 하는 건. 옛날에는 그랬어요, 결혼 초에.

"전화 안 받아. 너무 못됐어."

애기가 깰까 봐 전화를 진동으로 했는데. 못 들어서 그런 건데.

"그러면 다시 전화해."

라고 하는 거예요. 강요가 있었어요, 명절에도. 저녁에 전화가 와요.

"동서야, 지금 준비해. 짐을 지금 싸놓고 내일 일찍 일어나서 밥 먹고 바로 나가게."

하면서…. 같은 집에 사는 것도 아닌데 왜 동시에 나가야 해요. 형님은 계양구에 살아요. 그래도 같이 가자는 거예요. 저는 그걸 이해 못 했어요. 그래서 전화가 울릴 때마다 심장이 울렁거렸어요. 그래서 그것도 바꿨어요. 제가

"안 된다고. 우리가 알아서 갈게요."

라고 했어요. 가정이 하나인 것도 아닌데 만약에 옛날 같으면 대가족이라서 한집에서 살았으니까 한 가정이니까 큰형님 큰아주버님 그런 건 이해해요. 그렇지도 않으면서 저는 이해가 안 가요. 그리고 제 안에는 그런 부딪힘이 있어요. '기독교인', '인권주의자', '남녀 평등주의자' 그게 부딪힘이 있어요. 성경대로 하면 다 받아주고 참아야 해요. 비인간적이에요. 성경은, 내용이 남녀 차별적인 내용이에요. 기독교만 아니었으면 아마 이혼했을 거예요. 백 번이라도. 혼자 살았을 거예요. 기독교인이니까 많이 참고 반성하고,

'내가 잘못했구나.'

하고 그리고 우리 영적 멘토한테 야단도 맞고.

"이건 분명히 너의 잘못이다."

그러더라고요. 모르겠어요. 언제까지 이렇게까지 할 수 있을지는. 그래도 이기적인 것은 아직 죽지 않았어요, 제가. 그리고 우리 엄마가 아빠한테 많이 맞았어요. 그런 기억들이 있기 때문에 안 좋은 추억들이 저도 모르게 자기 보호 그런 게 나와요. 본능인지 뭔지. 어렸을 때 봤던 건지. 아무리 기독교인이다, 아무리 이론적으로 이렇게 하면 안 되는 거 알면서도 갑자기 확 그런 거 있잖아요. 나를 보호하기 위해서. 자기 보호죠.

▶ 다문화 여성들을 위한 좋은 정책들이 많아졌으면 좋겠다

[조사자: 우리나라 다문화정책에 관해서는 관심이 있으세요?] 관심이 많아요. 저는 사실은 처음에, 그것도 어떻게 보면 폭력이죠. 시댁에서부터 받은 폭력이죠. 남편으로부터 받은 언어폭력, 정신폭력 등 여러 가지. 오죽하면 제가 카톡에 올린 적도 있어요. 남녀평등에 대해서, 모든 인간은 평등하다고. 그다음에 인권선언 조항도 인용한 적도 있고. [조사자: 다문화센터 프로그램 중 선생님한테 도움이 되는 것이 있나요?] 잘 모르겠어요, 거기는 어떻게 하는지. 사실은 그런 생각은 있어요. 결혼 초에 내가 직접 겪어봤으니까 여성센터나 여성인권센터 같은 곳에 들어가서 일하고 싶다는 생각은 있었어요. 나 자신도 도와주고 남들도 도와주고. 왜냐하면 이대로 가면 안 된다. 우리는 우리의 권리에 대해서 알려주어야 한다고 생각했기 때문에. 근데 나중에 그냥 시간이 안 되고, 여러 가지. 다문화센터도 지역마다 다르잖아요. 지원제도도 다르고, 정책도 다르고. 어떤 센터는 열심히 하고 어떤 센터는 그저 그렇고. [조사자: 시민단체나 여러 여성단체가 있는데 그런 곳에서는 선생님이 말씀하시는 그런 활동을 하는 곳이 많아요. 그러면 그런 곳에서 일해보고 싶은 생각이 있으세요?] 네, 해보고 싶어요. 하고 싶어요. 모르겠어요. 일하고 싶긴 하는데. 하나님이 어디로 인도하실지. 그런데 지금 제가 하고 있는 일도 하나님이 하라고 하시라고 한 것 같아요. 왜냐하면 여기도 다문화 아이들 가르쳐주는 것뿐만 아니라 감싸주는 것도 있어요. 아이들도 한국어도 가르쳐줘야 하지만 인간적으로 대해줘야 해요. 누구 품에 안기고 싶은 아이들이 많아요. 자살 시도하는 아이들도 있고, 가정형편이나 환경이 좋지 않은 아이들도 있고, 폭력을 당하면서 사는 아이들도 있고. 심리상담사도 제가 통역 나가는데 그분도 교회 다녀요. 그래서 손잡고 나란히 잘 맞는 것 같아요. 그런 면에서. 무슨 일이 있으면. 사

실은 문제가 많아요. 아이들 상담 통역하면서 많은 것을 느꼈어요.

'아, 내 일은 아무것도 아니구나, 내가 어쩌면 배불러서 그런 거구나.'

하고 사람들이 다 이렇게 사는데. 맞고 사는데. 사연을 많이 들어보면 반성도 되고 도와주고 싶어요. 도움이 필요하면 연락처 알려주고 언제라도 연락하라고 말해요. 폭력이 있으면 밤에라도 전화해서 우리 집으로 와서 피하라고 해요. 그리고 쉼터가 있는 것도 사람들이 잘 몰라요. 뭐가 있는지 몰라요. 그리고 불법체류자인데도 신고를 할 수 있는 것도 몰라요. 자기 권한에 대해서 몰라요. 누가 안 알려주잖아요. 다문화센터에 가야지만. 하지만 거기도 그냥 안내하는 거기에만 있을 뿐이에요. 카톡으로 정보를 받기는 받아요. 차라리 그런 거를 받는 게 좋을 거 같아요. 뭐가 있는지 수시로 알 수 있으니까. 그리고 바로 출입국관리사무소로부터 바로 연결했으면 좋겠어요. 비자를 주고, 결혼비자도 두꺼운 책으로 만들어서 주고, 모국어로. 어떤 센터가 있는지 어떤 권리가 있는지, 위급한 상황에는 어디에서 도움을 받을 수 있는지 그런 것도 알려주면 좋겠는데. [조사자: 몰라서 못 하는 게 많아서 그렇군요.] 뭐가 있긴 한데 그게 안 보여요. 도움을 못 받는 사람들이 너무 많아요. 자살하고, 이미 되돌릴 수가 없는 경우가 많아요. 돌아가거나 아니면 이혼하거나. 이혼 상담해주는 센터도 많고. [조사자: 상담사로 통역하면서 아시게 된 거예요?] 만약에 그 일을 안 했으면 그런 게 있다는 자체도 몰랐을 거예요.

'이런 것도 있구나, 저런 것도 있구나.'

하는 걸 아무도 안 알려줘요. 주민센터도 모르고. 주민센터에 가면 그냥 지역 인포메이션 그런 것만 있어요. [조사자: 정말 좋은 일을 많이 하시네요. 선생님 덕분에 도움받는 사람이 많겠네요.] 그런데 그런 사람들한테 오라고 하는데도 안 와요. 전화는 해요.

"이거는 뭐라고 해요, 저거는 뭐라고 해요."

라는 그런 것들에 대해서 통역해달라고 전화가 와요. 우리 남편이 스트레스받아요. 밤에 전화가 와서 가정통신문 모른다고 전화가 와요. 역지사지해야 해요. 제가 그 입장이었어요.

'누가 뭘 알려줬으면 좋았었을 텐데.'

그러는 사람이 없었어요. 그나마 언니가 있어서 다행이었지만 아무도 없으면 갈 데가 없잖아요. 침묵으로 사는 사람들이 많아요. 암묵적으로 폭행당하고 갈 데가 없다, 나는 보잘것없는 존재라고 느껴지잖아요. 여권까지 빼앗긴다고 들었어요. 베트남에서도 그런 정책이 생겼다고 들었어요. 한국 사람이랑 결혼하면 남자가 검사받아야 한대요. 메디컬체킹부터다! 재산이나 정신까지도. 그걸 통과하면 베트남 정부가 허락해줘요. 이제는 보호를 해줘요. 여성들을 한국에서는 무조건 결혼시키려고 하잖아요. 그거는 좋은 게 아니에요. 이혼율을 줄어야 하는데. 지금 바뀌는 정책도 나쁘진 않아요. 올해부터 다문화센터 주관기관이 지역 교회로 바뀌었다고 들었어요. 거기서 담당한다고 들은 거 같아요. 교회는 따뜻하게 해주니까요. 이제 시간이 좀 나면 그동안 배운 것도 활용할 수 있었으면 좋겠어요. 겁나요. 용기가 안 나는지 모르겠어요. 되게 어려워요. 그 분위기 자체가. 갈 때마다. 최근의 상황을 보면 걱정이 많아요. 학교뿐만 아니라 법조계도 문제가 많고 해서. 저는 항상 걱정되는 것이 그거예요. 안 받아줄까 봐. 그래도 조금씩 준비하고 있어요. 법 공부를 집에서. [조사자: 한국 다문화와 관련해서 더 하시고 싶은 말씀 있으신가요?] 법적 지위가 좀 더 안전했으면 좋겠고, 일을 연결해서 일을 주잖아요. 조금 더 사회적으로 복지적으로도 더 안전했으면 좋겠어요. 4대 보험도 그렇고, 연수도 더 받고 싶고, 그런데 바뀌고 있는 거 같긴 해요. 기사 내용을 보면 제가 국적 받았을 때 무조건 남편이 출석해야 했어요. 그때도 저는 그게 이해가 안 갔어요.

'이게 무슨 차별이냐! 이건 인권위반이다.'

"남편이랑 같이 사는데. 남편이 일이 있어 못 오고 애들이 세 명이나 있는데 그럼 애들 다 데리고 와서 제가 면접 보러 가야 하냐?"

제가 따졌어요. 그런데 그걸 인정을 안 해주더라고요. 그날 그래서 남편이 개인적으로 사유서를 써야 했어요. 국적취득 하러 면접 보러 갔을 때. 지금은 바뀌고 있어요. 그게 인권위반이라고 누가 그걸 문제로 끄집어내서 검토하고 있어요. 이제 출석을 안 해도 되는 걸로 알고 있어요. 올해만 해도. 그래도 한국에서는 법이 빨리 바뀌고 있어요. 그래서 다행이에요. 무슨 일이 생기면 바로바로 바뀌니까. 유연한 거 같아요. **[조사자: 고맙습니다, 시간 내주셔서.]**

6장

행복을 위해 한국행을 결심하다

연구참여자 C는 러시아에서 주변 사람들이 너무 이른 나이에 결혼하고 별 생각 없이 사는 것처럼 보여서 싫었다고 한다. 마땅한 일자리도 없고 젊은 여자는 서빙 정도의 일을 하는 편이어서 그렇게 살고 싶지는 않았다. 마침 아는 사람이 한국 남자를 소개했고 한국에 오게 되었다. 결혼하면 매년 친정집에 보내준다고 했고 재산도 있다고 들어서, 그 정도면 매우 좋은 조건이라고 생각했다. 그러나 막상 한국에 오니 남편의 재산은 없고, 집에 갈 형편도 안 되어 10년째 가지 못하고 있다. 만 19세 이른 나이에 러시아에 와서 결혼식을 올린 뒤 한국에서는 비용 문제로 결혼식을 못하고 있다가 5년 지나 둘째 낳고 나서 식을 올렸다. C는 남편에게 사기 결혼이라고 말하기도 하지만 남편이 너무 착해서 지금까지 잘 살고 있다고 생각했다. 시어머니는 아이들에게 러시아 말 가르치는 것을 싫어하셔서 첫째, 둘째는 러시아 말을 몰랐다. 셋째라도 어렸을 때부터 가르쳐서 러시아 말을 할 수 있도록 하고 싶었다.

C는 ○○○학교에서 러시아어권 학생들을 가르치는 일을 하고 있었다. 학생들을 가르치면서 외국인 가정에 대한 염려와 걱정을 많이 했다. 많은 가정이 깨지는 모습을 보니 안타까웠다. 학교에서 자신도 자격을 충분히 갖추지 못한 상태에서 가르치는 일을 계속 하는 것에 대한 고민을 가지고 있었다. 가장 큰 바람은 자신만의 자유로운 시간을 갖는 것이었다. 사이버대학 같은 교육기관에서 공부를 더 하고 싶은 마음도 있었다.

[주제어] 결혼이주여성, 고려인, 문화 차이, 언어, 교육, 취업

1.
어린 신부지만 나는 철들어서 괜찮아

우즈베키스탄에서의 어린 시절

나는 평범한 가정의 세 자매 중 막내로 태어났다. 고등학교 때까지 도시에서 좀 떨어진 곳에 살다가 도시로 이사를 가게 되었고, 이사 간 도시는 타슈켄트라고 우즈베키스탄 수도였다. 우즈베키스탄에서는 어린 나이(18~20세)에 결혼을 많이 하는 경향이 있었다. 서로 마음이 안 맞아 싸우는 경우에는 같이 살지 않는 경우가 많았다. 나는 그렇게 철없이 살기 싫었다. 이곳의 결혼생활은 아이들 소꿉장난 하는 것 같았다. 언니들도 이른 나이에 시집을 갔는데 행복해보이지 않았다.

고려인의 전통 문화

고려인 반찬도 러시아 쪽과 중앙아시아에서 유명했다. 그래서 고려인들이 많이 러시아 쪽으로 넘어가서 반찬 장사를 했다. 한국에 와보니까 그런 건 이제 다 없고 그 상황에 맞게 더 바뀐 것 같았다. 고려인들은 돌과 결혼식, 환갑을 잘 챙겼다. 돌은 상 차리고 애기 돌잡이 고르고 친척들이 모여서 식당에서 밥 먹고 춤을 췄다. 이것은 한국과 많이 비슷했다. 고려인들은 결혼식을 하려고, 신부를 데리러 갈 때 친척들이 돈이나 선물을 나누어주었다. 가까운 친척한테는 무조건 선물을 줘야 했다. 신부는 신랑 집에, 신랑은 신부 집에 양복이나 복권 같은 선물을 해주었다. 그리고 신부를 데려와 예식장에 들어갈 때, 땅바닥을 밟으면 안 되고 쌀 포대를 바닥에 놓고 그 쌀 포대만 밟고서 들어가게 했던 기억이 났다. 그리고 평균 수명이 60~70세라 환갑은 챙기고, 80세는 거의 찾아보기 힘들기 때문에 70세 때는 따로 챙기지 않는 경향이 있다.

아버지의 우려에도 불구하고

아버지는 한국이 너무 먼 나라라 막내딸인 나를 보내기 싫어하셨다. 하지만 어머니는 예전처럼 중앙아시아 사람들이 잘 챙겨주고 하지 않으니 한국에 가서 사는 것이 나을 것이라고 하셨다. 중앙아시아에 있는 사람들이 너무 우리를 잘 거두어주고 잘해주었는데 이제 자기 민족들이 커져가고 자기 민족만 챙기려고 하는 것 때문에 우즈베키스탄에서 사는 것이 더 어려워질 거라고 말씀하셨다.

옛날에는 잘 보듬어줬는데 젊은 세대들이 늘어나니까 바뀌는 거 같다고 하셨다. 어머니는 언니들이 이곳에서 사는 것이 만족스럽지 않으셨다. 언니들이 잘 살지 못해서 그런 생각을 하셨다. 우즈베키스탄이 아닌 다른 나라에서 사는 것도 좋은 것 같다고 하셨다. 그래서 한국 남자와 결혼하는 것을 허락해주신 것 같았다.

2.
나의 행복을 위해 한국 남자를 택하다

행복을 위해 선택한 한국 남자와의 결혼

나에게 결혼은 행복한 삶을 위한 중요한 선택이었다. 어렸을 때는 한국이라는 나라에 대한 생각을 하지도 않았다. 고등학교쯤 돼서 주변을 보니 이런 환경 속에서 살기 싫었다. 그러던 중에 사촌언니가 한국에 시집을 갔는데 한국이 너무나 먼 나라고 모르는 나라임에도 불구하고 한국 남자와 결혼하여 부모님 용돈을 매달 보내주는 모습이 좋아보였다. 그때 한국 남자를 만날 기회가 되어 결혼해야겠다는 생각이 들었다. 만나고 결혼을 준비하면서 나를 매년 집에 보내주는 조건을 걸었다. 당시 남편의 월급은 월 150~200만 원 정도였는데 엄청 큰돈이라고 생각했고, 결혼을 결심했다. 남편이 장남이어서 재산을 물려받을 거라고 생각했고 결혼하면 공주처럼 사는 풍족한 결혼 생활을 기대했다.

우즈베키스탄에서는 결혼식을 올리면 신부를 데려갈 때 고무신을 신기고 데려갔다. 근데 소개해주는 사람이 우리 신랑한테 돈을 받아서 자기가 결혼식을 다 진행해주겠다고 했다. 그 사람이 신랑을 속이는 것 같아서

화가 났다. 차도 리무진이 아니어서 너무 실망했다. 드레스도 딱 10만 원을 주고 그 돈으로 하라고 했다. 10만 원이면 예쁜 걸 고를 수 없고 좀 예쁜 건 돈을 좀 더 주어야 했다. 그리고 작은 식당을 잡아주고 거기에 친척들도 20명 정도 초대하라고 제한을 두었다. 또 부케를 이상하게 큰 걸 가져왔다. 나는 그게 어린 마음에 너무 쌓이고 원망이 되었다. 나는 결혼식에 대한 로망이 있었다. 그런데 부케도 마음에 안 들고 차도 마음에 안 들고 서러웠다. 그래서 식당 앞에서

'결혼하기 싫다.'

며 많이 울었다. 신랑은 난감해했고, 여기까지 왔는데 갑자기 안 한다고 하니까 많이 당황해했다. 그래서 신랑은 한국에 가면 다 해주겠다고 했지만 막상 한국에 오니 둘째 낳고서야 결혼을 하게 되었다. 그래도 제일 다행인 건 남편이 너무 착하다는 거였다. 무심한 점이 안 좋은 점도 있지만 내가 마음껏 선택하고 고를 수 있어서 더 좋은 것 같았다. 남편은 일만 열심히 하느라 다른 일처리를 내가 해서 처음에는 힘들었지만, 나중에는 내 맘대로 할 수 있어서 편했다.

시댁 식구들은 좋은 분들이지만 문화 차이로 힘든 점도

시댁 식구들이 너무 잘 챙겨주었지만 나는 오히려 그게 귀찮았다. 어디를 가더라도 항상 나를 데리고 가려고 했다. 일일이 알려주려고 하는 게 너무 귀찮았다. 나는 혼자 있는 게 좋은 성격이라 시댁 식구들이 갑자기 오는 게 싫었다. 한국에 오자마자 임신을 했는데, 임신했을 때 시누이가 생선을 먹으라고 가져왔는데 예의상 괜찮다고 안 먹겠다고 하니 시누이가 내 말을 오해했다. 또 한번은 답답해서 밖에 동네를 돌아다녔는데, 시어머니가 일어나서 보니 내가 없으니까 집을 나간 줄 알고 놀라셨다. 그날

이 일로 인해 가족회의가 열렸고 너는 이렇게 돌아다니면 어떡하냐고 시어머니가 나를 나무랐다. 어린 마음에 상처받아서 짐을 싸고 못 살겠다며 집을 나가려고 했다. 우즈베키스탄 집으로 가겠다고 했다. 나는 길을 알고 있었기 때문이었다. 그러나 시어머니가 내가 길을 잃을까 봐 또 따라오시려고 했다. 나를 믿지 못하시는 것 같았다. 시어머니는 70세는 넘으셨고, 어머니가 옛날 분이시라

'너는 여기 시집왔으니 여기에 맞춰서 살아야 된다.'

라는 생각을 가지고 계셨다.

시어머니의 반대로 아이들에게 러시아어 못 가르쳤지만, 셋째 아이만이라도

시어머니의 반대로 첫째와 둘째는 러시아어를 가르치지 못했다. 한국에 살면서 러시아어까지 배우면 혼란스럽다는 것이었다. 나는 셋째만이라도 러시아어를 가르치고 싶었다. 시어머니는 러시아어를 가르쳐서 애들 머리를 복잡하게 하지 말고, 일단은 한국말을 제대로 해야 한다고 한국말이 먼저라고 하셨다. 시어머니 말대로 했더니 이제 애들이 조금 크니까 러시아어 해야 한다는 생각을 안 받아주었다. 러시아어가 어렵고 하기도 힘들어서 하기 싫다는 것이었다. 그래서 셋째만큼은 내가 가르치겠다고 생각했다. 셋째는 나와는 러시아어를 하고 아빠와는 한국말을 했다.

러시아어권 아이들을 가르치는 교사

교사가 된 계기는 다문화센터 팀장님이 언어교육 받는 곳을 소개해 주셨고, 2주 66시간 언어교육을 받은 뒤, 무슨 일을 하는지도 모르고

"학교 가서 이러이러한 일을 할 거야."

이런 식으로 얘기해주셨다. 추가적으로 60시간 교육을 더 받고, 교육청 회의가 있었다. ○○○학교로 가서 러시아어권 아이들을 가르치라고 했다. 러시아어권 선생님들이 너무 부족해서 그런 것 같았다. 수업을 하는 일인지 정말 몰랐다. 나는 학교에서 6학년을 맡고 있는데 너무 말을 안 듣고 뭐 얘기를 해도 받아주지도 않고 그냥 자기들끼리 모여서 떠들기만 했다. 선생님으로서 내 말을 듣지 않았다. 나는 조금 더 애들한테 주고 싶은데 애들이 안 받아주었다. 그리고 말도 안 듣고 힘들었다. 한창 말 안 들을 초등학교 6학년 그 시기라 그런지 이제 좀 컸다고 하면서 고집을 부렸다. 한 명 한 명 놓고 보면 착한 애들이라 공부하라고 하면 할 거 같기는 한데 너무 여러 명이 모여서 지도하기가 어려웠다. 서로 아이들끼리 얼굴만 봐도 좋아하고 신나보였다. 내가 가르치는 아이들은 여덟 명이고, 학교에 러시아권에서 이주해온 아이들만 있는 건 아니었고, 부모들이 이주해온 뒤에 여기에서 태어난 아이들도 있었다. 한국에서 태어난 아이들은 한국어 공부를 보충할 수 있도록 모인 것 같았다. 그리고 요즘에 부모들이 ○○○학교를 잘 안 보내려고 하는 것 같았다. 원래 아이가 다른 나라에서 이주해오면 ○○○학교에서 교육을 받고 일반 학교로 넘어가야 하는데 ○○○학교를 잘 안 보냈다. 그래서 불편한 게 학년별로 나눠서 수업을 진행했는데 어떤 애는 1학년 때부터 배워서 어느 정도 아는데, 한 달 전에 이주해온 애는 보충 학원을 조금 다녀서 읽기까지는 하지만 그 이상은 몰랐으며, 가나다라를 배우는 수준인 애들도 있었다. 한국에 온 지 몇 달밖에 안 되어 단어도 몇 개밖에 모르는 등 수준이 다르다 보니까 이 애한테 맞춰야 하는지 저 애한테 맞춰야 하는지 혼란스럽고 어려웠다. 이 애한테 맞추다 보면 저 애가 모르고 저 애한테 맞추다 보면 이 애가 몰랐다. 내가 근무하는 학교에는 다문화가정은 없었고, 거의 다 외국인 가정이었다. 다문화가정의 아이들은 한국어를 잘했다. 그리고 어렸을 때부터 엄마 아빠 말을 잘 들었다.

스스로 교사로서의 자격이 부족하다고 생각하다

시집왔을 때 남편이 학습지를 시켜줬다. 그것도 이제 몇 달만 하고 한국에 와서 바로 임신해서 애기 낳고, 공부를 제대로 못 했다. 딱히 따로 공부를 배운 적도 없었다. 그리고 그 60시간 받은 교육으로 학교를 들어갔는데, 지난번 교육청에서 회의 있었고 내가 먼저 이야기를 했다. 나는 전문적 지식이 너무 부족해서 내가 이 학교에 나가도 되는지가 지금 너무 의심이 된다고 말했다. 왜냐하면 나도 잘 모르는데 어떻게 제대로 아이들을 가르칠지 걱정되었기 때문이었다. 내 생각에는 60시간 교육받았던 그 수료증만 학교에 가져다주고 따로 교원자격증이나 다른 자격을 요구하지 않는다는 것이 문제라고 생각했다. 그런데 받아주는 이유는 러시아권 선생님들이 지금 너무 부족하기 때문인 거 같았다. 일단 계약을 했으니 계약기간까지는 마무리해야 한다고 생각했지만, 이 학교에 계속 있어야 하는 건지 계속 의심이 들었다.

3.
더 나은 교사가 되고 싶어

학생들을 잘 가르치기 위해 더 전문적인 노력을

학생들에게 한국말을 가르치는 것은 전문적인 교사가 해야 할 중요한 일인 것 같은데 교사가 없다 보니 자격이 안 돼도 가르치게 하는 것 같았다. 나는 학교에 나 스스로 교사를 할 자격이 없다고 이야기했는데, 이 정도만 돼도 아이들에게 큰 위안이고 도움 줄 수 있다고 깊이 생각하지 말라고 했다. 하지만 나는 더 배우고 전문적인 자격을 갖추어야 할 것 같았다.

나는 학생들이 한자도 배워야 한다고 생각했다. 학생들에게 한자를 배워야 한다고 얘기했지만 학생들은 한국어도 모르는데 한자를 뭐하러 배우냐고 했다. 나는 한국어는 반은 한자라 너희가 나중에 편하게 공부하기 위해서 배우는 거라고 알려주었다. 언제 한번은 병원 진료과에 대해 가르쳤다. 소아과라는 단어를 알려주는데, 학생들에게 소아과는 왜 소아과인지 아는지 묻고 왜 그런지 알려주었다.

"'소'는 '작을 소'고, '아'는 '아이'니까 어린아이들이 다니는 병원이다. '소'라는 것이 한자이기 때문에 이 '소'만 알면 다른 단어에 들어가는 '소'

도 이렇게 알면 뜻을 알게 된다."

고 했더니 학생들은 필요없다고 말했다. '소아과'는 '소아과'로 그냥 외우면 되지 않냐는 것이었다. 학생들이 한자를 배우면 한국말을 알기 편한데 안 배우려고 해서 가르치기 힘들었다.

나는 내가 언어권 전담을 맡는 건 아니라는 생각이 계속 들었다. 나도 나 스스로 한국말을 잘한다고 생각하지 않았기 때문이었다. 교육을 같이 받은 사람들 중에는 한국말을 제대로 못하는 사람들이 있었다. 본인이 발음이 틀리고 안 되는데, 그런 사람이

'어떻게 학생들을 가르쳐주겠나.'

라는 생각이 들었다. 국가나 지자체나 교육청에서 지원하는 너무나 짧은 시간의 교육이었기 때문에 그런 것 같았다. 그러니까 일반적으로는 선생님이 되기 위해서 대학교 4년 임용고시도 보고, 어떤 사람은 대학원도 가고 그러는데, 나 같은 사람은 선생님이 되기 위해 60시간 교육만 받으면 되니까 뭔가 잘못된 것 같다는 생각을 했다.

한국에 일하러 오는 많은 외국인 가정에 대한 염려와 걱정

한국도 점점 그렇게 변하겠지만 우즈베키스탄은 너무 어린 나이에 결혼한다. 그렇게 살다가 서로 한 번만 싸워도 헤어졌다. 그러면 또 다른 여자를 만나고 다른 남자를 만났다. 그렇게 두 번 결혼하고, 세 번도 결혼하고 이런 모습들이 너무 안타까웠다. 한국에 많은 외국인들이 일하러 오는데 너무 많은 가정들이 깨졌다. 아빠나 엄마가 한국에 일하러 오게 되면 너무 오랫동안 본국에 있는 가족들이랑 떨어져 있다 보니까 같은 공장이나 같은 동네에서 마음에 맞는 사람과 교제했다. 고향에 있는 가족들을 버리고 여기에서 새 가정을 꾸렸다. 또 만약에 아이들도 함께 가족들 모두

온다고 해도 아이들이 너무 불쌍했다. 부모는 공장에 가서 같은 일을 반복적으로 하기 때문에 그렇게 일하는 게 어렵지 않지만, 아이들이 자기 선택권 없이 부모로 인해서 여기에 오게 된 거라 맨날 학교 다니면서 무슨 얘기 하는지도 모르면서 다녔다. 아이들은 러시아 말도 제대로 못하고 한국말도 제대로 못 배운 상태에서 비자가 만기되면 엄마 아빠와 또다시 본국으로 돌아가야 하는 상황이 생겼다. 탈북민 같은 경우는 여기 와서 계속 거주할 수 있는데 우리 고려인들은 다른 대우를 받았다. 취업비자로 4~5년 정도밖엔 거주할 수 없었다.

사이버 대학에 입학하여 더 나은 삶을 살고 싶은 소망

우리 시누이에게 딸이 있었는데 중학교까지는 그냥 별 생각 없이 지내다가 고등학교 3학년 때부터 여러 자격증도 따고 학원도 열심히 다녔다. 그 결과 국가직에 취직했고, 취직 후에도 학위가 나오는 사이버대학교를 가고 싶어했다. 사이버대학은 일반 대학교들처럼 직접 학교에 가서 배우지 않아도 되고, 비용도 그렇게 많이 비싸지 않아서 나도 한번 시도해보고 싶었다. 꼭 하고 싶은 마음보다는 뭔가 하지 않으면 앞으로 먹고살 길이 안 보이니까 간절한 마음이 들었다.

4. 전사록 요약

〈연구참여자 정보 및 특성〉

출생연도	1985년생	이주연도	2005년
국적(이주 전/현재)	우즈베키스탄/대한민국	학력	고졸
가족	남편, 아이 셋	직업	한국어 교육

▶ 한국에서의 바쁜 일상

한국 사람들이랑 있다 보니까 내가 어쩔 수 없이 한국말이 이렇게 늘게 되더라구요. 근데 요즘에 러시아 사람들하고 이야기 많이 하니까 한국말이 잘 생각이 안 날 때가 있어요. 친구들이 없는 건 약간 힘들긴 하지만 그래도 나를 위해서 언어가 늘어나니까 그런 방법들도 괜찮은 것 같아요. [조사자: 여기 사시면서 한국분들은 많이 사귀셨어요?] 아니요, 저는 그런 것도 아니고요. 여기 오자마자 계속 일만 해가지고 사귈 그것도 없었어요. 그 처음에 여기 왔을 때 저희 시어머니가 문방구 하셨어요. 문방구 나가면서 거기 이제 일하고 그 시어머니랑 둘이 있으니까 친구 사귈 그것도 없는 거죠, 한국 사람이라도. 그리고 계속 이렇게 문방구에 있다가 나중에 서울에 이제 한번 들어갔어요. 거기서 하다가 거기도 매장 안에 해봤자 한두 명 이렇게 있어요. 딱히 한국 사람들도 친한 사람들 별로 없어요. 그런 같이 일하고 뭐 이렇게 주변만 한국 사람뿐이지 딱히 친구라고 하기가 없어요. 이제 뭐 학교나 유치원 엄마들이랑도 사귈 기회가 없던 거예요, 계속 일을 하니까. 애를 이제 데려다주고 저는 가서 일을 해야 되고 한번은 우리 큰애가 4~5학년 때쯤에 엄마는 왜 다른 애들 엄마처럼 이렇게 모여서 이렇게 놀지 않고 모임을 가지 않느냐고. 막 그런 얘기를 하더라고요. 왜냐하면 일 안 하시는 엄마들이 막 모여가지고 수다도 떨고 막 그러는데, 애들을 위해서 뭐 있으면 서로 공유하고 그러는데, 저는 계속 일만 해가지고 사귈 기회도 없고 그래요. 그리고 조금 이렇게 쉽게 누구랑 사귀고 그러는 건 조금, 누구랑 오래 있다거나 이야기를 들어주고는 하지만 쉽게 누구를 사귀거나 하지는 못해요. 우리 큰애는 중 2이에요. 중 2이고 둘째는 이제 초 4, 그리고 막내는 20개월 늦둥이. 그래서 지금 육아를. [조사자: 첫째가 애기 잘 돌봐줘요?] 처음에 태어났을 때 너무 예뻐해주고 잘 봐줬는데, 그러니까 돌 때 뭐 그럴 때쯤. 그런데 지금 자기 대충 중 2고 사춘기고 다 귀찮아하고 잘 안 돌봐주고 오히려 이제 둘째가 처음에 낳았을 때 잘 못 봐주더니 지금은 둘째가 잘 돌봐줘요. 저는 이제 처음으로 시작하는 결혼, 그냥 서민 가정에서 일반 뭐 세 자매 중에서 막내로 태어난, 가끔 이렇게 그 '고부열전'(《다문화 고부열전》)? 뭐 그렇게 그런 프로그램을 보면 너무 정말 못사는 동네에서 오는 거 있잖아요. 너무너무 힘들고 집도 보면 완전 그 정도는 아니고 그냥 평범하게 살았는데, 저희 쪽에는 거기서 결혼을 일찍 하더라고요. 그냥 뭐 눈 맞으면,

'아, 결혼하자!'

너무 이제 쉽게 생각을 하는 거죠. 그러니까 애들이 뭐 열여덟 이렇게 스물 전에도 많이 가요. 풍습까지는 아니고 그냥 뭐 지들 마음대로 사는 거죠. 그런데 또 중요한 거는 이렇게 결혼을 했잖아요? 그냥 살아요. 뭐 이렇게 가정을 생각을 없고 부모님한테 얹혀서 사는 거죠. 부모님이 이제 돈도 벌고 자기네들이 그냥 막 소꿉놀이 하는 거죠. 그래서 저는 그런 모습이 너무 싫어가지고 그거 모르겠어요. 저는 막내인데 우리 큰언니들보다 제 입으로 말하기는 좀 그렇지만 철이 빨리 든 거 같아요. 언니도 20대? 뭐 그렇게, 둘째 언니는 스물두 살? 스물세 살 정도 갔는데 그때에도 그게 약간 벌써 노처녀 같은 그런. 그런데 언니들 결혼한 거 보면서 주변 사람들 사는 거 보면서 나는 그렇게 살기 싫었어요. 그냥 결혼만 하고 부모님들한테 얹혀 사는 게 원치 않았어요. 너무 저는 아예 결혼 생각을 처음에 없다가 그리고 거기는 또 지금은 제가 살 때 경제가 너무 뭐랄까, 일자리가 없었어요. 마땅한 일자리 없고. 그리고 이제 젊은 여자, 젊은 아가씨들은 그냥 서빙 정도? 거의 이제 그나마 조금 좋은 직장 들어가면, 들어가려면 아는 사람 소개가 있어야 하고 그냥 그런 거? 그래서 [조사자: 그러면 사시던 데가 지역이 정확히?] 우즈베키스탄. [조사자: 우즈벡에서도 그 지역 도시나 마을 이름이 어떻게 될까요?] 저는 이제 고등학교나 중학교 때까지 이제 마을 도시 아니고 좀 도시에 떨어진 곳에 살다가 그리고 이제 고등학교 때 도시로 이사를 가게 되었죠. 타슈켄트라고 우즈베키스탄 수도? [조사자: 그러면 큰 도시로 가신 거네요?] 네, 이제 결혼은 하기 싫고 왜냐하면 나를 책임질 남편이 없으니까. 그 남편도 앤데 엄마한테. [조사자: 어린 애한테 시집가기 싫으셨군요?] 네, 그리고 뭐 꼭 어린 거보다 나이 들어도 철이 안 들어요. 그리고 또 딱히 내가 일해서 마땅한 자리도 없고.

▶ 한국 남자와의 결혼을 통해 행복한 삶을 꿈꾸다

사촌언니가 여기 한국에 시집오게 된 거예요. 시집오게 되어가지고 한국에 너무나 먼 나라고 모르는 나라인데 그런데 그 사촌언니가 결혼하면서. 아, 이제 거기 이제 남편 돈도 많고 뭐 부모님들 이제 용돈도 매달 보내주고. 그 생각을 가지고 있다가 마침 건너건너 아는 사람이 이렇게 한국 남자가 결혼하고 싶은 남자가 있다. 한번 만나보자 그래가지고 이제 해서 만났죠. 우리 부모님들은 매년마다

"집에 보내달라."

그런 조건을 걸었죠, 매년마다. 그리고 또 소개해주는 언니가

"월급은 월 150만 원에서 200만 원 정도 받고 있다."

우리나라면 월 150만 원에서 200만 원이면 엄청 큰돈이죠. 그러니까 1,500달러에서 2,000달러잖아요? 그래서 그때는 우리 뭐, 그 제가 그 시절에 100달러만 한 달에 풍부하게 살 수 있었는데, 이거는 1,500달러예요.

'와, 완전 가서 공주처럼 살겠구나.'

했는데. 그리고 또 맨날 남편한테 그런 얘기 하죠.

'아, 나는 사기 결혼이다. 사기당했다.'

왜냐하면 결혼할 때 큰아들이고 재산도 물려받고 그런 얘기 많이 해주시고 와보니 재산은 없고 제사만 많이 잔뜩 있고. 그래도 제일 다행인게 남편이 너무 착해가지고, 착해요. 그래서 여태까지 사는 거 같기도 하고. [조사자: 혹시 그러면 그 한국에서 결혼하고 싶은 남자가 있다고 소개시켜준 분 있잖아요?] 네. [조사자: 그분 혹시 그런 일을 전문적으로 하는 그런 분은 아니에요?] 아, 그런 건 아니고요. 자기도 한국 남자랑 결혼해가지고. 그 남편이 우리 남편이랑 이제 아는 사이였어요. 그래서 우리 남편이 이 가족 보고

‘아, 이런 외국인도 괜찮겠다.’

그런 생각하고서.

“혹시 아는 사람 있으면 소개시켜달라.”

이렇게 저는 이제 그 남편 만나기, 소개받기 전에 여러 군데 그런 업소에 이제 남겼어요, 자기 그거를. 했는데, 딱히 연락은 없었고 아는 사람 통해서 이제 알게 된 거죠. 제가 막내다 보니까 아빠는 보내기 싫었죠, 너무 먼 나라고. 그런데 엄마는 어머니가 현명하신 거 같아요. 우리는 이제 거기 갔잖아요. 거기 살면서 그러니까 그때 본인들은 그쪽으로 다 중앙아시아 쪽으로 보냈을 때, 그 중앙아시아에 있는 사람들이 너무 우리를 잘 거두어주고 잘했었는데 점점 이제 자기 민족들이 커져가고 자기 민족만 이제 챙기려고 하는 것이 보이니까 우리 엄마는

“너는 여기, 너는 여기 고향은 어쨌든 아닌 거야. 그래서 여기 살기가 어려울 거야.”

왜냐하면 점점 사람들 거리에 다른 데 나가고 그러니까 그 민족들만 늘어나고 그러니까, 살기가 힘들고 그러니까, 옛날 시대는 너무 잘 우리 보듬어줬는데 젊은 시대들이 늘어나니까 바뀌는 거죠. [조사자: 아, 그러면 부모님은 고려인이신 거예요?] 네. [조사자: 두 분 다?] 네, 그래서 그렇게 얘기하고 결혼하게 되었죠. 이제 언니들 사는 것이 그렇게 막 반갑지 않았던 거죠, 이런 환경이.

“너라도 이렇게 좀 해서 살아라.”

하고 허락해주신 것 같아요.

▶ 고려인의 전통 문화

문화가 다른 게 우리는 뭐 생일이라던지 무슨 날이면 크게 파티 하고

뭐 그런 건데 한국은 안 그러잖아요. 생일도 그냥그냥 뭐 케이크 하나 사 놓고 먹고 아니면 말고 그러고. 그러니까 거의 애들만 이렇게 생일 때 케이크 사다주고, 그리고 어른들은 엄마 아빠는 애들은 생일도 모를 거예요.

"엄마 언제 생일이지?"

그런 거 있고. 그리고 이제 우리 신랑이 또 결혼식 그때 결혼식 우리나라 오셨을 적에 여기는 그냥 뭐 주례 말 듣고 그러고 이제 그냥 돌아갔는데 거기는 막 먹고 춤추고 그런 문화 있구나. 이제 약간 우리 신랑도 놀랐고 저는 또 여기 와서 결혼식 이렇게 간단하게 올린 것도 이런 거구나. 그런데 너무 시간이 그쪽에서 넘어오는 시간이 너무 길다 보니까 점점 잊혀지는 거죠. 그런데 거기도 이제 그 상황에 맞게 또 이렇게 바뀌게 점점 바뀌게 되더라고요. 고려인 반찬들 같은 것도 러시아 쪽이나 뭐 중앙아시아 되게 유명해요. 고려인들 하는 거. 그런데 막상 여기 한국에 와보니까 그런 반찬들 있지도 않아요. 고려인들이 많이 러시아 쪽으로 넘어가서 이런 반찬 장사를 가게를 이제 많이 해요. 그런데 막상 여기 와보니까 그런 건 이제 다 없고 그 상황에 맞게 더 바뀌었더라고요. 고려인들은 잘 챙기는 건 돌? 그리고 결혼식 그리고 이제 환갑. 거기는 또 우리는 여기 한국처럼 오래 살지 않더라고요. 평균 뭐 60, 70, 80은 거의 뭐 보기 어렵고 그래서 70은 안 하고, 60 환갑을 챙기려고 하고. 음, 그리고 풍습을 그냥 돌잔치 하는 거 있죠. 상 차리고 애기 돌잡이 고르는 거, 그런 거까지만 한국이랑 좀 비슷한 것 같고. 일단은 돌 같은 경우는 이렇게 상 차리고 집에서 이제 가까운 친척들이 모여서 이렇게 상 차리고 애를 돌잡이하고. 그다음에 이제 다 식당 옮겨서 거기서 식당에서 밥 먹고 춤추고. 그리고 결혼식은 저는 이제 너무 어리다 보니까 애기였다가 바로 이렇게 한국으로 시집왔기 때문에 딱히 이렇게 풍습이라는 건 모르겠어요. 그냥 이렇게 신부를 데리러 갈 때, 그리고 친척들 이렇게 돈이라던지 나눠주고. 아니면 선물 이렇게 나눠주고. 친척들한테 이제 가까운 가족한테 무조건 선물을 해줘야 되더라고요, 서로. 신부는 시집을 신랑은 이제 신부 집에 선물 같은 거 양복이라던지 복권이라던지 해주더라고요. 그리고 신부를 이렇게 데려왔을 때 뭐 예식 자리 들어갈 때, 왠지 모르지만 땅바닥을 밟으면 안 되고 쌀 포대를 이렇게 바닥에 놓고 그 쌀포대만 밟고서 들어가게 그렇게 했던 게 기억이 나고. 저랑 결혼했을 때 우리는 그런 건 하나도 안 하고 바로 식당에 가서 밥 먹고 술 마시고 춤추고 그러고서 여기 왔죠. 식은 뭐 드레스 입고 그런 거 안 입고. 드레스는 입었고 또는 너무 어린 마음에 그게 우리나라는 결혼식을 올리면 신부는 데리러 갈 때 그 고무신을 어디서 빌려와요. 그렇게 데려가요. 이게 소개시켜주는 사람이 또 우리 신랑한테 돈 받아가지고 자기 이제 결혼식 다 해주겠다고. 또 신랑 아무것도 모르니까 돈 받아서 그 돈을 자기가 해먹으려고 한 건지 아끼려고 하는 건지, 차도 자기 친척 뭐 이모부인지 그 사람 차 끌고 오고. 리무진 아니고, 그리고 이제 드레스도 딱 10만 원 줄 테니까 그걸로 이제 해라. 그리고 이제 식당도 되게 조그마한 거 해줘가지고 거기에 친척들도 뭐, 그때 20명인가 정도만 이제 초대하라고 그러니까 제한을 되게 많이 두고. 그래야 하니까 부케를 또 이상하게 크게 가져온 거예요. 나는 그게 어린 마음에 너무 쌓이고 또 여자의 결혼식은 로망이잖아요. 그래서 드레스도 내가 원하는 건 이제 그 가격이면 못 하는데 그러니까 딱 10만 원 줄 테니까 그거로 이제 하라고. 그런데 10만 원이면 뭐, 그저 그런 뭐 그런 거 하고 그나마 좀 예쁜 건 이제 좀 더 줘야 하고 그러더라고요. 그거에다가 이제 부케도 마음에 안 들고 차도 마음에 안 들고, 서럽고. 식당 앞에서 이제 식장 들어가기 전에 막 울어가지고. 나 결혼 못 하겠다고 안 한다고. 우리 신랑은 난감하죠. 여태껏 여기까지 왔는데 갑자기 안 한다고 하니까. 그래서 한국에 가면 나 해주겠다 해주겠다고, 그런데 왔는데 안 해줬어요. 여기 왔는데 안 해줬어.

▶ 착한 남편 덕분에 한국생활을 견디다

그래도 착하니까 내가 그냥 봐주는 거야. 신랑 덕분인지 저는 너무, 그 어떻게 보면 어린 나이면서도 어떤 때는 너무 철이 든 게 좀 그렇고. 제가 와가지고 우리 신랑은 약간 그런 거였어요.

"어, 내일 음, 해줄게 응~ 뭐 쉬는 날~"

뭐 그런 거 있어요. 그래서 나는 이제 못 기다려가지고 내가 다 하게 되더라고요. 그래서 우리 신랑이 너무 그게 편하고 좋은 거예요. 그래서 식장도, 그래서 우리 신랑은 계속 일만 하고 저는 예식장도 제가 알아서 알아보러 다니고, 그때 이제 둘째 낳고 돌도 안 됐을 때 애기 업고 그냥 식장 여기 ○○에. 제가 그때 알기로는 ○○에 예식장들 많아가지고 거기서 이제 막 여러 번 나돌아 다녀보고 드레스도 내가 원하는 거 고르고. 리무진은 안 불렀지만 나는 이생에 리무진은 한번 태워줄 거냐고, 도대체. 나 죽었을 때. 관을 싣고 다니는 리무진. 아, 진짜. 약간 이렇게 그건 어찌 보면 무관심한 건지. 그래도 나는 또 내가 해보니까 알아보니까 내 마음대로 할 수 있잖아요. 내가 원하는 거 약간 그런 면도 있고, 약간 불편하기도 하고 그래도 좋은 점도 있고 하니까. 그리고 이제 신랑 가족들은 너무 잘 챙겨주는 것이 저는 오히려 그게 귀찮았던 거예요. 뭐 어디 가더라도 항상 저를 데려가려고 하고. 제가 이제 오자마자 임신을 했어요. 한번은 시누가 생선을 사가지고 왔어요. 이렇게 생선 먹으라고. 저는 예의상으로

"아니에요, 괜찮아요."

그렇게 얘기했는데 우리 시누이 입장에서는

‘뭐야, 생각해서 사다 줬는데.’

안 먹겠다고 약간 그런 오해도 있었고. 그리고 한바탕 또 그런 오해가 있었는데 시어머니가 쉬는 날이었는데 주무시고 계셨어요. 저는 이제 하루 종일 집에 있으니까 답답하니까 밖에 나갔어요. 동네를 이렇게 돌아다니는데 시어머니가 일어나보니까 제가 없어가지고 놀래셨나봐요. 제가 집을 나간 줄 알고 막 가족회의하고

“너는 이렇게 돌아다니면 어떡하냐.”

나는 또 그때 어린 마음에 상처받아서 짐 싸가지고.

“집에 가버리겠다고.”

저희 시어머니가 약간 옛날분이시다 보니까. 나이는 70 넘으셨어요. 그리고 시어머니가 첫째나 둘째를 모국어를 못 가르치게 하더라고요.

“애 머리를 복잡하게 하지 말고, 일단은 한국말 제대로 해야 되지 않겠느냐? 한국말이 먼저다.”

그러고 나서 이제 나중돼서 가르치려니 애들이 안 받아줘요. 그래서 셋째만큼 내가 가르치겠어. 셋째랑 그 러시아 말 그냥 하고 아빠는 이제 한국어를 하고 막 모르겠어요, 뭔가 좀 해야 되는데. 그리고 시어머니가 저보고 그냥 무조건 일을 해야 된대요. 그러니까 우리 시어머니는 제주도 분이세요. 제주도 여자들은 생활력이 강하다고 그러더라고요. 그러니까 쉬는 꼴을 못 봐요. 그래서 일을 남편이 혼자 하면 힘드니까.

“너도 이제 말을 배우기 위해서 밖에 나가야 하지 않겠냐.”

해서 그렇게 일을 하게 됐는데 그래도 내가 벌면서 내가 마음대로 쓸 수도 있는 그게 권한이 별로 없는 게 답답하고 일은 사실은 하기 싫고, 돈은 쓰고 싶고. 일은 하기 싫은데 돈은 쓰고 싶은데 또 신랑 월급으로는 이제 턱도 없이 부족하고. 또 애들 셋이다 보니까 저희가 또 애들 학원 따로

안 보내요. 만약에 학원 보내게 되면 그거는 뭐 완전 허리띠를 졸라매야 하는데. 저는 그냥 남편 등골 빼먹으면서 살고 싶었어요. 처음부터 일을 하기 싫어가지고. 이제 결혼을 했는데 일을 더 많이 시키더라고요, 시집오니까. 그리고 이거 지금 내 막내 태어나면서 우리 신랑이

"한 세 살 때까지 데리고 있어라."

왜냐하면 첫째도 그렇고 둘째도 그렇고 돌 지나서 바로 어린이집 보내고 저는 일을 나가고 그랬었는데 셋째 때는 그냥

"세 살 때까지 데리고 있어라."

그렇게 놀려고 생각하고 있었는데 이제 구립(국립)은 들어가기 힘들잖아요? 미리 넣었어요. 미리 넣었는데 연락이 너무 빨리 오는 거예요. 너무 빨리 와가지고 어쩔 수 없이 잘해왔는데 안 가면 또다시 신청하면 또 시간 걸리고 어쩔 수 없이 셋째도 돌 지나서 보내게 됐죠. 셋째도 돌 지나서 보내게 됐는데 마침 이렇게 언어들 교육지원 그런 교육이 있어가지고 거기 이제 교육받아서 또 이제 일을 하게 되었죠. 처음에는 그냥 시어머니 문방구 같이 하고. ○○여자중학교 앞에서 시동생 문방구 하시고 ○○남자중학교 앞에서 시어머니 하시고. 그리고 또 옆에서 시누이 문방구 하시고 ○○○ 문방구. 그리고 나중에 또 시누이가 분식집도 하게 되었죠. 그래가지고 요즘에는 애들이 등교 시간에 이제 어머니랑 문방구에 있다가 이제 또 쉬는 시간에 애들이 급식 나와서 뭐 사 먹으니까 거기 또 시누이 가게로 넘어가서 거기 이제 도와주고 월급은 받았어요. 나중에 이제 시동생이 사업을 하게 됐어요. 악세사리 사업을 하게 되어서 서울로 이사를 가게 되었죠. 서울에 이제 매장에서 악세사리 판매 하다가 3년 전까지 계속 악세사리 판매하고 있었죠. 그리고 이제 이번에 그때 이제 가게 문 닫으면서 잠깐 쉬었다가 애 갖고 애 낳고 그러고 있다가 교육받으면서 여기 이제 학교

들어가게 되었죠. 고려인인데 러시아권 아이들을 가르치고 있는데요. 그러니까 이제 거기 문화랑 여기 한국 문화랑 다르니까 이제 부딪히기도 하는 거예요. 부딪히는 거보다는 이해가 안 되는 거죠. 저는 이미 이제 다 한국 사람.

▶ 우즈베키스탄 엄마들과 다른 한국 엄마들의 교육관

그러니까 이게 우리나라는 학교를 여기 한국 공부라면 그냥 엄마들이 막 이렇게 챙겨주고 그러잖아요. 그런데 거기는 그렇지 않아요.

"아, 나 오늘 학교 가기 싫은데."

"뭐? 그래? 가지 마."

"아, 나 오늘 생일인데, 학교 안 가면 안 돼?"

"그래, 쉬어라."

약간 그런. 너무 이거 쉬워요. 그게 부모님들도 보면 그런데 한국은 안 그러잖아요. 뭐 우리 애들은 정말 그때 한번 작은아이가 눈병 걸렸을 때 학교 보내면 안 된다고 했을 때 그때만 쉬고 빠진 적 없어요. 그런데 여기서 나와가지고 러시아권 아이들이 너무 학교를 잘 빠져요. 나도 원래 그렇게 살아왔는데, 그런데 너무 이게 한국에 오래 있다 보니까. 그게 이제 이상하게 느껴지죠. 그 한 아이가 있어요. 남자아이가. 한번 하루를 학교를 안 왔어요. 안 왔는데

"어, 너 왜 안 왔니?"

그러니까

"아, 엄마가 집에 집안 청소 해놓으면 학교 하루 안 가도 된다."

해가지고 하루를 빠졌다고 그래요. 그런. [조사자: 학교는 어디에 있는 거예요?] ○○동에 있어요. 한 반에 엄청 많고, 애들이. 러시아권, 러시아권

아이들이 백 명이 넘는대요. 그리고 우리 학교는 아직까지 30명 뭐 그렇게 그런데, 여기는 저기 ○○ 쪽에는 너무 오바가 되니까 학교도 이제 못 받아 주겠대요. 너무 오바가 되어서 그래서 아마도 앞으로 들어오는 사람들이 그리고 또 같은 데에서 사는 사람끼리 또 몰리게 되잖아요? 또 거기는 이미 오바되었기 때문에 이쪽으로 넘어오지 않을까 그런 생각을 해요. 왜냐하면 그쪽에는 다 공장들이 있잖아요. 그쪽 다 그쪽에 다 몰릴 거 같아요.

▶ 교사로서 스스로 부족함을 느끼다

[조사자: 그 학교는 이제 아이들한테 언어 가르치는 일을 하신 거고 그거 하신 지가 한 3년 정도 되신 건가요?] 아니요, 한 6개월 정도 되었어요. 그리고 그때 교육받고 4월에 들어가서. [조사자: 가르치는 일 하려면 뭔가 자격요건 요구하는 거 있지 않아요?] 그러니까요. 저는 이제 그때 우리 언어교육을 2주 동안 받았어요. 2주 66시간 받았는데요. 그러니까 그때는 그때도 이제 뭣 모르고 갔어요. 그 교육받으러 원래 무슨 일 하는지도 몰랐어요, 그때. 저희 다니는 다문화센터 팀장님이 학교에 가서 가르치는 일을 할 거라고 하셨어요. 이렇게 그런데 수업이라는 얘기는 전혀 못 듣고 그냥 뭐 아이들 이렇게 통역이라던지 아니면 뭐 애들 모르는 거 있으면 상담이라던지 뭐 그런. 그 정도까지만 얘기해주시고 수업을 해야 된다는 얘기는 안 하셨어요. 그리고 또 60시간 교육을 받았어요. 그렇게 가서 교육을 받게 되었는데, 무슨 일을 하는지도 그냥 학교 갔는데요. 저는 처음에 시집왔을 때 학습지를 시켜줬어요, 남편이. 학습지를 시켜줬는데요. 그것도 이제 몇 달만 하고 제가 또 여기 와서 바로 임신해가지고 몇 달만 하고 애기 낳고. 이제 뭐할, 공부를 할 그거는 없는 거죠. 딱히 따로 공부를 배운 적도 없고요. 그리고 그 60시간 받았다고 해가지고 학교를 갔는데 저번에도 여

기 교육청에서 회의 있었어요. 제가 얘기했어요.

'나는 너무 전문적 지식이 너무 부족하고 나는 이 학교에 나가도 되는지가 지금 너무 의심이 된다.'

제대로 아이들을 가르쳐야 하는데 나도 한국말을 잘 모르는데 어떻게 아이들을 가르치겠어요. 그러니까 제 생각에는 그게 문제인 거 같아요. 저는 이제 그냥 그 교육 60시간 교육받았던 거 그 수료증만 학교에 가져다주고 따로 이렇게 뭐 교원자격증이나 뭐 그런 거는 안 바라더고요. 그래서 그런데 러시아권 선생님들은 너무 지금 부족해가지고 그냥 막 받아주는 거 같아요. 그런데 저는 이제 계속 있어야 되는 건지. 막 일단은 계약을 이제 했으니까 계약기간까지는 마무리하겠지만은 나는 자격이 안 될 거 같은데. 그 옛날에 토픽 아시죠? 토픽. 제가 5년? 전에 했었어요. 5급을 받았는데 근데 그 토픽하면서 그냥 질문에 답을 하는 거라 문법이라던지 그런 건 없잖아요. 너무 자격이 안 되는 거 같고 그냥. [조사자: 그게 지금 고민이세요? 근데 그래도 어쨌든 일은 하고 계시니까 애들 만나서 가르치시고 하는 그런 건 할 만하세요?] 어, 힘들어요. 애들이 저는 6학년 맡고 있는데 너무 말을 안 듣고, 뭐 얘기를 해도 받아주지도 않고, 그냥그냥 자기들끼리 모여가지고 뭐 떠들고, 뭐 전달해도 귀 안 들어가요. 애들이 그리고 나는 이제 조금 더 애들한테 주고 싶은데 애들이 안 받아줘요. 그리고 말도 안 듣고 힘들고. 그러니까 딱 그 시기에 막 자기 뭐 이렇게. 그러니까 이제 좀 컸다고 하면서 고집부리고 막 그래요. 하나하나 애는 착하고 그런 애들인데 뭐 하나를 놓고서 공부하라고 하면 될 거 같기는 한데 너무 여러 명이 모여가지고 서로 막 얼굴 막 봐도 좋아가지고 신나가지고. [조사자: 한 반에 몇 명 정도 돼요?] 저는 지금 여덟 명, 여덟 명이고 학교는. 정상수업 때는 애네들이 못 알아들어요. 못 알아듣고 어느 정도 언어를 이제 보충을 하게끔 모인 거래요. 그리고 요즘에 부모들이 ○○○학교를 잘 안 보내주려고 하더라고요. 원래 딱 애가 오면 ○○○학교 뭐 이제 가서 어느 정도 조금 교육을 받고 일반 학교로 넘어가야 하는데 ○○○학교를 잘 안 보내주려고 하더라고요. 그래서 애들은 완전 뭐 가나다라 배우고 그런데, 또 불편한 게 그 학년별로 나눠가지고 그러니까 어떤 애는 1학년 때부터 있었고 그래서 어느 정도 알아요. 어느 정도 아는데 어떤 애는 한 달 전에 왔어요. 그래서 이제 그나마 조금 보충, 이제 학원을 다녀가지고 읽기까지는 해요. 읽는 거까지는 하는데 그 이상은 몰라요. 단어도 몇 개 모르고. 초등학교 6학년 아이가 한국에 들어온 지 두 달밖에 안 됐어요. 두 달 밖에 안 됐는데 학교 수준이 다르다 보니까 이 애한테 맞춰야 하는지 저 애한테 맞춰야 하는지. 이 애한테 맞추다 보면 저 애가 모르고 저 애한테 맞추다 보면 이 애가 모르고. 다문화는 저희 없더라고요. 거의 다 이제 외국인 가족. 다문화는 거의 다 한국어 잘해요. 어렸을 때부터 아빠 엄마 말 잘 듣고. 그리고 우리 또 학생들은

"한자를 왜 배우냐."

고.

"아니, 한국어도 모르는데 한자를 뭐하러 배우나."

"한국어는 반은 한자다. 너희 나중에 편하게 하기 위해서 배우는 거다."

알려줬어요. 그리고 언어권 전담을 만든 게 좀 아닌 거 같은 느낌이 들어요. 왜냐하면 이제 그나마 저는 이제 조금 말을 할 수 있잖아요? 이제 그나마 조금 뭐 이렇게 애들한테 알려줄 수 있는데 이게 교육을 받으면서 정말 한국말 제대로 못하는 사람들, 선생님들 있었어요. 거기에 그런데 본인도 제대로 이렇게 말을 못하고 발음도 틀리고 그런 사람이 뭐를 아이를 가르쳐주겠나, 약간 그런 생각이 들었어요. 그 무슨 지원단 이런 사업을

통해서 어쨌든, 아니면 국가에서 지원해주는, 아니면 지자체에서나 교육청에서 하는데요. 너무나 짧은 시간이었고 그러니까

"선생님들은 대학교 뭐 4년 임용고시도 하고. 뭐 누구는 뭐 저기 대학원도 가고 그러는데 우리는 60시간으로 하니까 이거 뭔가 잘못한 거 같다."

라고 하니까 또 아무나 센터장님이 그 정도만 해도 아이들하고 큰 위안이고 도움 줄 수 있으니까 너무 이렇게 깊이 생각하지 말라고 하셨어요. 그리고 앞으로의 목표는 다른 거보다는 이거는 이제 이사 오면서 공부하면서 집을 사게 되는데 돈이 없잖아요? 빚을 지게 되죠. 저는 꼭 누구한테 돈 빌린다는 게 잠도 안 오고 막 그래요. 그런데 우리 신랑은 뭐 그냥. 저는 뭐 만 원 빌려도 그냥 좀 싫어요. 누구 남한테 빚지는 게 싫더라고요. 그래서 빨리 그거 갚고 그리고 애들 빨리 내보내고 내 삶을 살고 싶어요. 저는 이제 처음부터 어렸을 때부터 이제 혼자 하는 걸 좋아해서. 조그만한 것도 제 힘으로 하려고 해요. 우리 언니 있어요. 우리 언니도 여기 한국 시집왔어요. 한국 시집왔는데 언니는 저랑 완전 반대 성격이에요. 그냥 마냥 기다려요. 남편이 해줄 때까지 마냥 기다려요. 그래서 이제 이번에 학교 같이 들어갔는데 그전까지는 지하철도 못 탔어요. [조사자: 언니가 훨씬 더 오래 사신 거 아니에요?] 아니에요, 제가 언니를 소개시켜가지고. [조사자: 그런데 들어온 지가 별로 안 되신 거예요, 친언니는?] 네, 친언니가 재혼. 재혼해가지고 왔는데 아무튼 신랑 해줄 때까지 기다려요. 저는 성격이 급해가지고 신랑 올 때까지 못 기다려요. 제가 가봐야 해요. 우리 언니는 신랑이 잘하니까 신랑 올 때까지 아무것도 안 해요. 여기 온 건 언니도 이제 10년 되었죠, 여기 산 지. 그런데 지하철도 못 타고 표도 못 끊고. 지금까지도 은행 뭐 이렇게 계좌이체라던지 입금이라던지 그런 것도 다 물어봐요, 저한테. 못하셔. 혼자 못하니까 그걸 누가 해요. 그러니까 우리는 정반대. 그

나마 요즘은 언니가 일을 하면서 이제 대중교통도 타고 뭐 이렇게 어디 모임도 나갔다 오고 그렇게 된 거지 그전에는 못했어요. 저는 여기 와서 남의 나라에 비행기 타고 왔는데 우리 둘째 언니는 자기는 죽어도 그렇게 못한다고 절대로 못 했을 거라고. 언니가 어떻게 그렇게 해요. 그리고 거기는 그런데 여기 한국도 점점 그렇게 살게 되지만 너무 어린 나이에 결혼을 하잖아요. 애기인데 뭐 살다가 한번 싸우잖아? 그러면 헤어져요. 그러면 또 다른 여자 만나고 다른 남자 만나고 그러는데 그냥 그런 게 싫었어요. 또 보면 뭐 두 번 결혼하고 세 번도 결혼하고 그렇게 너무너무. 그리고 이제 너무 안타까운 게 여기 너무 많은 사람들이 한국에 일하러 오잖아요. 너무 많은 가정들이 깨졌어요. 그게 왜냐하면 아빠라던지 엄마라던지 일단 한국에 와요. 와가지고 너무 오랫동안 가족들이랑 떨어져 있다 보니까 같은 공장이라던지 같은 동네라던지 한번 놀아보니까 눈이 맞아가지고 가족들 고향에 있는 가족들 버리고 여기 이제 새 가정을 꾸리게 되고 그렇게 너무 많은 가족들이 되어가지고. 그런 게 안타까워요. 또 만약에 이제 일하러 온다고 해도 가족들 다 같이 나와서 그런데 또 어떨 때 보면 아이들이 너무 불쌍하고 그러니까 부모는 그냥 공장에 가서 같은 일 반복적으로 하기 때문에 뭐 그렇게 어렵지 않지만 아이들이 자기 선택권 없이 무조건 부모로 인해서 여기에 오게 되고 맨날 학교 다니면서 학교에 맨날 무슨 얘기하는지도 모르면서 그것도 아니고 저것도 아니고. 그러니까 지금 제가 이제 제 아이들은 보면 러시아 말도 제대로 못하고 한국말도 제대로 안 배우고. 그리고 이제는 또 내일모레 비자가 만기되면 엄마 아빠 또다시 들어가야 되고 다행히 아이도 같이 가요. 그런데 한국어도 모르고 여기 쪼금 배우다가 저기 조금 배우다가 이것도 아니고 저것도 아니고 그런 것들이 문제가 생기기도 하고 그러니까 여기 학교 돌아오면 한참 우리 작은언니한테도 그랬어요.

"오려면 애들 다 데리고 와라."

왜냐하면 거기 남은 애들 스트레스도 그렇고 부모랑 떨어져 있으면 그리고 거기 애들은 또 우리 봐주는 엄마 아빠도 힘들고 이제 엄마 아빠 없으니까 할머니, 할아버지가 봐줘야 되잖아요. 우리 엄마 아빠도 힘들고 무조건 애들 데리고 와라. 그런 입장이었는데 학교 들어가보니까 애들이 너무 불쌍한 거예요. 그래서 이제 정답이 없더라고요. 돈은 벌어야 되고 애들은 애들대로 힘들고. 그리고 이게 만약에 한국에 계속 살 수 있다면 그거는 뭐 이제 애들 데리고 와서 애들 무조건 이제 한국어를 이렇게 가르치게 하게 되는데 부모 미래도 불투명하고 계속 있을 수 없는 것도 아니고 그러니까 괜히 애들만 왔다 갔다. 여기 일하러 오신 분들이 또 그런 일을 찾기가 쉽지가 않죠. 또 아까도 공단에 공장 일하러 오신 분들이 대부분이니까. 그러니까 공장들도 일이 있을 때 있고 없을 때는 또 사람 내보내잖아요? 일 없으니까 인력이 필요가 없는 거죠. 그리고 만약에 탈북민 같은 경우는 탈북인들은 여기 와서 계속 거주할 수 있잖아요? 그런데 우리는 고려인들은 그런 거 없기 때문에 그냥 취업비자. 4년, 5년. 그 정도밖에 안 되고.

▶ 아이들 때문에 국적을 바꾸다

저는 국적도 바꿨죠. 저는 이제 왜 바꿨냐면 아이들 때문에. 왜냐하면 지금은 모르지만 옛날에는 등본을 떼잖아요? 등본에서는 제가 안 나오더라고요. 안 나와가지고 우리 아이들이 엄마 없는 아이들이 돼버리는 거죠. 그런데 애들이 학교가야 되는데 학교라던지 뭐 여기저기 막 여러 군데 그 등본을 요구하잖아요. 그런데 나는 없는 거예요. 이게 그게 싫어서 국적을 받게 되었죠. 그런데 요즘은 나온다고 하더라고요, 국적을 안 받아도. 그런데 옛날에는 등본을 떼보면 엄마 없고 그냥 아빠 밑에 아이들만 있고 그래서 국적을 받게 되었죠, 받게 되고. 그리고 이제 이름도 개명한 것이 이름을 우리나라 이름이 길잖아요? 병원에 갔다가 이제 처방전 받고 약국에 가져다주면 이름을 불러주잖아요? 한참 봐요. 한참 보고 그러고 이제

"한국말 알아듣죠?"

"한국말 알아들으세요?"

약간 그런 거. 그리고 저는 이제 우리가 교육받으면서 애들한테 뭐 이렇게 너무 자기 자신을 숨기지 말라, 자기 뭐 외국인이라는거 숨기지 말라는 건 가르쳤는데 제가 그 당시에는 결혼할 때 그 당시에는 제가 두려웠어요. 우리 애가 이제 어디 가서 외국인이라는 걸 밝히면 왕따를 당하지 않을까. 밝히게 되면 바로 왕따 당하지 않을까. 그래서 그걸 자기 자신을 숨기고 싶었어요. 그런데 다행히 우리 아이들이 너무 건강한 거 같아요. 아들이 아무렇지 않게 학교에서 그 얘기를 해요. 굳이 나서서 하지는 않더라도 누가 물어보면 전혀 숨기지 않고. 괜히 나만 불안했던 거죠. 그리고 너무 다행인 게 고려인이다 보니까 애들이 다르게 안 생겼잖아요. 근데 만약에 러시아권이나 뭐 그런 아시아는 그냥. 그나마 닮았잖아요. 그런데 러시아권 애들은 보면 바로 티 나잖아요. 너무 그게 싫어가지고 다행히 우리 애들이 똑같이 생겨서 그렇게 쓰지 않고 살 수 있어가지고. 일은 계속 해야 되고요. 우리 남편은 월급이 딱 우리 살 만큼. 저축을 할 수 없어요. 왜냐하면, 운전을 하다 보니까 보험을 여러 개 들어놨어요. 그리고 그것도 세 개인가? 있고. 또 남은 가족들도 두 개씩 다 있어요. 그거는 월급 반이 보험료로 나가는 거예요. 그래서 이제 그냥 월급 남편 월급 주면 뭐 보험료 내고 부가세 같은 거 내고 그리고 먹는 거. 저축은 안 되가지고 못 하

죠. 그래서 대출은 제 몫이고. 그리고 집 살 때는

"내 명의로 해. 내 명의로 하라고."

집 보러 갔는데 이제 계약서 썼는데 제가 주민등록증 안 가져왔어요. 그래서 그냥 남편 동의로 했다가 공동명의로 돌렸어요. 그래, 공동명의라도 어디야. 나중에 무슨 일 있으면

"당신 나가."

백 일 전에 막 아이 안고 그때 겨울이었어요. 2월인가 그때쯤 애기 업고 막. 인터넷으로 찾아보고 그 인터넷으로도 요즘에 외부 안에도 볼 수 있잖아요? 그래서 막 다 괜찮다. 여기 가봐야 되겠다. 이집 저집 막 안 가 보고 일단 인터넷으로 내부도 확인하고 이게 그나마 이제 마음에 드니까 찾아가보고. 아파트 아니고 이름은 오피스텔이더라고요. 요즘은 많이들 이렇게 오피스텔식으로 올라오는 거 같아요, 건물들이. 그러니까 내 집이 없다는 건 상상도 안 해본 거예요. 그런데 왔었는데, 여기에는 내 집에 사는 것이 힘들어요. 여기 집 마련하기가 하늘에 별 따기더라고요. 지금도 내 집 같지 않아요. 반은 은행 집이에요. 반은 은행 꺼. 반은 우리 꺼. [조사자: 애들은 뭐 어떻게 살고 싶어해요? 그냥 애들, 아이들은 난 뭐 이렇게 살래, 커서 이런 거 하고 싶어, 뭐 이런 얘기 안 하나요?] 우리 애들은 다 전혀 생각 없어요. 지금 큰아이 중 2랑 그 초등학생이랑 제일 그 병, 게임, 핸드폰, 컴퓨터 거의 다 그 환상 속에 살기 때문에 미래에 대한 생각은 전혀 없어요. 어렸을 때부터 큰아이한테 파일럿 하라고 했어요. 월급도 괜찮고. 엄마 좀 해외로 놀러 다니게. 그리고 앞으로 미래가 많은 직업들이 없어질 건데 굳이 아이한테 이렇게 지금부터 스트레스 줄 필요 없다고. 그리고 이제 본인은 이렇게 뭐 정보 하는 직업이라던지 그대로 살고 있냐고 지금 그 반 이상은 다른 쪽으로 가니까 너무 강제로 하지 마라. 그런 얘기를 많이 해주

신 거 같아요. 저는 그냥

'알아서 하겠지.'

라고 생각했어요. 우리 시누이 딸이 있는데 그 아이도 뭐 중학교까지는 그냥 별 생각 없다가 이제 뭐 고등학교 3학년 때부터 자기가 뭔가 이렇게 해야겠다고 그래서 뭐 여러 자격증도 따고. 그리고 이제 고등학교 졸업하고 뭐 무슨 학원도 다니고 지금 이제 국가직에 9월 달에 취직했어요. 취직했는데 자기가 이제 학교를 가야 될 거 같다. 대학교는 이제 사이버를 하겠다고. 왜냐하면 이제 취직했기 때문에 사이버도 좋죠. 그래서 하겠다고.

"너 진짜 신청할 때 나도 좀 같이 가자."

되게 약간 조카랑 친구처럼 지내요, 저는. 그러니까 그 엄마는 약간 생각이 또 옛날 분이신 거 같고. 이 조카는 조금 젊은 생각이고 약간 저랑 이런 생각이 비슷한 게 많고 엄마는 지금 아직까지 저쪽에 있고.

"너도 같이 이제 실천하자."

고 같이 ○○대에서도 대학원 뭐 다문화 외국인들이 하는 거, 그런 거 있을 때 그런 데 거기도 들어가면 대학 졸업증을 주잖아요. 그런데 사이버는 다니지도 않고. 그리고 학교 비용도 그렇게 많이 비싸지 않다고. 그래서 나도 한번 해볼까 생각 중이에요. 뭔가 하지 않으면 앞으로 먹고살 길이 안 보이니까. 그러니까 내가 뭔가 이렇게 배우거나 하지 않으면 갈 곳이라고는 식당 설거지 하던지, 아니면 공장에 가서 일을 하던지 그런 것밖에 안 되니까 그래서 뭔가 해야겠다. 그런 생각이 하고 싶어서 하는 게 아니에요. 그리고 이제 머리가 늙어서 그런지 안 들어가요.

7장

배움은 내 삶의 에너지

연구참여자 D는 우즈베키스탄 타슈켄트 근처 마을에서 나고 자랐다. 대학에서는 경제금융학을 전공한 뒤 은행에서 5년 동안 일하다가 한국으로 오게 되었다. 2011년도에 한국에 이주하여 ○○○어학당에서 한국어를 공부했다. 병원에서 외국인 환자를 대상으로 통역하고 안내하는 자원봉사일을 했다. 남편의 어머니가 한국 사람과 재혼을 하여 한국에 살게 되면서 남편도 오게 되었다. 동대문의 옷 만드는 공장에서 아르바이트를 하다가 지금의 남편을 만났다.

D는 어렸을 때 많이 활달한 성격이었고, 고등학교 들어가서는 공부를 열심히 해서 대학교에 들어갈 수 있었다. 언니가 2005년에 한국에 유학을 오게 되고 이후 귀화하게 되면서 D도 한국에 관심을 갖게 되었고, 한국 생활을 해보니 모든 시스템이 잘되어 있어 살기 편하다는 생각을 했다. 2015년에 결혼하여 ○○에서 △△으로 이사한 지는 7년 정도 되었다. 한국어를 좀 더 깊이 공부하고 돈을 더 많이 벌고 싶다는 바람이 있었다. 그러나 아직은 아이가 어리고, 중학교에서 이중언어강사로 일하고 있어서 따로 무엇인가를 새로 배우는 시간을 내기가 어려웠다. 취미생활 할 여유가 없어 핸드폰으로 한국 드라마를 보는 것 정도로 만족하고 있었다. 배우자는 ○○동의 공단에서 일하고 있는데 한국 생활에 크게 만족하지는 못했다. 하지만 D는 배우자를 남편이자, 친구, 부모 같은 존재로 많이 의지하고 있었다. 현재 재외동포 신분을 유지하고 있고, 아이의 이중국적 신분도 유지할 생각이다. 남편은 한국 국적을 취득했지만, 국적 문제는 급하게 처리할 생각은 없었다.

[주제어] 이중언어, 자원봉사, 공부, 경제적 안정, 배움

1.
끊임없이 배우고 싶어

고려인 마을에서의 어린 시절

나는 타슈켄트 근처의 한 고려인 마을에서 어린 시절을 보냈다. 타슈켄트 근처에는 고려인 마을이 여러 군데가 있었다. 부모님이 한국말을 하시긴 했지만 한국 사람들이 쓰는 한국말은 아니었다. 조부모님은 내가 열 살이 조금 넘었을 때 돌아가셨다. 그래서 나는 조부모님께 한국말을 많이 배우지는 못했다. 나는 러시아 학교를 다녔고 내게는 러시아 말이 더 익숙했다. 나는 어렸을 때부터 주변에서 남자애인지 여자애인지 모르겠다는 말을 들을 정도로 장난꾸러기였다. 중학교 때는 사춘기여서 고민이 있어도 말로 잘 설명하지 못했고 공부도 안 했다. 그런데 사춘기를 지나면서 얌전해졌고 나의 성격은 완전히 달라졌다. 고등학교 때부터는 공부도 열심히 해서 대학에 입학할 수 있었다.

연애보다 공부에 더 관심이 많아

나는 우즈베키스탄에서 초등학교 때부터 대학교까지 학교를 다녔다.

대학교 때, 연애도 관심이 없고 오로지 공부에만 관심이 있었다. 대학교에서는 반장을 할 정도로 적극적이었다. 하지만 딱히 대학교 생활에서 재미있거나 기억나는 일은 떠오르지 않는다. 공부만 해서 그런 일에 대한 기억이 없는 것 같았다.

대학교 때 전공은 경제경영이었다. 대학교 졸업하고 나서 은행에서 한 5년 정도 일했고, 은행에서 근무하면서 뭔가 새로운 걸 해보고 싶고, 새로운 환경으로 가서 공부도 더 하고 싶다는 생각을 많이 했다. 그래서 결혼 전에 돈을 많이 모아야겠다는 생각을 하게 되었고 경제적으로 안정된 삶을 살고 싶은 생각을 하게 되었다. 나는 은행에서 일했기 때문에 다른 직종보다는 안정적인 직업이었고 월급도 좀 더 많은 편이었다. 그러나 한국보다는 월급이 많지는 않았다. 우즈베키스탄은 한국보다 경제수준이 낮은 편이었다. 그래서 우즈베키스탄에서 450불 정도 벌면, 한 달 살기에 충분하기는 했지만, 한국에서는 생활하기에 조금 부족한 돈이었다. 나는 우즈베키스탄에서 이런 상태로 사는 것보다 뭔가 다른 길을 찾고 싶다는 생각을 했다. 월급도 좀 더 많이 받고 싶었고 경제적으로도 도움되는 공부도 더 하고 싶었다. 그러던 중 언니가 먼저 2005년에 한국에 유학을 했고, 언니가 한국에서 생활하니 나도 따라오게 되었다.

나의 남편은

남편은 우즈베키스탄에서 태어났고, 그 이후에 지금의 시어머니가 한국 남자와 재혼하면서 남편도 한국으로 오게 되었다. 그때 시어머니가 귀화했고, 남편도 따라서 귀화했다. 한 10년 전쯤이었다. 나는 2011년도에 한국에 왔고, 2012년도에 남편을 처음 만났다. 내가 ○○○ 어학당을 다니고 있었을 때 아르바이트를 하다가 만났다. 그때 나는 ○○○ 시장에 옷 만드는 공장들이 많이 있는데 그곳에서 아르바이트를 했다. 한국어를 모르니까 할 수 있는 일은 공장에서 아르바이트를 하는 일이었다. 오래 연애를 했고 결혼을 결심했다. 몇 년간 함께 살다가 2015년도에 결혼을 하게 되었다. 남편은 ○○동 공단에 있는 공장에서 일하고 있었다. 하지만 일이 힘들어서 불만이 많았다. 공장에서의 대우가 좀 달라서 힘들어하는 것 같았다. 하지만 나는 다들 이런 일을 겪으니까 우리도 극복해야 한다고 생각했다.

2.
한국어를 잘해야 한국에서 잘 살 수 있어

일반 결혼이주여성의 경우와는 다른 나의 결혼

남편은 원래 한국 사람은 아니었지만, 나와 같은 고려인이었다. 나를 만나기 전부터 한국으로 귀화하여 살고 있었다. 원래 나의 조상들이 러시아 쪽으로 가서 거기에서 귀화하고 거기에서 생활했듯이, 나도 한국에 와서 귀화하고 잘 살 수 있을 거라고 생각했다. 그래서 나의 경우는 다른 결혼이주여성과 다른 특별한 경우라고 생각했다. 2016년에 아이를 낳았고, 아이는 지금 네 살이다. 아이도 여기에서 한국 국적을 받았으니 한국인으로 살 수 있었다. 나만 재외동포로 살고 있었다. 경제적인 어려움 때문에 아이를 더 낳을 생각은 없지만, 나중에 경제적으로 안정된다면 더 낳을 생각을 했다.

슬기로운 한국 주부 생활

사실 나는 한국에 온 이후로, 친한 친구가 거의 없었다. 나의 남편이 친구이자, 나의 부모라는 생각으로 살았기 때문에 친구를 사귀고 싶다는 생각을 하지 않았다. 그래서 나는 한국의 드라마를 즐겨 봤다. 내가 재미있게 보던 드라마는 tvN의 〈날 녹여주오〉*라는 드라마였다. 가끔 우즈베키스탄 음식을 먹고 싶을 때는 '○○마을'이라는 곳을 갔다. 이 모임에 오는 사람들끼리 대화를 주고받는 채팅방이 있었는데 궁금한 점이 있거나 서로 나눌 수 있는 정보가 있으면 채팅방을 이용했다.

언니는 나의 롤모델

나는 항상 힘든 상황이면 친언니한테 전화해서 고민을 나누고 조언을 받았다. 항상 옆에 있는 나의 든든한 남편과 한국에 시집 온 친언니가 있어 많은 도움이 되었다. 한국어가 어려울 때는 언니한테 통역해달라고 부탁했다.

언니는 병원에서 코디네이터 일을 하고 있었다. 한국어 실력이 나보다 훨씬 나았다. 언니는 두 명의 아이들이 있었다. 언니의 아이들이 러시아어를 가끔 쓰긴 했는데 집에서도 거의 한국어만 하고 있는 현실이 안타까웠다. 언니 가족을 보면서 나는 아이들에게 꼭 러시아어를 가르치고 싶다는 생각을 많이 했다. 언니는 우즈베키스탄에 여행 갈 때마다 아이들이 러시아어를 배울 수 있도록 적극적으로 러시아 선생님을 알아봤다. 이런 언니의 노력에도 아이들이 러시아어를 많이 어려워해서 걱정하고 있었다. 언니도 아이들이 기왕이면 둘 다 하는 것이 좋다고 생각하고 있었다. 나도 그렇게 생각하고 있다.

---

* 24시간 냉동 인간 프로젝트에 참여한 남녀가 미스터리한 음모로 인해 20년 후 깨어나면서 맞이하는 가슴 뜨거운 이야기(출처: 네이버 방송정보).

지금은 공부하기 싫지? 너희들 마음 이해해

나는 현재 ○○중학교에서 이중언어강사로 일하고 있다. 이 학교에는 고려인뿐만 아니라 외국인 학생들이 많아서 나는 한국어로 수업도 하고 통역도 해주는 일을 하고 있다. 이런 학생들은 한국어가 어려워서 수업을 잘 따라가지 못했다. 학생들은 방과 후 시간에 한국어를 배우는 것이 아니라, 교실에 직접 와서 한국어 공부를 배우고 있다.

이중언어강사로 일하면서 힘든 건 별로 없었고, 전공이 교육 쪽은 아니지만 가르치는 일이 너무 재미있었다. 근무하는 학교가 중학교였기 때문에 학교에는 사춘기 인 아이들이 많았다. 그래서 다른 선생님들은 중학교에 배정되는 것을 꺼려했다. 나도 중학교 애들이 무섭다는 생각을 가지고 있었다. 그런데 막상 가보니 애들이 너무 착하고 재미있었다. 전체적으로 보면 착하고 재미있는 애들이었다. 교사를 하면서 재미는 있었지만 안타까운 점은 학생들이 공부를 너무 안 한다는 사실이었다. 학생들이 한국어 공부를 열심히 해서 말도 좀 잘했으면 좋겠고, 수업도 잘 따라갔으면 좋겠다는 생각을 늘 가지고 있었다.

나도 그 나이 때 공부를 너무 하기 싫어해서 그랬는지 학생들이 공부를 안 하는 이유가 이해는 갔다. 내가 아이들 마음을 알아주니 아이들도 잘 따라와주었다.

한국어를 잘하기 위해 전문적인 교육을 받고 싶어

우즈베키스탄에서는 외국인들을 흔히 볼 수 없었다. 그러나 한국의 ○○○어학당은 모두 외국 사람들이었다. 나는 ○○○어학당에서 한국어를 공부하는 과정이 좀 길었다. 원래 어학당에서 1년 반이면 6급까지 공부할 수 있는데, 공부하는 중간에 아르바이트를 하느라 졸업하기까지 2년 반 정도가 걸렸다. ○○○어학당을 졸업하고 자원봉사를 했다. 병원에서 200시간 넘게 자원봉사를 했다. 통역이 필요한 사람들을 도와주는 자원봉사 일을 하면서 나중에 이 분야에서 일하고 싶다는 생각을 많이 했다. 그다음에 1~2년 정도 의료 번역 아르바이트를 했었다. 자원봉사와 아르바이트를 하면서 한국어를 더 잘할 수 있어야 많은 기회를 얻을 수 있다고 생각했다. 그래서 한국어를 잘할 수 있도록 더 전문적인 교육을 받고 싶었다.

3.
이중언어 그리고 이중국적

우리 가족에겐 너무 어려운 한국어

나의 부모님은 원래 우즈베키스탄에서 살았는데 지금은 우크라이나에서 살고 계셨다. 부모님은 한국으로 자주 놀러 오시는 편이었다. 어머니는 한국이 편하다고 하시지만, 아버지는 너무 불편하다고 하셨다.

부모님께서 한국에 두 번 오셨었는데, 마지막에는 너무 집에 가고 싶어하셨다. 한국말을 제대로 못 알아들으시고, 또 글씨도 한국어로 되어 있어서 많이 불편하셨던 것 같았다. 모르는 곳에 가게 되었을 때, 한국말을 못하면 혼자 남겨지게 될까 봐 두렵다고 하셨다. 한국말을 하시는데 한국말이 안 통하는 그런 경우가 생길까 봐 많이 걱정하셨다. 이런 걱정에도 불구하고 어머니는 아버지에 비해 오히려 한국을 더 편하게 생각하셨다. 어머니는 드라마를 많이 보셨기 때문에 한국이 낯설게 느껴지지 않았던 것 같았다.

내 아이만은 이중언어를 잘 사용하게 하고 싶어

나는 아이에게 집에서 계속 러시아어를 쓰도록 이야기했다. 아이가 밖에 나가면 한국말을 써야 해서 러시아어를 가르쳐줄 기회가 없기 때문이었다. 아이가 이중언어를 썼으면 하는 바람이 있었다. 나와 처지가 비슷한 어떤 가정은 아이가 러시아말을 전혀 할 줄 몰라서 아이들이 오히려 한국어를 사용하는 것이 더 편하다고 했다. 아직은 우리 아이가 어려서 그러는지 러시아어도 조금 하고 한국어도 조금 하는데 좀 크면 어떨지 장담할 수가 없었다. 한국에 살고 있다고 러시아어를 잊지 않았으면 좋겠다. 사실 우리 부모님도 할머니와는 한국어를 하고, 밖에서는 러시아어를 했다. 나의 귀화는 아직 정하지 못했다. 내가 우즈베키스탄 국적이고 남편은 한국 국적이기 때문에, 아이들은 이중국적이다. 국적의 선택 문제는 아이가 좀 크면 아이의 판단에 맡기고 싶다. 아이가 원하는 것이 있을 것 같고, 한국에서 계속 살 거라 천천히 생각해도 늦지 않다고 생각했다.

4.
전사록 요약

〈연구참여자 정보 및 특성〉

출생연도	1983년생	이주연도	2011년
국적(이주 전/현재)	우즈베키스탄/우즈베키스탄	학력	대학 중퇴
가족	남편, 아들	직업	이중언어강사

▸ 한국에 오게 된 계기와 한국에서의 생활

저는 우즈베키스탄 타슈켄트 근처에 있는 마을에서 자라고, 초등학교부터 대학교까지 다녔어요. 전공은 경제금융학이에요. 그래서 제가 졸업하고 나서 음, 5년 동안 은행에서 일을 했어요. 그런데 우즈베키스탄에서는 한국보다 월급이 적은 편이에요. 그래서 제가 좀 결혼하기 전에 좀 많이 모으고 싶어서 한국에 왔어요. 그래서 한국어를 공부하기 시작했어요. ○○대학교 한국어, 한국어학당에서. [조사자: 오신 게 몇 살 때인가요? 몇 년이죠?] 그게 2011년이요. 제가 한국에 들어왔었고 한국어 공부하는 게 좀 과정이 길었어요. 원래는 어학당에서 1년 반이면 6급까지 공부할 수 있는데 제가 중간에 아르바이트도 하고 그래서 한 2년 반쯤 걸렸어요. 그리고 제가 자원봉사를 했어요. ○○○학당을 졸업하고 자원봉사를 했어요. ○○대 병원에서 외국인 환자를 대상으로 모시고 다니면서 통역도 도와주고 병원 안내해주는 일. [조사자: 일도 하시고, 통역해주시고?] 네. [조사자: 진짜 그런 분들이 필요하더라구요.] 네. [조사자: 특히 병원 같은 데서는 소통하기 힘드니깐.] 제가 200시간 넘게 자원봉사를 했어요. 사실은 도와주고 싶은 마음으로 돕긴 했지만, 제일 큰 목적은 제가 좀 경험을 쌓고 싶어서, 그쪽 일을 하고 싶어서 자원봉사를 지원했어요. 그다음에는 제가 한 2년쯤 아르바이트 의료번역을 했어요. ○○통운을 다니면서, 그런 아르바이트를 했어요. [조사자: 이주를 하게 된 계기가 특별히 뭐가 있을까 이런 것도 궁금하고요.] 이주한 계기가 그렇게 됐어요. 이게 오다 오다 보니깐. 계기는 있었지만 여기에서 살아남는다는 생각이 전혀 없었어요. 저도 제가 대학교는 들어가고 싶어서 한국에 오게 된 것도 있어요. 그런데 살다 보니깐 결혼하게 되고 아이를 낳게 되고 대학교는 포기했어요. [조사자: 한국에 오게 된 그게 일단은 돈도 많이 벌고 일하고 싶다는 그런 욕심이 있으셨던 거죠?] 네. [조사자: 그럼 월급 벌 수 있는 돈에 뭐 예를 들어?] 얼마인지 그 숫자를 또 까먹어가지고. 저희가 근데 우즈베키스탄은 좀 한국보다 경제가 낮은 편이잖아요. 그래서 거기에서 제가 한 450불 정도 벌었거든요? 한 달에 그거는 충분하기는 했지만 여기에서 조금 버는 돈이라고 할 수 있나? [조사자: 전공은 경제경영 하셨고?] 네. [조사자: 대학교 졸업하고 나서는 거기에서 일도 좀 하시다가 오신 거예요?] 네, 5년 동안 은행에서 일했어요. 월급도 좀 더 많이 받고. 제 언니가 먼저 2005년 한국에 유학을 하러 왔어요. 그래서 여기에서 생활하니깐 저도 따라왔죠. 처음에 사실은 어학당에서 전체 외국인, 외국인 사람들이잖아요. 그래서 우즈베키스탄에서 흔히 외국인들을 많이 볼 수 없어요. 그래서 그 한국어학당에 왔을 때는 다른 세상을 보게 됐고, 흥미로웠어요. 한국은 사실 우즈베키스탄보다 많이 살아요. 사람들도 그렇고 여기 시스템이 좀 잘되어 있어요. 여기 은행에 가면 번호, 번호표를 기다려야 하고 하잖아요. 우리 은행에 가면 줄을 서야 해요. 거기 먼저 인맥이 있는 사람 먼저 하고. 그런 점, 그런 게 좋아서 그래서 여기에는 좀 편해서 살기가, 살기에는 좋아서.

▶ 남편을 만나게 된 계기

[조사자: 그니깐 여기는 좀 많이 달라져 있어서 좀 편한 건 확실히 있죠. 근데 그래서 어학당 졸업하고 나서는 아르바이트 하셨고, 자원봉사도 하시고 그러다가 이제 남편분 만나시고?] 남편, 남편을 제가 언제 만났지? 한국에 와서 1년 후에 만났어요. 좀 길게 연애하다가 결혼을 결심했어요. [조사자: 네, 그러면 어학당 다니고 있을 때?] 네, 그 사이에. [조사자: 어떻게 만나게 되셨어요?] 아, 아르바이트를 이제 제가 어학당 다니다가 아르바이트를 하게 되고 거기에서 만났어요. 거기에서 아르바이트를 하고 있었더라구요. 거기에 동대문 시장에서 옷 만드는 그 공장들이 있잖아요. 제가 한국어를 모르니깐 일하러 그쪽으로 가는 거죠. 그리고 원래 서울, 남편은 원래 서울에서 살다가 여기 같이 여기 이사했어요. 인천으로 지금 ○○에 산 지 얼마 됐지? 6년 정도 됐어요. [조사자: 남편분과 나이 차이는 얼마 정도 돼요?] 3년이요. [조사자: 결혼하신 지는?] 결혼은 2015년 결혼했어요. 2014년인지 그때 왔어요. 여기 오고, 결혼했어요. 아이는 16년생이에요. 네 살. [조사자: 더 낳고 싶은 생각은 없어요?] 하고 싶은데 그 좀 경제적으로 좀 어려움이 있어가지고. 지금 나이가 몇인데 젊게 다녔다가, 그때는 나이가 너무 많아서. [조사자: 사시던 곳이 타슈켄트 그 시내는 아니고 그 근처에? 시

골 마을? 이름이 혹시?] 고려인 마을이었어요. 타슈켄트 근처에 고려인 마을이 여러 군데가 있어요. [조사자: 그러니깐 그래서 다들 그냥 타슈켄트 근처라고만 얘기를 하셔서 고려인 마을에서 자라셨어요? 그 고려인 마을에서 자라실 때 여기서 자라시다 보면 어르신들이 이렇게 좀 이렇게 한국이라고 안 하고 조선이라고도 많이 부르시던데, 아무튼 여기 얘기 많이 하시지 않아요? 풍습이라든가 뭐 명절 때 보이는 거라든지.] 네, 그러긴 했지만 제가 열 살 때? 12살 때? 그 할아버지와 할머니께서 돌아가셨어요. 그래서 제가 한국말도 못 배우고 풍습은 계속 지키고 있어요. 우리 부모님은 한국말을 하기는 하시는데, 여기 한국어랑 약간 달라요. 발음도 다르고. 제가 반말 같은 거는 할 수 있었어요. 제가 어렸을 때

"뭐 몇 시야?"

"열두 시다."

할아버지께서 계속 할머니께

"몇 시냐?"

고 물으시는 걸 듣고 자라서 그런지, 제가 그거 듣고 따라 했어요. 할아버지가 이렇게 할머니한테

'몇 시, 몇 시야?'

이렇게

'열두 시다.'

이런, 이렇게, 이 정도는 듣고 따라 했어요. 할아버지와 할머니는 전혀 러시아 말 서로 안 쓰셨어요. 저는 러시아 말, 저 러시아 학교를 다녔어요.

▶ 장난꾸러기 아가씨가 사춘기 지나면서 조신한 숙녀로

[조사자: 어렸을 때 뭐 기억나는 일은 뭐 없을까요?] 많았죠. 그런데 저

는 원래 장난꾸러기였어요. 다들 너 여자애냐, 남자애냐 이런 정도로. [조사자: 그러셨구나, 사건 사고가 많으셨겠는데.] 그런데 사춘기 지나고 나서 저 완전히 달라졌어요. 좀 얌전해지고, 순해. 순한 사람으로 바뀌어졌어요. [조사자: 어렸을 때 다치기도 많이 다치고 그러셨겠구나, 혹시 뭐 나무에서 떨어지고 그러신 거 아니죠?] 아, 나무에서 절대로 안 떨어졌어요. 떨어진 적이 없었어요. 왜냐하면 제가 나무 위에 잘 올라가고 잘 내려가서 내려왔어요. [조사자: 장난꾸러기였다가 사춘기 지나고서 조금 얌전해지고?] 네. [조사자: 공부 열심히 하셨고?] 네. 아, 공부는 학교에서 고등학교 때 아니야, 아니야, 중학교 때 되게 안 했어요. 그런데 그러다가 고등학교 때 열심히 했고, 대학교에 입학했어요. 아마 중학교 때는 아마 사춘기여서 공부를 안 한 거 같아요. [조사자: 대학 가서는 공부만 하셨다고?] 네. [조사자: 연애도 별로 신경 안 쓰시고.] 네, 대학교 때도 제가 과대표 했어요. [조사자: 대학교에서는 뭐 재밌는 일 없으셨어요?] 대학교에서 그렇게 재미있지는 않았어요. 그냥 공부만 하다 보니깐 그런 일 없었어요. [조사자: 한국에 와야겠다고 결심을 하게 된 계기는 뭐가 있을까요?] 네, 제가 원래 결혼 전이라서 거기에서 결혼 안 한 상태에서 그냥 공부 좀 하자는 결심이 있었어요. 저 원래 공부를 많이 했었어요. 그리고 제가 지금 애도 낳고 다시 좀 공부하고 싶지만 시간이 안 돼서. 그런데 하고 싶은 게 제가 한국어 좀 깊이 하고 싶어요. [조사자: 한국말 더 잘하게 되면 하고 싶은 게 뭐가 있어요?] 취직도 할 수 있고 돈도 많이 벌 수 있어요. 그리고 한국에 한국 사회에 좀 더 편하게 살 수 있어서 공부하고 싶어요. [조사자: 그 들어보니깐 ○○에서 사시는 이주여성분도 많으시고 해서 무슨 지원단체 이런 모임 같은 조금 있는 거 같긴 하던데요.] 아, 여기 다문화가족지원센터에서 한국어 공부를 3, 4단계를 했어요. 애를 데리고 거기 가서 공부를 하긴 했는데, 조금 부족해요. 좀 더 많이 공부했으면 좋겠어요. 거기 제가 또 알아보기에는 시간도 안 맞고 그러니깐 그 사회통합프로그램이 있는데 거기 한번 지원하고는 싶지만 제가 지금 근무하는 데가 있어요. 시간을 맞춰서 해야 하는데 아이 때문에 또 아이, 아이는 또 어떡하고.

▶ 나의 직업은 이중언어강사

[조사자: 지금은 또 무슨 일을 하시고 계세요?] 지금은 중학교에서 이중언어강사로 하고 있어요. [조사자: 학교에서 일하시는 건가요? 이중언어강사라고만 받았는데 어디에서 정확하게는 몰랐었는데 지금 중학교에서요? 어디 학교인지 여쭤봐도 되나요?] 인천○○중학교요. 거기에서 외국인 학생들이 많이 있어가지고, 한국어 수업도 하고, 통역도 해주는 일을 하고 있어요. 한국말하고 학생들한테도 통역도 해주는 일을 하고 있어요. [조사자: 중학교 수업시간에 있으면 원래 그 친구들 원래 학교 시간표가 있고? 따로 뭐 방과 후 시간이라고 하나 이런 걸로 해서 하는 거예요? 아니면 정규시간 안에 들어가 있는 거예요?] 아니요, 그 과목 시간 안에 왜냐하면 그 학생들이 한국어가 어려워서 과목을 하기가 좀 그렇잖아요. 그래서 한국어가 우선이에요. 그래서 그 제 과목 가지 않고, 우리 교실에 와서 한국어 공부를 하고 있어요. [조사자: 그 일 하면서는 뭐 힘든 점이나 느끼신 점이 어떤 게 있을까요?] 그렇지는 않아요. 오히려 제가 원래는 그 제 전공이 아닌데 거기 가서 해보니깐 너무 재미있더라고요. 그 중학교라고 해서 거기에 사춘기 온 애들이 많잖아요. 다른 선생님들이 거기에 가기 싫대요. 그 사춘기 때문에 너무 무서워가지고. 그런데 제가 가보니깐 애들이 너무 착하고 재미있어요. 전체적으로 보면 착하고 재미있는 애들이에요. 학생들이 하도 공부를 안 해서 지금 그 나이에 저도 이해하고 있어요. 그 나이에 공부하기가 싫어

서. [조사자: 인천 오시게 된 거는 이유가 뭘까요?] 서울보다는 인천 집값이 더 싸요. 그리고 서울은 너무 사람이 많아서 좁아요. 제가 여기에 와서 또 일도 할 수 있고, 그러니깐 괜찮아요. 살 만해요. [조사자: 남편분은 어떤 일을 하시는지?] 남편은 ○○동 공장에서 일해요. 남편은 계속 불만이 많아요. 힘들다, 어쩌냐. 근데 저는 괜찮아요. 다들 이런 일을 겪으니깐 저희도 극복해야죠.

▶ 한국 주부 다 되어가

[조사자: 평소에 요새 뭐 취미를 갖고 있다거나 이런 거 뭐가 있을까요?] 제가 하고 잘할 수 있는 게 드라마 보기만. [조사자: 음, 드라마 뭐 재미있어요? 요새 그거 보세요? 여름이?] 아니요, 그 제가 재미있는 드라마만 보고 있어요. 너무 길지 않고, 그런 거. 재미있는 드라마들은 지금 다 끝났어요. 어제 제가 다른 드라마를 보고 그 제목이 뭐지? 날 녹여줘? 새로운 드라마예요. 원래는 그렇게 재미있지는 않지만 다른 드라마를 봤었는데 제가 보는 드라마들이 끝나가지고. [조사자: 티비로 보세요? 아니면 딴 거?] 아니요, 제가 핸드폰으로. TV는 우리 아이가 자꾸 그 자기가 보고 싶은 거 보고 제가 TV를 못 봐요, 집에서. [조사자: 아기한테 빼앗겼구나. 핸드폰으로 보시고, 저쪽 드라마 보시는 아니면 한국 드라마?] 네. [조사자: 그래서 드라마 보는 거 좋아하신다고 해서, 한국 드라마를 보시나 그 생각을 했는데.] 제가 한국 들어오고 나서 드라마를 보고 있어요. [조사자: 그니깐 주변에 다른 분들, 다른 결혼 이주하신 분들하고 이렇게 모임이 있거나 이러진 않으시고?] 저희는 같이 만나긴 해요. 우리 그 우리나라 음식을 먹고 싶을 때 '○○마을'이라는 곳이 있는데 거기에 가서 그 우리나라 음식들을 먹을 수 있어서 거기 가서. [조사자: 거기에 모여서 음식 담아서 모여서 같이 음식 드시고?] 네,

우리 그 서로 차트가 있어요. 그 차트에 항상 뭐 궁금한 점이 있거나 그 알려줄 수 있는 정보가 있으면 거기에다가 차트에다가. ○○○톡 차트. 사실은 제가 여기에 와서 친한 친구가 이때까지 없었어요. 제 남편은 제 친구고 제 남편이고, 제 부모이고 이래요. 그런데 사실 제가 그 조언을 받을 데가 한 군데 또 있어요. 우리 친언니가, 제가 항상 힘든 상황이면 친언니한테 전화해서 전화받고, 조언을 받아요. 저 한국어도 어려워서 어떨 때는 그 언니한테도 통역해달라 이런 요청도 하고 있어요. [조사자: 언니는 지금 무슨 일 하면서 살고 계세요?] 언니는 여기 한국에서 유학하다가 병원에서 코디네이터 일을 하고 있어요, 통역하면서. 그래서 저보다 한국어가 더 좋아요. 실력이 더 좋아요.

▶ 내 아이만은 이중언어를 잘 사용하게 하고 싶어

[조사자: 그럼 귀화는 언제?] 귀화는 아직 제가 정하지 않았어요. 왜냐하면 지금 우리 아이가 이중국적이에요. 제가 우즈베키스탄 국적이고, 남편은 한국 국적이고요. 그래서 지금 아이가 이중, 제가 만약에 귀화하게 되면 아이도 저도 우즈베키스탄 국적을 포기해야 하잖아요. 그래서 지금은 아직 결정하지 못했어요. 왜냐하면 아이가 좀 크면 그때는 아이가 제가 한국에서 살고 싶다고 하면 그때 결정하려고요. 어느 그쪽을 딱 놔버리기가 좀 그죠. 아직 마음에 준비도 안 됐고. 저희대로 하면 한국에 계속 살 수 있으니깐 그렇게 급한, 급하게 결정하고 싶지는 않아요. [조사자: 러시아 말을 가르치고 싶으신 생각은 없으세요?] 제가 계속 러시아 말로 하죠. 제가 아이한테 제가 그 아이가 밖에 나가서 한국어, 한국어로 할 수 있고, 제가 집에는 러시아어만 써요. 아이가 이중언어를 썼으면 좋겠고. 우리 언니는 아이들이 지금 두 명이에요. 그런데 러시아어를 쓰긴 했는데 집에서 지

금 완전히 한국어만 하고 있어요. 그래서 언니 가족을 보니깐 저, 제가 또 열심히 러시아어로 해야지 이러고. 왜냐면 지금 언니가 좀 있으면 우즈베키스탄에 놀러 가요. 거기에 러시아어 선생님을 보러 러시아어 공부 간대요, 애들이랑. 이해는 하지만, 러시아어는 이해 가지만 말할 수 없어서, 걱정하고 있더라구요. 아직은 우리 아이가 어려서 그러는지 아직 조금 러시아어도 조금 하고 한국어도 조금 하는데 좀 크면 어떨지 저도 장담할 수 없어요. 우리 아이가 이중언어를 했으면 좋겠어요. 사실 제가 우리 부모들이, 부모님들이 아버지랑 할머니랑 한국어를 하고, 밖에서 러시아어를 했어요. 그래서 지금 우리 아이가 딱 우리 엄마 아빠처럼 되길 바래요.

▶ 우리 가족에겐 너무 어려운 한국어

[조사자: 부모님은 지금 저기 러시아에 계세요?] 원래 우리 우즈베키스탄에서 살았는데 지금은 엄마 아빠는 그 우리 친오빠랑 같이 우크라이나에서 살아요. 그런데 거기에서 지금 이사한대요. 우크라이나에서 다 집 팔고, 또다시 우즈베키스탄으로. 부모님들이 원래 한국으로도 놀러 자주 오긴 해요. [조사자: 부모님들이 여기 들어와서 살고 싶다는 얘기는 안 하세요?] 아, 아니요. 전혀요. 어머니는 여기서 편하지만, 아버지께서 여기 너무 불편하대요. 우리 어머니 아버지께서 여기 두 번 와봤는데, 아니 두 번, 두 번 인가? 두 번 와봤는데, 마지막에 너무 집에 가고 싶어하셔서 겨우 참으셨어요. 여기는 좀 뭐 좀 말을 제대로 못 알아듣고, 그 글씨도 좀 한국어로 되어 있어서 아마 많이 불편하신 거 같아요. 그래서 그런 두려움을 가지고 있으시더라구요. 만약에 제가 혼자서 어디에서 남으면 어떡하지 이렇게. 그런데 우리 어머니께서 오히려 더 편해하세요. 왜냐면 어머님께서 드라마를 너무 많이 봐서 여기 낯설어하지 않아요. 말도 잘 알아듣고. [조사자:

부모님들은 연세가 어느 정도 되셨어요?] 연세요? 아버지는 51년생이시고, 어머니는 57년?

8장

나, 남편, 아이
모두 인간 승리한 삶

연구참여자 E는 고려인으로 중앙아시아에서 태어나고 자랐다. 부모님 모두 직장생활을 해서 부족함이 없는 어린 시절을 보냈다. 하지만 소수민족인 고려인으로 살아가면서 지배민족인 러시아 민족에게 인종차별을 당했다. 다른 소수민족인 유대인 친구들과 친하게 지냈는데 그들의 삶과 생활방식에 영향을 많이 받았다. 어려서부터 언어 쪽에 감각이 있어서 대학을 영문과로 가려고 생각했다. 그런데 한국에서 오신 선교사님의 영향으로 한국어를 전공하게 되었고 '전문통역사'의 꿈을 갖게 되었다. 그녀는 결국 한국 정부초청장학생으로 통역전문대학원에 입학했고, 우수한 성적으로 졸업했다. 이후 대통령과 기업대표 등의 통역을 맡으며 경력을 쌓았으나 결혼 후 육아와 가정 문제로 경력이 단절되었다. 결혼하며 여러 가지 어려움을 겪었는데, 특히 남편은 가부장적인 성격, 알코올중독, 외도의 문제가 있었다. 이 외에도 시댁의 무시, 경제적 어려움으로 그녀는 심각한 우울증을 겪었다. 우울증의 영향으로 아이를 잘 돌볼 수 없었고 방치와 학대로 이어져 아이는 한때 ADHD, 틱 장애, 대인기피증 등의 문제를 겪었다. 하지만 신앙(개신교)과 부부 상담을 통해 남편과의 불화와 우울증을 극복할 수 있었다. 아이도 심리상담과 놀이치료, 미술치료 등 전문적인 도움을 통해 심리적 어려움 대부분을 극복할 수 있었다. E는 다시 전문통역사로 일하고 싶지만, 경력단절과 나이 때문에 불러주는 곳이 없어 고민하고 있다. 자기 계발을 위해 배우고 싶은 것들이 많지만 경제적인 문제로 주저하고 있다.

[주제어] 인종차별, 유대인 친구, 경력단절, 우울증, 트라우마, 기독교

1.
고려인으로 중앙아시아에서 자라면서 인종차별을 겪다

부족함 없이 어린 시절을 보내다

부모님 두 분 모두 고려인으로 대학까지 졸업한 인재였다. 아버지는 대학에서 토목과를, 어머니는 경제학과를 졸업한 뒤 모두 도시에서 직장생활을 했다. 부모님이 결혼할 당시 신도시 개발 시범사업으로 교장 선생님이셨던 할아버지 앞으로 입주권이 나왔다. 부모님은 할아버지께 입주권을 받아 그 아파트에서 살 수 있었다. 부모님 두 분 모두 직장에 다니고 비교적 생활수준이 높은 동네에 살면서 아주 부유하지는 않았지만 크게 부족함 없이 어린 시절을 보냈다. 난 지금의 우즈베키스탄* 수도 타슈켄트**에서 태어났

---

* 정식 명칭은 우즈베키스탄공화국(Republic of Uzbekistan)으로, 독립국가연합(CIS)을 구성한 공화국의 하나다. 면적은 44만 7,400km², 인구는 3,438만 2,077명(2022년 기준), 수도는 타슈켄트다(출처: 한국민족문화대백과).

** 우즈베키스탄의 수도. 톈산 산맥의 오아시스에 위치하고 있다. 러시아어로 타슈켄트는 '돌의 마을'이라는 뜻이다. 7~8세기에 투르크계 문화와 이슬람교를 받아들였으며, 10세기에는 사만 왕조가 지배했다. 16세기부터 우즈베크인의 지배를 받다가 코칸트한국, 부하라 한국에 귀속되었다. 1865년 러시아군이 점령하여 1867년부터 투르키스탄 총독부가 설치되었다. 1917년 중앙아시아 최초의 혁명 소비에트 자치 공화국이 건국되었다. 중앙아시아 최대의 공업 도시로 면직물 콤비나트가 있으며, 기계 · 식료품 · 전기 등의 공업도 성하다. 교외에는 과수원과 조림지가 많

고 중학생 무렵 부모님 직장 때문에 키르기스스탄*으로 이주해 그곳에서 대학까지 마쳤다.

형제는 열한 살 어린 여동생이 한 명 있는데, 동생도 정부초청장학생으로 한국에 유학을 와서 여기서 결혼도 하고 아이도 낳고 살고 있다. 여동생이 태어나기 전까지 부모님과 조부모님의 사랑은 항상 나의 몫이었다. 하지만 동생이 태어난 뒤로 가족들의 사랑과 관심은 여동생에게 향했다. 동생과 나이 차도 크고 부모님이 맞벌이를 했기 때문에 내가 항상 동생을 챙겨주고, 친구들을 만나러 나갈 때도 데리고 다녔어야 했다. 그래서 당시에는 동생이 혹 같았는데, 지금은 나이도 들고 대화도 되니까 자매들끼리 서로 의지가 된다.

고려인으로 중앙아시아에서 자라면서 인종차별을 겪다

나는 소수민족인 고려인으로 자라면서 늘 인종차별을 겪었다. 게다가 우리는 도시에 살았기 때문에 고려인들이 거의 없었다. 러시아 민족, 중앙아시아 민족, 유대인 등 다양한 민족들이 모여 살았지만 대부분 백인이었고 우리는 동양인이었다. 유치원 때부터 서양인과 비교해 눈이 작고 얼굴이 납작한 외모 때문에 선생님들과 친구들에게 차별과 놀림을 많이 받았다. 부모님 직장 때문에 키르기스스탄으로 이주했을 때였다. 중학

은데, 이는 건조한 강풍을 막는 역할도 한다. 예전에는 실크로드의 중심지였다. 중국 측 사료(史料)에는 '척지(拓支)'로 표시되어 있다[출처: 송호열(2006), 『세계 지명 유래 사전』, 성지문화사, 362쪽].

* 정식 명칭은 키르기즈공화국(Kyrgyz Republic)으로, 독립국가연합을 구성한 공화국의 하나로, 중국 서부 접경지대에 위치한다. 면적은 19만 8,500km², 인구는 535만 6,869명(2008년 기준), 수도는 비슈케크(Bishkek)다. 종족구성은 키르기스인 64.9%, 우즈베크인 13.8%, 러시아인 12.5%, 우크라이나인 1%, 위구르인 1% 등이다. 언어는 키르기스어와 러시아어가 사용되고 있고, 종교는 이슬람교 75%, 러시아정교 20% 정도다(출처: 세계법제정보센터).

교 1학년 전학한 첫 학교에서 인종차별과 왕따를 심하게 당했다. 내가 공부를 좀 잘하는 편이었는데, 그게 맘에 들지 않았는지 그 학교에서 주 민족이었던 러시아 아이들에게 머리도 뽑히고 왕따도 당했다. 담임과 교장 선생님도 그 사실을 알았지만, 학교 밖으로 안 좋은 소문이 날까 봐 쉬쉬하며 어떤 조치도 취하지 않았다. 결국 엄마는 나를 다른 학교로 전학시켰다. 옮긴 학교는 한국으로 따지면 특수목적 고등학교였는데, 다행히 그곳에서는 큰 문제 없이 지냈다.

유대인 친구들과 친하게 지내며 영향을 많이 받다

타슈켄트는 다른 지역에 비해 상대적으로 소득 수준이 높고 아파트가 많은 신도시였다. 다양한 민족 사람들이 그곳에 살았는데, 친한 친구들은 유독 유대인들이 많았다. 가장 친한 단짝 친구도 유대인이었고 초등학교 짝도 유대인이었다. 당시 부모님은 맞벌이로 바빴기 때문에 유대인 친구 집에서 보내는 시간이 많았다. 나는 유대인 가족들의 모습을 눈으로 보고 그들의 삶을 몸으로 경험하며 유대인의 영향을 많이 받았다.

유대인 친구는 아침에 일어나면 할머니가 따뜻한 밥을 차려주고, 아이의 머리를 빗겨주고, 간식을 챙겨주고, 등교까지 시켜주었다. 하교 후에도 친구는 정해진 시간에 숙제하고, 정해진 시간에 간식을 먹고, 또 정해진 시간에 낮잠을 자고, 정해진 시간에 산책했다. 유대인들은 저녁 식사도, 저녁 식사 후 가족회의도, 취침 시간도 거의 정해진 시간표에 따라 매일 규칙적으로 살도록 가르쳤다. 특히 아빠들도 아이들의 육아에 적극적으로 참여했다. 아이들이 밖에서 돌아오면 아빠는 아이의 이마에 입을 맞추며 혹시 아이가 열이 나지는 않는지 인사 겸 체온 체크를 했다. 아이들을 씻기고, 숙제도 도와주고, 엄마가 일 때문에 늦게 들어오는 날은 아빠가 저녁밥을 차려주기도 했다. 고려인 가정과는 사뭇 다른 유대인 가정의 모습, 유대인 아빠를 보며 신기하기도 하고 부럽기도 했다.

또 유대인은 무엇이든 1등이 아니면 안 된다고 생각할 만큼 승부욕이 강했다. 1등을 하기 위해서라면 수단과 방법을 가리지 않았다. 친구와 관계를 저버리는 한이 있어도 1등을 위해서라면 무엇이든 했다. 유대인 모두가 그렇다고 말할 수 없겠지만 적어도 내 주위에 있던 유대인 친구들은 그랬다. 친구들에게 영향을 받았는지, 아니면 그들 속에서 살아남기 위해서인지 나도 그만큼의 승부욕이 생긴 것 같다. 특히 공부는 누구에게도 지고 싶지 않았다. 평소에도 고집이 세고 주장이 강하다 보니 어른들에게 대들어서 아빠에게 혼나기도 했다. 열한 살 어린 동생에게도 학업적인 부분에서는 엄마보다 더 많이 요구하고 스트레스를 주기도 했다.

2.
전문통역사의 꿈을 이뤘지만, 결혼으로 모두 접어

한국어의 매력에 빠져 전문통역사의 꿈을 꾸다

난 어려서부터 영어를 좋아하고 잘하는 편이었다. 그래서 한때 영어과로 대학을 가려고 생각했다. 그런데 한국에서 오신 선교사님을 만나면서부터 한국어의 매력에 푹 빠졌다. 고려인 가정에서 한국어를 듣고 자랐지만, 실제 한국인이 말하는 표준 한국어는 달랐다. 한국어 억양과 소리가 너무 예쁘고 멋있었다. 결국 영어과 대신 한국어 전공으로 대학을 진학했다. 고등학생 때부터 선교사님 가정과 자주 만나며 한국어를 연습할 수 있었는데 특히 선교사님을 따라다니며 통역하는 중에 한국어 실력이 많이 늘었다. 대학 졸업 후 바로 카자흐스탄 교육원에서 한국어를 가르칠 정도가 되었다. 당시 한국 대기업 L 전자가 중앙아시아 최초로 카자흐스탄에 공장을 세웠는데, 준공 기념으로 콘서트와 준공식을 크게 개최했다. 준공식에는 카자흐스탄 대통령과 L 전자 사장 등 양국의 인사들이 대거 참여했는데, 내게 카자흐스탄 대통령 통역을 해달라는 제안이 들어왔다. 하지만 그 당시 통역을 전문적으로 배운 것도 아니고 겁이 나서 도망치듯 대통령 통역 제안을 거절했다.

그 사건을 통해 자신에 대한 한계와 실망감을 느꼈고, 전문 통역을 배워야겠다고 생각했다. 전문 통역을 배우고 실력을 키워서 언젠가 대통령 통역을 제대로 하고 싶다는 구체적인 목표를 갖게 되었다. 대학 졸업 후 1년 정도 직장생활을 하며 공부할 기회를 찾던 중 한국 정부초청장학생을 뽑는다는 공고를 보고 바로 지원했다. 감사히 합격하게 되었고 한국에 유학을 오게 되었다.

대통령 동시 통역관의 꿈을 이루다

정부초청장학생으로 온 유학생들은 대부분 특별전형으로 S대, K대, Y대 대학원에 진학했다. 하지만 난 전문 통번역대학원이 있는 H대에 지원하고 싶었다. 인터넷을 통해 한국 최고의 통번역대학원은 H대에 있다는 것을 미리 알고 있었고 외교관이 되는 것이 목표였기 때문에 다른 곳은 눈에 들어오지 않았다. 친구들은 특별전형으로 편하게 입학할 수 있는데도 불구하고 졸업하기도 어려운 H대에 지원한 나를 이상하게 생각했다. 그곳은 보통 외국어를 전공한 학생들도 졸업 후 1~2년 정도 더 준비해야 들어갈 수 있다고 알려져 있었다. 실제로 같이 시험 본 학생들 상당수는 외교관 자녀들이었다. 입학시험으로 한국어, 영어, 한자를 봤는데 영어를 제외한 한국어나 한자는 한국 학생들에 비하면 거의 까막눈 수준이었다. 특히 한자 시험은 아는 문자가 없어서 세 글자만 적고 제출했다. 마지막 면접시험을 앞두고 '당연히 떨어지겠지'라고 생각하며 마음을 비웠고 떨어지면 다른 학교에 갈 생각을 하고 면접을 보러 갔다. 그런데 면접에서 기적이 일어났다. 나중에 학교에 들어가서 알게 된 사실이지만 당시 러시아어를 원어민 수준으로 할 수 있는 교수가 없어 학부 학생들의 러시아어

회화를 지도할 수 있는 원어민이 필요한 상황이었다. 그 덕분에 내가 합격하게 되었다. 하지만 통번역대학원은 입학보다 졸업이 더 힘든 곳이었다. 실제로 내가 졸업할 당시 졸업 후보 열 명 중 두 명만 졸업했을 정도로 경쟁이 치열하고 소화해야 하는 공부의 양도 어마어마했다. 졸업시험을 앞두고 스트레스와 압박감이 너무 커서 독일어과 학생 중 한 명이 자살할 정도로 그 과정은 힘들었다. 뚜렷한 목표 의식과 강한 정신력이 없었으면 나도 졸업하기 어려웠을 것이다.

통번역대학원을 졸업한 뒤 한국에 오기 전 품었던 대통령 동시 통역관의 꿈을 이룰 수 있었다. 고르바초프 러시아 초대 대통령이 한국에 방문했을 때 통역을 담당하게 된 것이다. 또 2009년 KBS 생방송 이명박 대통령 동시통역을 했고, 러시아 푸틴 대통령이 한국에 방문했을 때도 동시통역을 했다. 그뿐 아니라 대기업 회장, 장관, 총리들의 통역도 수행했다. 직장생활 1년 만에 회장 눈에 들어 당시 김대중 대통령과 러시아 어업위원장의 동시통역을 위해 청와대에도 가보았고 한 달에 두세 번씩 비행기를 타고 부산에 가서 러시아에서 들어오는 무역선의 선원들을 안내하는 역할도 했다. 그 당시 통역관으로 할 수 있는 최고의 위치까지 갔었지만 결혼 후 경력이 단절되어버렸다.

타국 생활의 외로움으로 결혼한 남편, 알고 보니 알코올중독

남편과의 첫 만남은 지인의 결혼식장에서였다. 남편은 결혼식장 옆자리에 앉은 내가 마음에 들었는지 계속 관심을 보였다. 당시 나는 대학원 졸업 후 모스크바로 1년 파견 다녀온 뒤였고 HS기업에서 직장생활을 하고 있었을 때였다. 학생 때는 친구도 있고 공부에 집중하느라 외로움을 느끼지 못했다. 하지만 직장생활을 하면서 반복되는 일상에 외로움이 커졌다. 타지에서 기댈 사람 하나 없이 혼자일 때 남편을 만나서 남편의 짧은 학력이나 포크레인 기사라는 직업이 문제되지 않았다. 남편은 덩치가 크고 호탕한 성격으로 힘들고 외롭던 나에게 의지가 되어주었다. 남편은 술을 좋아했는데 일 특성상 술자리도 많고 그냥 술을 좋아하는 정도라고 생각했다. 하지만 결혼 후 알고 보니 남편은 알코올 중독자였다. 결혼하고 몇 년 동안 정말 악몽 같은 시간을 보냈다. 남편은 40대의 젊은 나이에도 불구하고 알코올중독으로 인한 간경화가 왔다. 작년에 술을 완전히 끊었지만, 오랫동안 알코올중독으로 인해 몸이 많이 망가졌다.

시댁의 무시와 남편의 외도로 힘든 결혼생활을 견디다

내가 결혼할 때는 지금처럼 국제결혼이 많지 않았다. 시댁이 유교적인 집안이라 외국에서 왔다는 이유로 나를 무시하고 투명인간 취급했다. 어려서부터 도시에서 부족함 없이 자라고 정부초청장학생으로 통번역대학원 석사까지 마친 엘리트였지만 시댁 식구들 눈에는 그냥 한국보다 못사는 중앙아시아에서 온 외국인으로밖에 보이지 않았다. 결혼 전에는 대통령의 동시통역을 할 정도로 사회에서 인정받았지만, 시댁에서는 남편보다 학벌이 좋고 잘났다는 이유로 구박받고 홀대받았다. 남편은 전남 진도에서 배 타고 들어가야 하는 섬사람으로 매우 가부장적이었다. 남편이 73년생인데 생각과 가치관은 마치 조선시대에서 온 사람 같았다. 남편과의 문제는 문화와 성격 차이였는데 그중에서도 음식을 많이 가리고 까다로운 편이었다. 무슨 음식을 해줘도 먹지 않았고 한번 먹은 음식은 두 번 다시 입에 대지 않았다. 하루 세 끼 매번 새롭게 차려야 했다. 그래도 차려준 음식을 맛있게 먹으면 괜찮을 텐데 입에 맞지 않는다며 손도 대지 않기 일쑤였다. 식생활 차이와 식사 준비로 인한 스트레스가 너무 컸다. 남편의 알코올중독으로 힘든 상황에 남편은 급기야 외도까지 했고 설상가상으로 부동산 사기와 제2금융권에서 고금리 대출까지 받아 나는 당시 경제적으로 너무 힘든 시간을 보내야 했다. 갓난아기의 분유와 기저귀를 걱정해야 할 정도로 말이다.

여러 가지 안 좋은 상황이 겹치면서 심각한 우울증이 찾아왔다. 이로 인해 자살 충동까지 느꼈다. 자녀만 아니면 이혼했을 텐데 이혼도 못 하고 참고 살 수밖에 없어 괴로웠다. 유년 시절 친정 부모님이 이혼하고 어머니와 함께 살며 한부모가정의 아픔을 누구보다 잘 알고 있었기에 내 아이들에게는 그 아픔을 겪게 하고 싶지 않았다. 그래서 끝까지 가정을 포기하지 않으려고 참고 참았던 것 같다.

상담과 미술치료를 통해 위기를 극복하다

갑자기 찾아온 우울증으로 내 삶은 더 피폐해져만 갔다. 남편은 알코올중독에 외도까지 하며 집을 소홀히 했고 시댁 누구도 우리에게 손을 내밀어주지 않았다. 그땐 다문화가족지원센터가 생기기 전이었고 도움을 어디서 받아야 할지 알지 못했다. 우울증과 극심한 무기력증으로 나는 아이를 방치하다시피 했다. 증세가 점점 심해지면서 밖에 나가는 것이 싫어지고 두렵기까지 했다. 아이가 한창 놀이터에서 신나게 놀아야 할 나이임에도 불구하고 아이를 놀이터에 한 번도 데려가지 못할 정도로 상태가 좋지 않았다.

우울증 때문에 밤에 잠을 못 자다 보니 낮에도 무기력증에 시달려야 했다. 아이가 어린이집을 다닐 때 어린이집 선생님이 집에 찾아와 문을 두드리면 그제야 아이를 보낼 정도였고, 가끔은 잠에 빠져 문 두드리는 소리를 듣지 못해 아이를 종일 집에 방치하다시피 했다. 음식 재료가 떨어지면

장을 봐야 하는데, 아이를 데리고 나갈 힘도 없고 잠에 취해 결국 나가지 못했다. 결국 아이도 굶기고 나도 굶었다. 경제적으로 여유가 없어 남들처럼 채소, 고기를 갈아 넣은 이유식을 먹이지 못해 시판되는 분말 가루를 물에 타서 먹이곤 했다. 나는 그걸 이유식이라고 먹였는데 필수영양소, 특히 단백질이 제대로 공급되지 않아 결국 아이가 영양실조에 걸렸다.

아이가 감기에 걸려 몇 개월 동안 병원 약을 먹였는데 감기가 낫지 않았다. 답답한 마음에 친정엄마에게 전화해서 물어보니 아이들은 하루에 네 번 이상 먹어야 하는데 먹이지 않으니 낫지 않는 거라고 했다. 아이에게 닭을 푹 삶아 먹여보라는 엄마의 말에 정신차리고 토종닭 한 마리를 사서 삶은 물을 아이에게 먹였다. 그날 이후로 아이는 조금씩 호전되었고 그제서야 내가 얼마나 못난 엄마인지 깨달았다. 내가 심각한 우울증을 겪으며 아이를 충분히 돌보지 탓인지 아이는 ADHD 장애*와 틱 장애**를 보였고 대인기피증과 자폐증 증상도 보였다.

상담과 미술치료를 통해 위기를 극복하다

아이가 초등학교 1학년 때 여러 가지 심리검사를 진행했다. 진단 결과 ADHD라는 결과가 나왔다. 아이 따로 부모 따로 주 1회씩 1년 동안 건

---

* 주의력 결핍/과잉행동 장애(Attention Deficit/Hyperactivity Disorder, ADHD)는 아동기에 많이 나타나는 장애로, 지속적으로 주의력이 부족하여 산만하고 과다활동, 충동성을 보이는 상태를 말한다. 이러한 증상들을 치료하지 않고 방치할 경우 아동기 내내 여러 방면에서 어려움이 지속되고, 일부의 경우 청소년기와 성인기가 되어서도 증상이 남게 된다(출처: 서울대학교병원 의학정보, 서울대학교병원).

** 틱은 아이들이 특별한 이유 없이 자신도 모르게 얼굴이나 목, 어깨, 몸통 등의 신체 일부분을 아주 빠르게 반복적으로 움직이거나 이상한 소리를 내는 것을 말한다. 전자를 운동 틱(근육 틱), 후자를 음성 틱이라고 하는데, 이 두 가지의 틱 증상이 모두 나타나면서 전체 유병 기간이 1년을 넘는 것을 뚜렛병(Tourette's Disorder)이라고 한다(출처: 서울대학교병원 의학 정보, 서울대학교병원).

강가정지원센터에서 미술치료와 심리상담을 받았다. 아이가 폐쇄적인 환경, 좁은 집에만 오래 있다 보니 사람들이 많은 곳에 있으면 패닉 상태가 되었고 사람들을 무서워했다. 밤에 잘 때도 무서워 나를 꼭 껴안고 자다 보니 숨이 막혀 애를 때린 적도 있었다. 한번은 겨울에 밖에 나가려고 아이에게 옷을 입히다 극심한 스트레스에 나도 모르게 목도리를 매주면서 목도리로 아이 목을 조른 적이 있다. 이 일로 아이에게 트라우마성 틱이 생겼다. 목티셔츠처럼 조금이라도 목을 조이는 게 있으면 숨이 막혀 거부했다. 다행히 딸은 지속해서 놀이치료와 미술치료를 받은 후, 트라우마에 대한 거부반응이 사라져가고 있다. 목티셔츠도 잘 입어 감사하다. 하지만 그때를 생각하면 여전히 아이에게 미안한 마음이 있다.

아이와 함께 부부도 다문화가족지원센터 정신건강 지원센터를 통해 부부 상담을 받았다. 총 36회 상담 중 남편은 딱 두 번만 참석하고 34번은 나 혼자 갔다. 부부 상담을 받으며 우울증이 나아졌지만, 우울증을 극복한 결정적인 계기는 신앙의 힘을 통해서였다. 나는 한 집회에서 목사님의 통역을 맡게 되었고 그 집회에서 큰 기적을 경험했다. 솔직히 이전까지만 해도 나를 힘들게 하는 남편이 사라졌으면 좋겠다고 생각했다. 그런데 그 집회에서 기적을 경험하고 난 뒤 그런 마음이 사라졌다. 집에 왔는데 갑자기 남편이 불쌍해보이기 시작하더니 참을 수 없는 눈물이 나기 시작했다. 주체할 수 없는 감정이 쏟아져 나오면서 남편을 껴안고 꺼이꺼이 울었다. 그날 이후로도 남편은 여전히 변하지 않았지만 내가 바뀌기 시작했다. 그전에는 뭘 해도 미웠는데, 그 뒤로는 아이를 챙겨주는 엄마의 마음처럼 챙겨주고 싶고 잘해주고 싶은 마음이 들었다.

아이의 교육 문제가 제일 어렵고 고민이다

남편이 부동산 사기를 당하고 난 뒤 ○○동으로 이사했다. 그곳은 초등학교 등·하굣길 주변에 모텔이 즐비했다. 다들 어렵게 살아가는 동네다 보니 남편은 새벽에 들어오거나 안 들어오고, 엄마는 어린아이를 데리고 새벽까지 노래방과 식당을 오가며 3, 4차 술을 마시러 다녔다. 딸이 초등학교에 다닐 때는 잘 모르고 엄마들과 어울렸는데, 모이기만 하면 술 마시고, 서로 헐뜯고 흉보는 모습에 충격을 받아 엄마들 모임에 더 이상 나가지 않았다. 아이들도 말과 행동이 거칠어서 딸아이도 학교에 잘 적응하지 못했다. 하지만 지금 살고 있는 동네로 이사 온 뒤로는 딸아이 스스로 새 학교의 친구들과 사귀고 적응도 잘했다. 지금은 친구도 많고 노는 것만 좋아하는 것 같아서 공부를 걱정해야 할 정도다.

아이가 지금 중학교 3학년인데, 엄마로서 학업이 가장 걱정스럽다. 내가 욕심이 있어서 그런지 경제적으로 힘든 상황임에도 아이 교육은 포기가 되지 않았다. 하지만 뿌린 만큼 돌아오지 않는 것 같아 마음이 답답했다. 초등학교 때부터 여러 학원을 보내며 어떻게든 따라가게 하려고 했는데 성적이 그렇게 좋지 않았다. 피아노, 미술, 영어, 수학, 무용까지 다 시켜봤는데 뭘 잘하는지도 모르겠고, 본인도 약간 자포자기 상태라 앞으로 아이의 교육 문제를 어떻게 해야 할지 가장 큰 걱정이다.

3.
다시 통역 전문가의 삶을 꿈꾸다

나, 남편, 아이 모두 인간 승리한 삶

나는 다문화가족센터의 뜨개질 교실, 아이 성교육, 부부 상담 등을 신청해 많은 혜택을 받았다. 다른 곳은 부부 상담을 받으려면 비용이 비싼데, 다문화가족지원센터는 무료상담이어서 도움이 되었다. 상담사가 "한국 사람들 같으면 못 살았을 거예요."라며 내 편이 돼주었고, 시원하게 속마음을 얘기할 수 있어 위로와 힘이 되었다. 상담사는 남편에게 "부인이 전화하면 왜 끊어버리냐?", "처지 바꿔 생각해봐라. 저녁을 준비해놓고 기다리는데 무슨 일이라도 생겼을까 걱정하고 밤을 꼬박 새우는데" 등 내 맘속의 말을 대신해주었다. 그 뒤로 남편은 변화되기 시작했다. 새벽에 들어왔던 사람이 전철이 끊기기 전에 오려고 노력했다. 제시간에 못 올 때면 저녁 먹고 온다고 전화하거나 문자를 했고 그 학습효과가 지금까지 유지되고 있다. 내가 말할 때는 씨알도 안 먹혔는데 전문가가 얘기하니 변화되기 시작했다. 남편이 변하는 것을 보고 상담의 매력을 제대로 경험할 수 있었다. 또 시누이 남편이 술을 많이 먹었는데 1년 만에 암으로 돌아가는 걸 보고 그 뒤로는 술을 쳐다보지도 않고 스스로 건강도 관리도 하고 있다. 딸아이는 이전에는 아빠와 이혼하라고 했다가 아빠의 변화된 모습에 이제는 데리고 살라고 하고 있다. 결혼하고 남편 때문에 죽고 싶을 만큼 정말 힘들었는데, 지금은 친구들이 사는 ○○○아파트처럼 좋은 아파트에 살지 않아도 남편, 나, 아이 모두를 살렸기에 인간 승리, 성공했다고 생각한다.

취직도 하고 일하고 싶은데 자신 없어

예전에 지인 소개로 강남에 있는 회사를 들어갔을 때 아이가 아팠다. 아이가 유치원에 다니며 감기에 옮았는데 나중에 보니까 눈에서 고름까지 났다. 병원에 갔더니 의사가 엄마가 뭐하냐며 애를 죽일 작정이냐고 마구 혼을 냈다. 그때 '한국에서는 애 키우면서 회사 다니기 힘들겠구나' 생각했고 회사를 그만뒀다. 일할 때는 대학교에서 7년 동안 강의도 하고 프리랜서로 나름 큰소리치며 어디서든 일할 수 있었다. 지금은 회사 지원에서 한 번 두 번 떨어지고 세네 개 국어에 능통한 젊고 능력 있는 친구들도 취업하지 못해 주저앉는 걸 보니 점점 자신감이 없어진다. 하지만 아파트 대출금에 애 학원, 대학 등록금 등 앞으로 들어갈 돈이 많아 꼭 취직해야 한다.

경력을 쌓기 위해 배우고 더 투자해야 한다는 걸 알지만 지금까지 장학금으로만 공부해서인지 공부하는 데 돈을 쓰는데 아깝다. 컴퓨터활용능력과 영어 시험 준비를 위해 학원에 다니려고 했지만 결국 돈이 아까워서 다니지 못했다. 선배들을 보면 석사 졸업하고 박사 공부하면서 대학에 출강하고, 연구소에 들어가고, 좋은 직장, 좋은 자리에 있는데도 한두 푼이 아까워서 박사 공부할 엄두를 못 내고 있다.

4.
전사록 요약

〈연구참여자 정보 및 특성〉

출생연도	1975년생	이주연도	1998년
국적(이주 전/현재)	우즈베키스탄/대한민국	학력	대학원 졸
가족	남편, 딸	직업	통역사

▸ 중산층으로 어려움 없었던 어린 시절

[조사자: 어렸을 때 생활을 어땠는지 얘기해주세요.] 한국 사람들은 어딜 가도 교육열이 높아서 부모님 두 분 다 대학을 나오고 도시에서 아파트 생활을 하고, 어렸을 때부터 유치원, 초등학교. 거기는 여기처럼 초중고로 나뉘어 있지 않고 학교 하나에 초등학교부터 고등학교까지 모든 코스가 과정이 다 있어요. 그래서 처음부터 끝까지 한 학교에 다녔고. [조사자: 그럼 부모님은 둘 다 한국 분이세요?] 네, 교포예요. 모든 교육 과정을 거기서. 물론 중간에 이동이 있었지만, 대학교까지 졸업하고 한국으로 와서 대학원을 졸업한 거고. 부모님은 엘리트라고 해야 하나? 부모님 두 분 다 대학

졸업을 하시고, 아버지는 토목과를, 어머니는 경제학과를 졸업하셔서. 두 분 다 직장생활을 하셨던 거지요. 그리고 도시 생활했기 때문에 아무래도. 여러 가지 어려움 같은 거는 없었어요. 아주 부유층은 아니지만, 중산층으로 살았던 거예요.

▶ 민족이 달라 인종차별을 경험하다

우리가 민족이 다르다 보니까 인종차별 같은 거는 좀 겪었죠. 인종차별 때문에 그게 좀 힘들었던 거고. 우리는 눈이 작고 얼굴이 납작하니까 어렸을 때부터 놀림을 많이 당하고 성이 너무 짧으니까. 김씨, 양씨, 박씨. 러시아 사람은 길어서 놀림을 당하고. 비인기 민족이라고. 주 민족하고 우리는 소수민족으로 살았기 때문에 아무래도 차별 대우를 받을 수밖에 없었죠. 인종차별이라든지 그런 것들 때문에 조금 불편했던 거죠. 내가 노력한 만큼 대우받지 못하는 게 학교, 유치원 때부터 그게 있었어요. 아무래도 선생님들이 백인이고 우리는 동양인이다 보니까 학대라든지 인종차별 같은 것을 많이 겪어왔어요. [조사자: 사시는 데나 학교에는 같은 민족은 없었나요?] 저는 도시 생활했기 때문에. 우리 엄마는 시골에서 생활하셨기 때문에 고려인들이 중앙아시아를 가서 할머니 할아버지 세대들이 거기서 농촌에서 하면서, 자식은 죽어도 대학은 보내가지고 좋은 세상을 하겠다고 하셔서 죽어라 대학 보내서 공부시켰기 때문에 그래도 할머니 세대보다는 좀 나은 생활을 하셨던 거죠. 대학을 나오셨고 도시로 생활을 하셨기 때문에 우리 엄마가 음식 먹었던 시골집과 달리 우리는 러시아, 중앙아시아, 유대인들 다른 민족들이 사는 섞여서 자랐던 거죠. 그래서 거기서 아무래도 나와서 보니까 우리 민족들하고 접촉할 일이 거의 없었던 거죠. [조사자: 여동생하고의 어렸을 때 관계는 어땠나요?] 우리는 터울이 너무 커요. 11년이나 돼가지고. 동생이 태어났을 때 행복 끝 불행 시작. 공주로 11살까지 살다가 동생이 태어나서 힘들었죠. 왜냐하면 모든 걸 혼자서 다 받았기 때문에. 부모들로부터. 나중에 동생이 태어나고 나서 그거에 대해 조금 저기 했지만, 지금은 자매가 둘밖에 없으니까. 걔도 정부초청장학생으로 왔어요. 서울대 법학과를 다니다가 속도위반으로. 애를 낳아서 중간에 저기를 해가지고 수료를 지금 몇 년 동안 못 하고 지금 애를 셋을 낳았는데 아직까지 그 상태에 있어요, 지금. [조사자: 나이 터울이 나서 잘 어울리지는 않았나요?] 어렸을 때 항상 저의 혹이었죠. 데리고 다녀야 하고, 신경 써야 하고. 엄마가 맨날

"애를 좀 데리고 가라."

그래서 제가 거의 보모 역할을 했던 거죠. 너무 나이 차이 많이 나다 보니까. 그런데 지금은 다 커서 이제 대화가 되니까 자매끼리 얘기를 하기도 하고 너무 서로 성격이 차이가 나가지고 잘 안 맞아요. 저랑 완전 정반대예요, 성격이. [조사자: 어렸을 때 부모님이나 형제들 사이에서 특별히 기억나는 것은?] 뭐, 특별히…. [조사자: 아니면 학교에서는 뭐가 기억나는 게 없나요?] 제가 사춘기가 되면서 중학교 때 우리가 또 옮겼잖아요. 이사를 하고 나서 그래서 거기서 제가 왕따를 당한 적이 있어요. 새로 이사 간 거기서 러시아 애들 잡고 있을 때 새로운 학교로 전학을 가면서 그게 아마 중학교 1학년 나이였을 거예요. 애들한테 머리채 뽑히고. [조사자: 그 나라도 그런가요?] 엄청나요. 우선은 인종차별 때문에. 게네들은 아무래도 거기서 주도권을 가지고 있으니까. 그래서 그것 때문에 그런 게 있는데, 그런데 당하지 않으려고 발버둥을 쳤던 거죠. 그래서 머리가 뽑히고 공부를 또 잘하는 것이 와가지고 걸리적거리니까. 그래서 거기서 당해가지고. 담임 선생님하고 교장 선생님도 밖에 소문이 날까 봐 묵인했어요. 그래서 엄마가

저를 다른 학교로 옮기신 거예요. 전학을 가가지고. [조사자: 학교에서는 선생님이 조치를 안 해주셨나요?] 네네, 그냥 묵인한 거죠. 귀찮고 그리고 소문이 날까 봐. 그냥 쉬쉬해가지고. [조사자: 우리랑 비슷하네요.] 사람 사는 데는 다 똑같아요. [조사자: 옮긴 학교는 어떤 학교였어요?] 옮긴 학교는 특목고 비슷한 그런 거였어요. 특목고 같은 학교라서 이런저런 시범사업을 한다고 애를 그냥 막 물리학이든 화학이든 수학이든 선생님들이, 대학에서도 하지 않는 천재교육 같은 이런 거를 우리한테 막 집어넣으려고. 저는 그게 막 너무 싫었던 거예요. 나는 수학을 잘하지도 않고 물리학, 화학을 싫어했는데 왜 그거를 굳이 내가 해야 하나 싶어가지고. 그래서 문과 쪽으로 가려다가 그게 안 돼가지고 거기에 남았다가. [조사자: 러시아 교육열도 우리나라랑 별로.] 노벨상 수상자들이 러시아인들이 거의 반이잖아요. 그게 다 어디 가겠어요. [조사자: 한국에서만 그런 줄 알았는데.] 여기는 취업을 위한 전쟁이고, 거기는 뭐….

▶ 유대인 친구를 사귀며 영향을 굉장히 많이 받다

[조사자: 어릴 때는 어떤 학생이었어요?] 저는 너무 승부욕이 강했던 것 같아요. 그리고 우리가 살았던 동네가 뭐라고 해야 하나. 아파트 많은 신도시. 신도시에 우리가 입주권 받고 그 당시 대출을 받아가지고 들어갔는데. 그게 소련에서 시범사업처럼 도입이 됐던 거예요. 그래서 분양을 받고 30년 거치 이런 식으로 대출을 갚아나가는 식. 그게 프랑스식 건축 아파트였어요. 이 아파트가 돈 있는 사람이 많이 들어오다 보니까. 할아버지가 원래 교장 선생님이셨어요. 할아버지 앞으로 입주권이 나왔어요. 다른 형제들도 있었는데 우리 아빠가 신혼이고 세를 들어가서 살았기 때문에 할아버지가 아빠한테 입주권을 주신 거예요. 그래서 시내 한복판에 새

로 지은 아파트에 떡하니 들어가가지고 제가 3살 때 보니까 거기서 유대인들, 고려인들 이런 좀 '사'자 들어간 사람들이 많이 들어가서 살다 보니까 어렸을 때부터 유대인들하고 많이 친했던 것 같아요. 단짝 친구도 유대인이고, 초등학교 짝꿍도 유대인이고. 부모가 맨날 맞벌이하고 집에 없다 보니까 혼자 있으니까. 점심을 데워서 먹어야 하는데 끓는 물 엎질러가지고. 유대인 친구 아빠가. 유대인이 워낙 자식 교육이 철저하거든요. 아빠들이 가사 분담을 아빠들이 많이 하는 거예요. 교육이라든지 아빠가 그냥 가지고 있어요. 유대인 친구 아빠가 절 살려주고, 응급실에 데려가주고…. [조사자: 선생님 집에서 그랬는데 어떻게 아신 거예요?] 제가 전화를 하는데 엄마가 출장 가 있고, 유일하게 할 수 있는 게 친구 집에 계속 전화를 해가지고. 그런데 그 아빠가 왜 자꾸 물어보냐고 해서, 나 지금 끓는 물 엎질러서 너무 아프다고. 그랬더니, 왜 얘길 안 했냐고 쫓아와가지고 저를 업고 응급실에 가가지고. 껍질 다 벗겨놨어요, 익어가지고. [조사자: 그게 몇 살 때예요?] 초등학교 3학년 때. 10살 때. 그런데 다행히 하나도 흉터 안 남고. 어린 나이라 빨리 새살이 돋아서. 다행히도 응급조치를 빨리 해가지고 후유증이라든지 그런 게, 감염이 안 돼가지고. 제가 유대인들 영향을 많이 받은 거 같아요. 왜냐하면 자꾸 부모들이 바쁘니까 친구 집에 거의 살다시피 한 거예요, 친구 집에서. 할머니가 아침에 일어나면 따뜻한 밥을 해주고, 애 머리 빗겨주고 땋아주고, 먹이고, 간식 챙겨주고, 학교 보내주고, 학교에서 와서 숙제를, 산책 몇 분, 간식 몇 시에 먹고, 낮잠을 몇 분 또 자고, 일어나서 숙제하고, 그다음에 저녁 먹고. 저녁 끝나고 부모들하고 대화하고 가족회의를 하고 취침 시간. 이렇게 딱 일과가 나눠져 있어요, 완전히 규칙적으로. 우리는 그렇게 하지는 않지만 저는 그냥 그걸 보고 학습을 했던 거죠. 그리고 유대인들 먹는 그런 것들 많이 얻어먹었으니까. 친구 아빠가 맨날 데리고 와서 간식 하나 쥐여주고. 아이가 밖에서 들어오잖아요. 그러면 아빠가 이마에 입술로 마주쳐요. 인사이기도 하고 체온 체크이기도 해요. 아이가 열이 나면 뜨겁잖아요. 그러면 그거를 확인하는 거예요. 어렸을 때 그게 너무 생생한 건 아이가 산책하고 오면 아빠가 그런 다음, 아, 문제가 없다. 아빠가 아이들을 산책시키고. 다 아빠가 하는 몫이에요. 개를 데리고 와서 발을 다 씻기고 빗질을 하고 밥 먹이고, 애들 저녁밥을 하고. 애들 엄마가 오면 아빠한테 막 또 트집을 잡아요. 음식 맛이 없다는 둥 그런 식으로 신세계였죠, 완전히. 우리 문화하고는 너무 달랐기 때문에 저는 그걸 배우고 항상 보고 자라고 공부도 같이 했는데 그 사람들은 공부를 1등이 아니면 안 된다는 식으로 해요. 무조건 1등을 해야 하는 거예요. 얘네들은 민족이 워낙 핍박을 많이 받았기 때문에 어딜 가든 다들 미워해요. 유대인들을 너무 잘살아서 똑똑해서 질투해서 그럴 수도 있지만 살아남아야 돼가지고 너무 사람들이 다 싫어하기 때문에 얘네들이 이름 바꾸고 다 그러는데 못사는 유대인들이 없어요. 너무 다 잘살아요. 부모들도 보니까 제 친구들 부모들이 거의 회계사, 경찰, 의사, 변호사 뭐 거의 그런 직업을 가지고 있었기 때문에 그 사람들은 생존이에요, 생존. 살아남아야 되기 때문에 그렇다 보니까 돈이 항상 있어요. 근데 검소하게 살아요. 돈을 아끼면서 돈을 버는 방법을 가르치고 용돈 주면서 교육을 시키고, 절대로 돈을 낭비하지 않고. 철저하게 돈 관리를 하면서, 돈을 그렇게 많이 벌면서 돈 관리를 하기 위해 노력을 하는 거죠. 공부를 하면 1등을 해야 해. 학교에서는 성적을 무조건 잘 받아야 하고, 대학을 가면 내가 무조건 그 분야에서 전문가가 돼야 해요. 만약에 의사라면 다 유대인한테 가려고 하고 선생님이라면 다 유대인한테 자식을 보내려고 하고 변호사라면 될 수 있으면 유대인 변호사를 선임하려고 해요. 너무 철저하니까요. 얘네들이 자기 분야에서는 1등이 아니면 안 되는 그런 식이에요. 그래서 저는 이런 친구들하고 공부할 때 정말 힘들었던 게 인간성은 정말 쓰레기예요. 왜냐하면 내가 1등을 하기 위해서는 친구를 팔아먹고, 모든 인간관계를 버리는 한이 있어도 내가 그 친구를 밟고 올라가야 하기 때문에 그게 조금 마음이 아팠어요. 근데 저도 거기에 영향을 받았는지 저도 그런가 봐요. 그래서 동생이 저보고

"이상해, 언니가 우리 핏줄 맞아?"

생각해보니 제가 유대인들의 영향을 굉장히 많이 받았어요. 내가 1등을 하려고 몸부림을 치다 보니까 이기적으로 변했어요. 그 사람들은 우정이라고는 없어요. 내가 살아남기 위해서는 그래서 저는 친구에게 배신을 많이 당했어요. 엄마는 러시아고 아빠는 유대인 사이에서 태어난 친구랑은 괜찮았는데 순수들은 너무 힘들어요. 같이 공부를 하기에는 자기가 무조건 성적을 얻어야 하기 때문에 자기가 튀어야 해요. 선생님이 문제를 냈는데 저는 숫기가 없으니까 말하기가 싫어요. 그럼 친구가 자기가 손들어서 자기가 점수를 따는 거예요. 그런 걸 많이 당하기 살아서 영향을 받기도 했어요. 어릴 때는 외롭기도 했어요. 그런 싸움에서 살아남아야 하니까. 제가 승부욕이 거기서 나온 거 같아요.

▶ 통번역대학원을 제 성격 아니면 졸업하기 어려웠을 거예요

[조사자: 딸은 한국에서 낳은 거예요?] 네, 저는 남편이랑 학별 차이가 좀 많이 나요. 그런데 연연하지는 않아요. 저는 딸에게 요구를 했는데 포기했어요. 딸은 욕심이 없어. 자기는 묻혀서 가는 스타일이지 튀는 걸 못하는 스타일이래요. 저는 딸이나 동생에게도 많은 걸 요구했어요. 동생이랑은 나이 차이가 있으니까. 근데 그나마 걔가 똑똑했어요. 제가 볼 때는

법률 쪽으로 가면 좋겠다 해서 좋은 대학 법학과를 보냈어요. 여기 한국에서도 S대 법학과를 들어간 거죠, 대학원을. [조사자: 부모님은 뭐라고 그랬나요? 그런 성격에 대해서.] 아빠한테 엄청 많이 혼났죠. 고집이 세고 말이 자기 주장이 강하다 보니까, 어른들한테도 대들고. 아빠한테 딱밤 많이 맞았어요. 제가 성공을 했다고 생각하는 이유가 H대 통번역대학원을 제 성격 아니면 졸업하기 어려웠을 거예요. 목표 의식이 없으면 안 되는 거. 열 명 중 두 명밖에 졸업 못 했거든요. 졸업하기 힘들어요. 들어가기도 힘든데 인정을 받는 곳이라 제가 중간에 엄마한테 전화했어요. 졸업시험 앞두고.

"죽고 싶다. 내가 시험을 못 치면 죽을 것 같다. 내가 그렇게 힘들게 왔는데 두 명밖에 안 남았는데 통과가 안 되면 살 의미가 없다."

"엄마한테 할 소리냐. 당장 들어와라."

자식을 멀리 공부 보냈는데 자식이 그렇게 하면 부모로서 얼마나 힘들겠어요. 저도 그래서 접었어요. 독일어과 중 한 명이 창문에서 뛰어내렸어요. 공부가 힘들어서. 시험을 봤는데 다행히 붙었어요. 대학에서는 동양어과 한국어 전공했어요. 졸업을 한 다음에 1년 정도 직장생활을 했어요. 한국 정부초청장학생 공고가 나서 지원을 한 거죠. 전체에서 1등을 먹어서 한국에 나와서 너무 외교관이 되고 싶고 통역을 전문적으로 배우고 싶은 게 강해서 인터넷을 통해 전문적으로 통역할 수 있는 데를 찾았는데 그게 H대 통번역대학원이었어요. 지원했는데 워낙 세잖아요. 저는 정부초청장학생으로 나왔기 때문에 될 수 있으면 S대나 다른 사람들은 K대나 Y대를 지원했는데 저는 죽어도 여기를 고집했어요.

"왜 H대를 가냐? 사립대인데…."

"거기는 자존심이 센 학교인데 거기에 가려고 하냐?"

"나는 그게 꿈이다. 내가 K대를 가봤자 한국에서 뭐하냐?"

다른 데는 특별전형으로 들어가는데 H대는 시험을 봐야 하잖아요. 공통 한국어 영어, 한자. 애들이 몇 년씩 공부하고 졸업을 하고도 도서관에서 1, 2년씩 공부하던데. 나는 그 당시 신문을 봐도 까만 게 글씨고 하얀 게 종이라고. 그 정도였어요(한국어 부분에서). 저는 무대포 정신으로 선교사님들이 빌려준 이상한 옷을 입고 갔어요. 근데 다른 사람들은 외교관 자제들이라 기사가 데려다 내려주고 까만 원피스에 신발에 그런 애들이 왔는데. 저는 노숙자처럼 거지처럼 해가지고 갔어요. 내용도 하나도 모르고 갔어요. 시험을 볼 게 뭐 있어요. B3 용지에 한자어로 다 채우라고. 저는 딱 3글자밖에 몰라서 쓰고 제출하고 갔어요. [조사자: 근데 어떻게 합격을 하신 거예요?]

"이상하게 옷을 입고 와서 딱 봐도 넌 줄 알았어."

저는 아무 기대도 안 하고 냈는데. 마지막 면접시험에서 러시아 교수가 그러더라고요.

"어디서 왔냐?"

"네이티브다."

"더 물어볼 것도 없다."

"아빠 뭐하시냐."

"우리 아빠 안 계시다."

답했죠. 어떻게 이런 애가 왔냐는 식으로 보더라고요. 돈 많은 집안 딸인 줄 알고. 그냥 안 되면 S대나 가지 하는 식으로 대답했어요. 나중에 알고 보니까 러시아어과 교수 중에 제대로 말하는 교수가 한 명도 없었어요. 발음도 이상하고. 러시아로 낭독하는데 무슨 말인지 하나도 못 알아들었어요. 문법이고 발음이고 다 틀리고. 저를 마루타식으로 뽑으신 거예요.

다른 학생들 스터디를 해야 하는데. 새벽부터 밤까지 다 짜여 있어요. 거기는 트레이닝 하고 훈련하는 곳이에요. 저를 애들 훈련시키라는 취지로 뽑으신 것 같더라고요. 저는 신의 한 수였어요. 저런 애가 결국 끝까지 혼자 남아서 졸업했잖아요. 같이 스터디 했던 파트너랑 둘만 졸업한 거예요.

▶ 대통령 동시 통역관으로 활약하며 꿈을 이루다

[조사자: 어렸을 때 꿈은 뭐예요?] 저는 영어를 잘했어요. 언어 쪽에 감각이 있어서 영어 선생님이 저를 예뻐하셨어요. 우리 엄마가 독일어를 완벽하게 하실 정도로 어릴 때 2차 대전 때 서독과 관계가 있어서 무조건 제2외국어를 독일어로 가르쳤어요. 저한테도 독일어를 하라고 했는데 안 한다고 했어요. 2차 대전 끝난 지가 언젠데 내가 왜 독일어를 해야 하냐고. 영어가 대세라고. 대학도 영문과를 갈까 생각했어요. 그런데 고등학교 때 선교사님 만나서 교회 갔는데 한국어가 너무 멋있어서. 서울 말씨를 쓰는

'아, 너무 예쁘다.'

흐름이. 언어에 워낙 재미가 있어서 나는 이런 쪽으로 가고 싶다고 해서 교회에서 목사님하고 사모님하고 애들하고 얘기를 하다 보니까 선교하러 오면 통역해드렸어요. 그러다 보니 언어가 늘더라고요. 제가 학교를 졸업하고 카자흐스탄 교육원으로 가서 한국어를 가르쳤어요. L전자에서 티베트 공장을 세웠거든요. 제가 스카우트 됐어요. 워낙 잘하니까. 학부를 막 졸업한 병아리를. 근데 준공식을 한 거예요. L전자 사장이 온다고. ○○ 씨, 송골매, 신효범. 뭐 대거 와서 콘서트를 크게 한다고. 카자흐스탄 대통령이 온다고. 대통령 통역을 시켰어요. 내가 제대로 교육을 받은 것도 아니고 대통령이 막말하는 걸로 유명해요. 아무 준비도 없는데 시켜서 제가 도망갔어요. 한국에서 데리고 온 통역도 많을 텐데 그 사람들 시키라고

했어요. 다른 번역이나 그런 건 다 했는데 대통령 통역을 못 한 건 한이 됐어요.

'나는 실력이 이거밖에 안 되는구나.'

'나는 아직까지 앞으로 갈 길이 멀구나.'

그래서 그때부터 전문 통역으로 목표가 생겼어요. 완벽하게 대통령 통역을 할 수 있을 때까지. 그러다가 결국 Y대로 가고 졸업을 하고 고르바초프 대통령, 그때는 퇴임하고 나서 강원도에 왔어요. 그때 대통령 통역을 한 게 내 소원이 이루어졌구나. 2009년도. 이명박 대통령 원탁 테이블 KBS 생방송 통역을 하고 푸틴 대통령 한국에 왔을 때 동시통역 했거든요. 꿈을 이룬 거죠. 어렸을 때 한이 맺힌 그 부분이 대통령 통역까지 해보고 LG라든지 대기업 회장이나 장관, 총리 사람들도 통역했었고. 근데 그게 다가 아니더라고요, 사는 게. 교회는 고등학교부터 다녔죠. 통역하면서 그거 때문에 실력도 늘고 통역 스킬이 생긴 거죠. 엄마가 먼저 교회에 가셨고 우리를 데리고 가셨죠. 저는 언어를 잘 익히기 위해서 교회에 갔고 한국에서는 통역 일을 주면 했고 지금은 우리 딸이나 남편이 말하는 것처럼 종교인 생활을 한다고. 1년에 다섯 번 이상 해외로 선교여행을 다녀요. [조사자: 계기가 있으세요?] 하나님을 잘 알게 된 거죠. 예전에는 그냥 다녔던 거고 지금은 깊은 관계에 빠진 거죠. 남편은 교회에 안 다녀요.

▶ 타국 생활의 외로움으로 결혼한 남편, 알고 보니 알코올중독

[조사자: 남편은 어떻게 만나신 거예요?] 피로연장에서. 결혼식장 같이 따라갔다가. 옆에 앉았는데 하도 작업을 걸어서. 제가 모스크바에서 1년 파견한 다음에, 한국에 HS기업에 취직을 해서 다녔는데 남편을 만났어요. 잘못 얽히고설켜 인연이 된 거죠. 2004년에 결혼했어요. 몇 개월 연애

하고. [조사자: 남편 어떤 점 때문에 결혼해야겠다고 생각했어요?] 해외로 나가면 많이 외롭잖아요. 기댈 곳이 없고…. 엄마가 멀리 계시니까 의지할 곳이 없는 거예요. 학생 때는 공부하느라 모르는데 회사 생활하면 혼자서 사는 게 힘들고 외로워서 저는 그걸 너무 느꼈어요. 열심히 일을 하고 저녁 먹고 아침에 또 출근하는 반복되는 삶인데 HS기업에도 잘 보여서 제가 청와대까지 갔다 왔어요, 회장 눈에 들어서. 어업위원회 위원장들하고 김대중 대통령하고 만찬을 한다고 러시아에서 위원장이 오고 저를 회장님이 거기로 보낸 거예요, 통역으로. 제가 위원장 옆에 앉아서 김대중 대통령 통역을 했어요. HS기업에서도 잘해주셨어요. 대통령이야 내가 한번 보고 마는 사람인데 집에 와서 너무 힘든 거예요. 그때 우리 남편이 운이 좋아서 직장생활하고 외롭고 그래서 남편이 덩치가 크고 착하게 보였어요. 호인처럼 멋있어 보여서. 근데 술을 너무 좋아해요. 우리 아빠는 술 알레르기 있어서 못 드셨어요. 근데 결혼해보니까 남편은 알코올중독 상태였어요. 제가 몇 년 동안 악몽 같은 삶을 살았어요. 작년에 완전히 끊었어요. 간경화가 와서. ○○○병원에 매월 가서 체크하고 나이 차이는 두 살 차이 젊은 사람인데 몸은 폐인이에요. 술을 너무 달려서 직업은 포크레인 기사예요. 건설직들이 많이 먹잖아요. 부부 상담만 세 번. 한 번 하는 데 12회에요. 그 세 번 중에서 34번은 저 혼자 갔어요. 남편은 딱 두 번 갔어요. 본인은 아쉬운 것도 없고 자기가 뭘 잘못했는지도 모르고. 다문화가족지원센터에 정신건강 지원센터에 신청을 했어요. 도움을 많이 받았죠.

▶ 시댁의 무시, 남편의 외도, 이혼하고 싶은 결혼생활을 견디다

시댁하고도 사이가 안 좋아서. 시댁에서는 저를 투명인간 취급했어요. 외국에서 왔다고 어머니가 저를 인정을 안 했어요. 외국에서 아가씨를 데려왔다고 처음 보는 날 이런 말을 했어요.

“어제 티비를 봤는데 중국 여자가 자기 남편 전 재산을 갖고 튀었더라.”

제가 깜짝 놀랐어요. 우리 남편한테 이게 무슨 소리냐고 물었어요. 그러니까 남편이 노인네 헛소리하는 거 듣지 말라고. 결혼하고 처음에 큰형수가 그러더라고.

“우리 도련님 결혼 안 해서 내가 누구 소개시켜줬는데 뚱뚱하다고 싫다더니 동서가 더 뚱뚱하구먼.”

많이 당했죠. 남편이 섬 출신이에요. 전라도 중에서도 진도에서 배 타고 들어가는 ○○도라고 있어요. 거기는 굉장히 옛날 전통이 강하고 가부장적이에요. 남편이 73년생인데 완전히 조선시대 남자처럼 생각해요. [조사자: 결혼해서 따로 사셨어요?] 처음에 같이 살다가 한 달 만에 어머니가 전세 얻으라고 해서. 어머님은 서울 ○○동에 살아요. 어머니가 밥해주기 귀찮다고. 좀 세요, 집안이. 결국에는 틀어졌어요. 남편이 한동안 외도하고 술에 빠지고 안 좋았어요. 그리고 부동산 사기를 당해서 제가 한동안 우울증에 빠졌어요. 그때는 자살 충동에 많이 힘들었어요. 애가 어리고. 기댈 데가 없으니까 이혼을 해도 생활이 안 되잖아요, 애가 어리니까. 한국에는 이혼하면 애를 버리지만…. 한국만 그런 것 같아요. 경제력이 없다 보니까. 물론 혼자면 살지만 애가 어리니까 직장생활을 못 하잖아요. 그러니까 참을 수밖에 없는 거예요. 남편이 그렇게 망나니짓을 하고 돈을 맨날 사기당해서 제2금융권에서 대출받아서 너무 먹을 것이 없어서 힘들었어요. 그때 제가 아파서 먹는 대로 토하고 병원에서 오진을 한 거예요. 위염이라고 3개월 동안 약을 잘못 먹어서 15킬로 빠진 거예요. 그때 교회에 갔는데 이런 말을 하더라구요. 종합병원 가보라고. 병원 가서 초음파 하자고. 의사가 딱 보더니, 보통은 한두 달 예약하고 기다려야 하는데 바로 다

다음 날로 수술을 잡더라고요. 담낭에 돌이 꽉 차서 담석이, 제가 힘들었던 거예요. 토하고 그때 애 젖을 뗀 거예요. 4, 5개월 때 항생제가 많이 들어가니까 그때 처음으로 시어머니한테 애를 맡겼어요. 제가 3일 동안 수술하면서 처음으로 쉬었어요. 애는 어리고 돈은 없고 몸은 아프고…. 목사님이 사정을 듣고 돈을 줘서 그 돈으로 비행기 티켓을 끊었어요. 3개월 동안 산후조리 겸 처음으로 두 팔 두 다리 뻗고 쉬었어요. [조사자: 그렇게 힘들어도 부부 상담받으신 게 어떻게든 살아보려고 하신 거잖아요.] 애가 없었으면 못 살았을 텐데 애는 아무리 못나도 자기 아버지잖아요. 친아빠는 친아빠고 새 아빠는 새 아빠고. 저는 혈통을 중요하게 생각하기 때문에 저는 만약 친정이 있었으면 애를 맡기고 직장을 갔을 텐데 그것도 못 하고 꾹꾹 참고 어떻게 보면 하나님이 도움을 주신 거죠. 거기가 숨통을 틔워준 거죠.

▶ 아이 어릴 때, 도움의 손길 하나 없던 사면초가

아이도 어릴 때 내가 상태가 안 좋으니까 애가 ADHD가 있었어요. 심하게. 애가 틱이 있고 애를 두려워하고…. 대중교통을 이용하지 못했어요. 24시간 방콕을 하다 보니까 애를 데리고 나가지 못하다 보니까 대인기피증에 자폐증 비슷하게 ADHD가 있었고 서너 살 때 놀이터도 못 데리고 나갔어요. 우울증이 심해서 제가 못 데리고 나갈 정도였어요. 어린이집에서 선생님이 와서 문을 두드리고 애를 데리고 나갔어요. 그런데 제가 잠에 빠져서 문 두드리는 소리를 못 들으면 그냥 가고 그날. 그럼 애가 하루 종일 쫄쫄 굶고 제가 너무 상태가 안 좋아서 애한테 손대기 시작했어요. 엄청 때리고 집에서 혼자 있으면서 아는 사람도 없고 애가 우유를 달라고 하고 기저귀를 갈아달라고 하고 기저귀 ○○○가 한 장에 636원이었나? 애가 하루에 적어도 10개를 써요. 그러면 6~7천 원이 그냥 날아가요. 분유도 ○

○○이라든지 좋은 것도 있지만 3~4만 원 해요. 이틀 3일도 안 가. 하루에 못 해도 만 원. 기저귀가 7천 원 정도. 애한테 기본적으로 들어가는 게 있고 나는 밤에 잠을 못 자고 그런 상황에서 뭘 먹어야 하잖아요. 먹으려면 장을 봐야 하는데 장을 보려면 애를 봐야 하는데 잠에 취해가지고 결국에는 나가지를 못하는 거예요. 애가 자꾸 울고 하니까. 애는 이유식을 못 했어요. 시판되는 가루 같은 국물 같은 걸 그냥 물에 타서 먹였어요. 저는 이유식이라고 해서 그걸 먹였어요. 다른 엄마들처럼 야채 으깨고 소고기 갈아서 주고 하는 걸 저는 못 했어요. 애가 굶으니까 영양실조가 왔어요. 애가 하도 아프니까 항생제를 몇 개월씩 줘도 듣지를 않아요. 이비인후과에서 오지 말라는 거예요. 애가 이가 앞으로 들떠 가지고 그쪽 집안 닮아서 입이 잘 때 안 다물어지거든요. 의사가 하는 말이

"애가 입 안 다물고 자니까 감기가 안 낫는다."

엄마한테 전화해서 너무 힘들다고 했어요.

"애는 자꾸 아프고 병원비도 많이 드는데 낫지도 않는다."

엄마가 그러시더라고요.

"네가 애를 굶겨서 그래. 아이는 어른과 달리 하루에 네 번 이상 먹어야 되고, 중간중간 간식도 주고 이유식도 해야 하는데 네가 애를 안 먹이니까 아플 수밖에 없어. 아무리 센 약을 줘도 안 돼."

그래서 시장에서 닭을 사서 먹여보라고. 토종닭 만 2천 원 하거든요. 그걸 사서 아무것도 안 넣고 푹 삶아서 먹이니까 그날부터 딱 달라지더라고요. 그때 알았어요. 내가 얼마나 못난 엄마인지. [조사자: 가족이 없으니까 따로 도와주거나 정보를 주는 분은 안 계셨어요?] 없어요. [조사자: 다문화가족센터 같은데는?] 2004년도인데 그런 게 없었던 것 같아요. 저는 완전히 사면초가였어요. 시어머니도 제가 먹을 게 없다고 하면 파김치 같은 거

매운 것만 갖다주고. 그게 끝이에요. 김치 같은 건 먹지만 애가 파김치를 먹겠어요? 기본적으로 반찬거리가 없잖아요. 할 줄도 모르고 가르쳐주는 사람도 없었고 시장 갈 시간도 없었고 누가 옆에서 도와줄 사람도 없었고. 하루 24시간 동안 계속 손빨래하고 바닥을 깨끗하게 해야 하니까 쓸고 닦고 저도 빈혈이 와가지고 밥을 못 먹어서 결혼을 너무 후회했어요. 내가 이렇게 생활을 해야 하나 하고. 학벌 차이도 문제지만. 남편은 고등학교를 졸업했어요. 그리고 대화가 안 됐어요. 문화적 차이도 다 있는 거죠. 식생활, 그냥 한국 사람이 아니라 전라도. 기본적으로 맵고 짜고. 무슨 음식을 해도 안 먹어. 3년 지나고 어머니가 이야기하시는 게

"우리 아들이 비위가 좀 약해."

"어머니 왜 이제 얘기하시냐. 남편 음식 때문에 이혼 충동이 생겼는지 모르겠다."

그래도. [조사자: 러시아 음식은 어때요?] 굉장히 다르죠. 고칼로리고 느끼하고 해서 전혀 안 맞죠. 그래서 러시아 음식에는 가까이 가지도 않았어요. 그래서 아예 안 해요. 먹질 않아서. 근데 한국 음식도 웬만한 서울 음식도 안 먹는 사람이에요. 김치도 엄마 김치라야 먹지. 그래서 제가 얼마나 후회를 했는지? [조사자: 선생님은 한국 음식 먹을 때 괜찮아요?] 저는 입이 짧지 않아서 뭐든지 잘 먹어요. [조사자: 그런데 남편은 러시아 음식을 잘 안 먹는 거예요?] 러시아 음식뿐 아니라 웬만한 한국 음식도 안 먹어요. 그러다 보니까 제가. 한 번 먹은 음식은 두 번 안 먹어요. 아무리 해서 바쳐도 하루 세 끼를 안 먹는 걸 어떡해요. 뭐가 안 맞는지도 몰라요. 우리 아빠는 뭐든지 잘 먹어서 그런 어려움을 전혀 몰랐죠. 국수를 안 먹지, 만두를 안 먹지, 닭고기를 안 먹지, 콩나물 안 먹지, 당신 도대체 먹는 게 뭐냐고. 밀가루 냄새난다고 안 먹지. 거의 술을 먹었으니까 안주 위주로 먹고.

센 거에 길들여져 있다 보니까. 성격 차이도 많이 났었죠. 저는 섬세한데 남편은 자기만 안 건드리면 아무 신경도 안 쓰는 사람 완전 조선시대 남자. [조사자: 73년생이면 나이가 많은 것도 아닌데?] 섬에서 자랐어요. 어렸을 때 장난감도 모르고 소를 몰고 키웠대요. 저는 도시 생활 해서 장난감도 많았고 사탕 과자도 먹었는데 남편은 어렸을 때 장난감이나 우유도 못 먹어봤대요. 저는 이해가 안 갔었어요. 왜 우리 남편이 빵을 안 좋아하나. 우유를 못 먹는다고 했을 때. 우리 엄마가 살았던 것과 우리 남편이 살았던 것과 거의 비슷한 것 같아요. [조사자: 한국에서도 완전 시골이네요. 그걸 러시아와 한국의 차이라고 생각하셨어요? 아니면 개인적인 차이라고 생각하셨어요?] 저는 처음엔 그게 문화 차이인 줄 알았어요. 나중에 알고 보니까 개인적인 거였어요. 제가 그런 선택을 한 거죠. (웃음) 근데 애를 만들었기 때문에 쉽게 헤어질 수가 없는 거예요. 그리고 우리 부모님이 이혼을 했으니까. 그걸 겪은 아이들은 어떻게 해서든지 같이 살려고 노력을 하는 거죠. 왜냐하면 그 아픔을 알기 때문에. 너무 제가 끝까지 포기 안 하려고 했죠. 지금은 완전히 술 안 먹고.

▶ 미운 오리 새끼 같은 정체성으로 살아가다

[조사자: 선생님 부모님도 대학 졸업하신 엘리트고, 선생님도 좋은 교육 받으셨잖아요. 한국 들어오실 때 한국에 가면 어떨 거라는 기대감이 있으셨어요?] 어렸을 때는 편하게 살았지만, 경제생활 수준이란 건 무시를 못 해요. 선교사님이 오셔서 사모님이 요만한 플라스틱병에 화장품을 갖고 오셨어요, 샘플을. 저는 그때 한국 화장품 처음 봤거든요. 향이 너무 좋고 발림성이 너무 좋고. 이런 작은 걸 봐도 큰 게 보이거든요. 저는 그때 그걸 보고 놀랐어요. 88년에 올림픽이 있었을 때 흑백 티비였나? 그걸 봤는데

서울에서 열렸는데. 원래 소련이 미소 관계 때문에 한국에 대해서 전혀 정보가 없었어요. 북한에 대해서는 알고 있었지만, 남한에 대해서는 전혀 몰랐는데. 서울에서 올림픽이 열리고 컬러티비로 여자들이 하얀 한복 입고 머리를 쪽 찐 걸 보고 좀 울컥한 거예요. 너무 예뻤고. 한국말도 좋잖아요. 할머니 할아버지한테 들었던 말들이 막 소름 끼쳤어요. 내가 그동안 그렇게 무시했던 나의 민족이, 못생기고 눈이 짝 찢어지고 된장 먹고 마늘 냄새 풍기는. 그런데 그런 걸 딱 보니까 생각보다 너무 앞서갔더라고요. 그래서 티비 앞에서 펑펑 울고. 미운 오리 새끼처럼 살다가 나중에 보니까 한국에 와서 보니까 내가 백조더라. 맨날 그 사이에서 살다가 못생겼다고 놀림받다가 한국에 와서는 예쁘다는 소리도 듣고.

그래서 미운 오리 새끼가 생각났어요. 한국어 교육원에서 카자흐스탄에서 대학 1, 2학년 때인가 웅변대회에서 갔었어요. 그 이야기를 하다가 울컥해서 계속 울었어요. 통곡을 해서 결국에는 마치지를 못했어요. 우리 정체성 이야기하다가. 울컥해서 마무리를 못 했어요, 한이 맺혀서. 결국에는 카세트를 탔어요. 다들 고향의 봄을 제창하고. 파견 나왔던 사람들도 감동받았는지 기립박수 치고. 울어서 못 마쳤지만 카세트를 타고 들어갔어요. 저는 글짓기 대회든 어디든 나가면 뭘 하나씩은 타왔어요. 한 번은 씨디 플레이어도 타오고, 또 한 번은 티비를 들고 왔어요. 한국에도 정부초청장학생으로 왔잖아요.

▶ 이사하고 아이가 달라졌어요. 그래서 맹모삼천지교라는 말이 있는 것 같아요.

[조사자: 한국에서 활동하면서 친한 친구나 그런 건 없어요?] 친구들은 결혼하기 전에는 정말 많았어요. 근데 결혼을 하고 나서 여자들은 아이들

있고 하니까. 어떻게 결혼했느냐에 따라서 차이가 나더라구요. 정말 별 볼 일 없는 친구들. 결혼정보업체 통해서 한 친구들. 말도 더듬더듬 잘 못했는데. 근데 결혼 잘한 친구들은 좋은 동네 좋은 아파트에서 살고. 너무 잘 사는데, 저는 못사니까 저는 안 만나게 되더라고요. 제가 ○○동에 살았거든요. 부동산 사기를 당하고 나서 거기서 주저앉았는데. 거기서 ○○초등학교라고 있어요. 거기가 제일 못사는 동네예요. 모텔들이 쫙 있고. 학교를 마치고 애가 가는데 모텔 골목으로 가야 해요. 거기를 맨날 애 손 잡고 가야 하는데, 안 좋은 모습도 봐야 하고. 그리고 동네도 못살다 보니까 남편들은 새벽에 들어오고 엄마들은 애들 업고 밀고 메고 끌고 해가지고 술 마시러 다니고. 3차, 4차까지. 아빠들이 집에 안 들어오니까. 엄마들도 노래방에 식당 전전하면서. 그래서 제가 그때, 아이 교육에 대해서 아무것도 모르니까. 초등학교 엄마들하고 어울렸는데. 보니까 엄마들이 너무 술을 먹어서 간에 무리가 왔어요. 입원한 적도 있어요. 그 엄마들하고 어울리려면 술 먹어야 하니까. 그런데 그 엄마들이 정보를 잘 주지도 않아요. 굉장히 폐쇄적이고. 남이 잘 안 되는 흉만 보지. 그래서 너무 충격을 먹었어요. 이쪽으로 나와서는 관계를 끊었어요. 계속 전화가 왔는데 안 받았어요. 여기까지 찾아오면 술 먹어야 하니까. 전학을 왔는데도. 그 엄마들한테 당하고 나서 여기 초등학교 집 근처에 보냈는데 선생님을 찾아갔어요.

"나는 외국에서 왔고, 거기서 학교를 어떻게 다녔는지. 여기 교육 과정을 전혀 모른다. 아이가 하나고 내가 집에서 애를 공부시키기에는 정보도 모르고 힘들고 방향도 모르겠다."

라고 말하니 선생님이

"뭘 걱정하시나요, 그냥 학원 보내세요."

"학원을 어떻게 찾아야 하나요?"

"나가면 널린 게 학원이에요."

라고 말하는 거예요. 그래서 제가 충격을 먹고 학교에도 발을 끊었어요. [조사자: 선생님이 왜 그러신 것 같아요? 엄마들도?] 동네가 좀 못살아서 그런 것 같아요. 여기 있는 엄마들은 안 그러거든요. 여기서는 딸이 친하게 지냈던 애가 1층에 살았고 우리가 11층에 살았는데 엄마가 피해다니더라고요. 직장생활을 해서 그런지 바빠서 그런지 저는 친해지려고 했는데 안 됐어요. 기회가 없었어요. 아이가 초등학교 다녔을 때 소심하고 애들이 못살게 굴고 해서 여기 전학을 와서는 성격이 조금씩 열리기 시작했어요. 그래서 맹모삼천지교라고 하나 봐요. 여기는 조금 괜찮은 동네라서 괜찮은 아이들이 있는 거예요. 예전 동네에서는 아빠가 쳐들어와서 엄마를 죽이겠다고 하는 그런 상황을 보다가 여기 와보니까 그래도 아이들이 괜찮은 상황, 집안의 아이들을 봐서 아이가 마음이 열리기 시작했어요. 나중에는 혼자서 잘 헤쳐나가더라고요. 제가 엄마들 모임에 가서 찾고 잘 보일 필요 없이 애가 혼자서 친구 관계도 넓히고 지금은 너무 친구들이 많아졌고 같은 반, 다른 반 친구들도 집에 안 들어와서 내가 찾아서 공부를 시켜야 할 정도로. 그것 때문에 스트레스를 받을 정도로. 그런데 이젠 완전히 옛날 본인도 기억을 해요. ○○동에서 자기가 얼마나 두려움이 많고 얼마나 거지 같은 삶을 살았는지. 툭하면 내가,

"너 ○○동 다시 가고 싶냐?"

"아니."

라고 본인도 그걸 기억하죠. 옛날을. 지금은 술도 끊고 친구들과 관계도 좋아지고 성격도 바뀌었어요. 그래서 안심이 되죠.

▶ 엄마의 우울증이 아이의 마음에 미친 영향

아이의 정신적으로 문제가 있었어요. 1년 동안 놀이치료를 시켰어요. 화장지를 풀고 뜯고 하는 것도 있고, 종이 인형도 만들고. 테스트를 하니까 초등학교 1학년 때 ADHD가 왔어요. 정신과에 가라고 40만 원짜리 쿠폰이 나왔어요, 나라에서. 나는 애를 약물로 죽이고 싶지 않아서 애를 건강관리지원센터로 데리고 갔어요. 1년 동안 토요일마다 데리고 같이 갔어요. 부모 따로 애 따로 상담받았어요. 미술치료를 했어요. 심리상담사하고 계속해서 애가 성격이 조금씩 좋아졌어요. [조사자: 왜 그렇다고 하던가요? 센터에서?] 학교에서 설문조사를 하잖아요. 제가 썼더니 아이가 ADHD로 나온 거예요. 애가 어릴 때부터 우울증이 심했어요. 제가 밖에 나가질 못하고 아이랑 놀아주지도 않고 사람을 안 만나니까 애가 폐쇄적인 곳에만 있다 보니까. 제가 애를 데리고 전철을 타면 애가 고양이마냥 저를 타고 올라가서 목을 졸라요. 사람을 보면 패닉 상태가 와요. 무서워해요, 사람들을. 밤에 잘 때는 저를 꼭 껴안고 목을 졸라요. 숨이 막혀서. 그래서 내가 애를 때리고 할퀴고 피가 날 정도로 그랬어요. 떨어뜨려 놓으려고. 중학교 1학년 때까지 저와 붙어 잤어요. 여기 이사 와서는 방을 따로 해서 침대 사가지고 분리시키기 전까지. 애가 두려움이 굉장히 심했어요. 공포심이. 틱장애도 있었고 애가 어렸을 때 내가 우울증이 너무 심해서 애를 때리고 그래서 목도리를 매는데 옷 입히고 겨울에 밖에 내보내야 하는데…. 내가 상태가 너무 안 좋으니까 한 겹 한 겹 입히는 게 너무 스트레스인 거예요. 마지막에 목도리를 하는데 내가 애 목을 꽉 졸랐어요. 그때 애가 숨이 딱 넘어가는 것이에요. 그래서 그 뒤로 틱장애가 생긴 거예요. 그 뒤로 조금만 목폴라나 지퍼나 단추가 있는 걸 입으면 어렸을 때 기억이 떠올라서. 나중에는 끈을 조금만 조이는 게 있으면 숨이 턱 막히는 거예요. 그런데 놀이치료를 받고 나서는 없어졌어요. 지금은 폴라티도 잘 입고 다니고. 완전히 극복을 한 거지요. [조사자: 그러면 선생님께서는 우울증을 어떻게 극복하신 거예요?] 아주 유명한 목사님이 집회를 하시는데 제가 통역을 했었어요. 거기서 기적을 봤어요. 은혜를 입은 거죠. 그전에 사실 저는 남편이 죽기를 바랐어요. 남편이 저를 너무 못살게 해가지고. 그런 게 기적을 보고 나서 집에 들어왔는데 남편이 갑자기 불쌍해지더라고요. 그전까지는 전혀 모르는 감정이었어요. 주기도문을 외우는데 눈물이 막 나서 그 사람을 껴안고 울었더니 그 사람이,

"당신 뭐 잘못 먹었어?"

그러더라고요. 그 사람은 바뀌지 않았는데 제가 바뀐 거죠. 그 뒤로는 그 사람이 불쌍하고 미워하는 마음이 없어졌어요. 옛날에는 뭘 해도 미운 마음이었는데 그 뒤로는 불쌍한 마음이 든 거예요. 아이를 챙겨주는 엄마처럼. 옛날에는 아이 위주로 했는데 지금은 남편 위주로 해요. 음식을. 남편의 의견을 묻고 남편이 좋아하는 걸 사오고.

▶ 아이의 교육 문제가 제일 어렵고 고민이에요

[조사자: 요즘 제일 고민거리는 뭐예요?] 아이가 중 3인데 인서울 하기도 힘들 것 같아요. 아기 나라 때부터 다달이 몇만 원씩 내고, 초등학교 때는 학원 보내고. 사교육에는 제가 한 번도 놓치고 한 적이 없어요. 그런데 성적이 그렇게 좋지도 않아요. 그래서 그런 허무감이 들어요. 우리 엄마는 저를 키우면서 돈을 들인 적이 없거든요. 물론 거기가 무상교육 시스템도 있었지만 저는 욕심이 있어서 그런지 혼자서 공부해서 잘했는데. 한국에서는 학원에 다녀도 애가 그렇게 잘하지를 못해요. 결국 돈은 헛되게 낸 거잖아요. 들인 만큼 안 나오니까. 그런데 안 보낼 수도 없잖아요. 친구들

이 다 거기 다니기 때문에. [조사자: 예전에 경제적으로 힘드셨는데도 학원은 왜 끊지 않고 보내신 건가요?] 저는 대학을 나왔잖아요. 못해도 딸은 대학 나와야 한다고 생각하니까. 물론 대학을 나와도 취직을 할지 못 할지 모르지만. 저는 욕심이 있었고 엄마도 요구를 많이 하셨어요. 그런데 저는 애한테 요구를 하다가, 초등학교 때 학원을 뺑뺑이를 돌리다가 애가 쌍코피가 나가지고,

"엄마 미워."

라고 해가지고, 여기서 더 이상 애를 혹사시키면 애가 죽겠구나 싶어서 하나씩 끊기 시작했어요. 피아노, 미술, 영어, 수학 끊으면서 완전히 놀렸어요. 그러다가 나중에 슬슬 그림 잘 그리니까 미술이라도 보내야겠다 싶어 보내고, 중동으로 오니까 영어는 기본으로 보내야겠다 싶어서 영어를 보내고. 그런데 영어학원에서 왕따를 당해서. 50만 원짜리 비싼 학원인데도 애가 실력은 늘지 않고 왕따로 상처만 받아서. [조사자: 엄마가 영어 잘하시는데 가르치시지는 않으셨어요?] 제가 애를 가르치다가 성질이 나가지고. 애가 이렇게 바보였나 싶어서. 그래서 포기했잖아요. 제가 부천시청에서 10년 동안 통역을 했었어요. 1년에 한두 번 복사골 축제를 할 때도. 거기서 무용단을 봤는데 너무 이쁜 거예요. 딸을 거기에 소개해서 보냈어요. 의상 한 번 하는 데 35만 원이에요. 1년에 적어도 세 번 나가요. 무용학원비도 만만치 않은데. 그런데 거기서 또 왕따를 당했다는 거예요. 한창 마음이 힘들었을 때 제가 이것저것 막 시키다가 나중에 다 때려쳤죠. 미술도 ○○○고를 가면 좋은데 내신에 자신이 없어서 결국에는 미술학원도 끊고 지금은 자포자기 상태인 거죠. [조사자: 교육 문제가 제일 어렵네요.] 그래요, 제 마음 같지 않아서. 본인 입으로 인서울 들어가기 힘들다고 하니까. 학원비도 만만치 않은데. 교통비, 책값, 등록금 들어갈 텐데. 애가 그걸

들이고 나중에 취직도 못할까 봐 걱정이고. 이게 너무 보이니까. [조사자: 러시아도 그런가요?] 여기처럼 심하진 않죠. 저는 유대인들한테 영향을 너무 많이 받아서 그런 거 같아요. 엄마가 너무 우리한테 요구한 게 공부를 잘해야 한다고. 우리 사촌언니가 얼마 전에 이야기를 하더라구요. 그 집은 교육 생각을 많이 안 했어요.

"너 어렸을 때 네가 만약 학교에서 80점인가 맞고 오면 아빠가 너 죽이겠다고 해서 울었던 거 기억나냐? 올백 올백 하다가 어쩌다 90점 맞으면 부모님이 너 어떻게 하겠다고 맨날 울고불고 난리였잖아."

그러더라고요. 부모님 두 분 다 대학 나오고 하셨으니까 그런 것 같아요. 큰아버지, 큰엄마는 대학을 안 나왔는데 그 사촌언니도 그렇게 되고, 자기 딸한테도 공부를 막 시키지는 않아요. 결국에는 부모 따라가더라고요.

▶ 한국의 다문화에 대한 시선과 차별, 다 똑같은 사람인데

[조사자: 한국 오신 지 얼마나 되신 거죠?] 20년? [조사자: 한국에서 이제 불편한 점은 없으세요?] 한국에서는 어디 출신이냐를 많이 따지잖아요. 우리 남편도 그렇더라고요, 은연중에. 저한테도 보이는 걸 보면요. 오죽하면 그러겠냐고. 그런 걸 무시를 못 하겠더라고요. 출신, 배경 이런 것을. 한국에서도 차별이 심하죠. 여기는 아무래도 경쟁사회니까. 뭔가 조금만 잘못해도. 아, 그런 게 있죠. [조사자: 선생님은 외모나 말에서 한국 사람과 다르다는 걸 잘 모르겠는데요.] 그래도 티가 나죠. 저는 제 또래 엄마들처럼. 자라왔던 배경이라든지 교육이라든지 환경이라든지 미묘하게 영향을 미치기 때문에. 저는 다를 수밖에 없어요. 저는 어딜 가면 많이 위축돼요. 새로운 사람을 사귈 때 숨겨야 하고. 예를 들어 요가를 지금 2년 정도 다니는데.

친해지고 말을 못 해요. 동생은 성격이 대범하기 때문에 상대가 알아들으면 듣고 말면 말고 하는데 저는 성격이 소심한 편이에요. 눈치를 많이 보고. 조금이라도 비교를 당할까 봐 그런 것이 깔려 있기 때문에. 저는 웬만하면 말을 많이 하거나 친해지려고 하면 오히려 역효과가 나죠. 그래서 말을 많이 아끼려고 해요. 숨기고 그런 게 좀 있어요. [조사자: 사실 선생님은 한국의 사람에 비해서도 학벌도 좋으시고 여러 조건이 좋으신데도요?] 그런데 중앙아시아, 카자흐스탄 이런 말이 나오기만 하면 일단 사람들이 깔아뭉개려고 하는 게 있어요. 인간이란 게 기본적인 본성인가 봐요. 저희 시어머니도 섬 출신이고 대학을 안 나오셨지만, 저한테 호되게 얘기하시고, 외국 신부라고 뭐라고 하시고. 물론 학벌 좋은 며느리 얻었다고 그렇게 얘기를 하셨대요. 근데 우리 남편이나 시어머니나 무언중에 있는 거 같아요, 열등의식 같은 게. 그래서 어떻게든 아프게 말하려고 해요. 너무 사람 잘나면 꼴 보기 싫잖아요. 동서들한테 제가 홀대를 당한 것도 그래요. 시누는 제 편이었거든요. 남편이 바람났을 때 찾아와서 그런 말을 하더라구요.

"나도 동생을 아는데. 네가 정말 힘들면 말리지 않겠다. 나도 할 말이 없다. 동생이 어떤 사람인지 아니까. 나도 노력을 많이 했지만, 우리 엄마가 너무 많이 잘못했다."

"뭘 잘못하셨는데요?"

"몰라서 물어? 진짜 몰라서 물어? 네가 잘나서 그래."

라고 해서 깜짝 놀랐죠. 저는 시집가고 나서 셋째 며느리가 맨몸으로 왔다는 얘기만 들었는데. 거기 동서는 학교 안 나오고 아빠 혼자서 키웠나 봐요. 엄마 일찍 돌아가시고. 시어머니가 얘기하시기로 얘는 맨몸으로 왔다는 둥 엄마 없는 아이들은 아무래도 버릇이 없다거나 지저분하고 쓰레기도 안 치운다고 그런 얘기를 하셨는데. 근데 제가 얄미우니까. 집안에서 동서나 시누이나 어머니나 얼마나 전쟁이 일어나는지, 저 하나 들어와가지고. 그런데 저는 아무것도 모르고 이러고 있다가. (한숨) [조사자: 가족들이나 한국 사람들에게 바라는 것은 어떤 게 있나요?] 재미교포, 재일교포 다 똑같은 교포인데 너무 차별을 많이 해요. 어떤 나라이냐에 따라서. 그래서 그게 싫었던 것 같아요. 그 사람도 똑같은 인간인데. 나보다 잘난 것도 없는데. 말도 나보다 못하는데. 단지 자기가 어디서 외국물 먹고 왔다는 것 때문에 더 많은 혜택을 받는다는 것은, 좀…. 우리 남편이 전라도 출신인데 전라민국이라고 하더라구요. 그래서 그 사람도 나름대로 좀….

'애환이 있는 사람끼리 결혼했구나.'

하는 생각이 들어요. 한국 안에서도 전라도가 힘든 것이 많아서. 저는 그걸 알기 때문에. 어렵고 못나고 그래도 이 사람 인간성은 뭐. 사람 속을 뒤집어놓는 말을 한 적은 없어요. 성격도 순하다고 할까. 마음이 편하다고 해서 결혼을 했지요. 사람이 아무리 돈이 많다고 해도 사람 속을 뒤집어놓는 말을 하거나 하면…. 본성이 착하니까. 작년까지 술을 그렇게 퍼마셔도.

▶ 부부 상담으로 도움을 많이 받았어요

[조사자: 다문화가족센터에서 받으신 혜택이 있나요?] 부부 상담 때문에 신청을 했는데 ○○○다문화가족지원센터가 부천에 있어요. 처음에 거기에 했다가 나중에 소속이 다문화가족지원센터 소속이 부천시가 아니고 따로 있더라고요. 그러다 보니까 예산이 잘렸는지 절로 들어갔어요. 불교사원으로. 저는 너무 황당해가지고. 마음이 힘들었어요. 안타까웠어요. 왜 나라에서 못해서 절에…. 완전히 거기서 책임지고 하는 것 같아요. 다문화가족지원센터 예산이 얼마나 부족했으면. 제가 교회를 다니고 있기 때문에 마음이 아팠어요. 뜨개질 교실에 가서 몇 번 참석했고, 아이 성교육에

대해서 듣고. 그런 건 너무 좋잖아요. 어디 가서 찾아보려면 돈을 내야 하는데. 부부 상담 같은 건 비싸다고 알고 있는데 저는 도움을 많이 받았지요. 상담사가 내 편이 돼가지고. 속 시원하게 얘기했어요.

"한국 사람 같으면 못 살았을 것 같다."

저는 그 말을 듣고 위로가 되고 힘을 얻었어요. 대기시간이 길어서 그렇지. 남편하고 갔는데 남편을 앉혀놓고 그러더라고요.

"부인이 전화를 하면 왜 끊어버리냐."

"여자가 간섭을 많이 한다. 전화를 해가지고 어디냐고 막 그러고."

"입장을 바꿔 생각해보시라. 저녁을 준비해놓고 기다리는 입장을 생각해봐라. 무슨 일이라도 생겼을까 걱정하고 밤을 꼬박 새는데."

"알았어요, 앞으로 잘할게요."

그러더라고요. 그 뒤로 두 번만 갔는데 저는 정말 성공한 게 새벽에 들어왔던 사람이 3시, 1시, 12시 전에, 전철이 끊기기 전에 오려고 노력을 하더라구요. 못 들어올 거 같으면 저녁 먹고 온다고 전화를 하거나 문자를 줘요, 아직까지. 그 학습효과가 지금까지 나요. 이 사람 내가 말하면 씨알도 안 먹히는데 제3자가 얘기하면 된 거예요. 상담의 매력이, 제대로 하시는 분 만나서. 나중에 또 한 번 신청했을 때는 실력이 좀 그래서 그때는 도움을 못 받았죠. 상담사를 너무너무 잘 만나서. 그게 얼마나 중요한지. 한 번 만에 완전히 효과를 보고. 건강도 관리를 하니까. 술 먹고 다닐 때 간경화 왔는데도 계속 술 먹고 다니고 그랬거든요. 시누이 남편이 1년 만에 암으로 돌아가셨거든요. 소주를 나발 소주를 먹다가 1년 만에 가셨어요. 저는 그걸 보고 기겁을 해서

"당신도 그렇게 가고 싶냐?"

시댁 식구에게 가서 최후통첩을 했어요. 이 사람이 그렇게 술 먹고

다니려면 가뜩이나 없는 돈에 집을 팔아서 전세 자금을 빼서 할 준비가 안 됐다. 애가 너무 어리니까 알아서들 하시라고. 막내 시누가 동생한테 A4 용지 5장에 자필로 빼곡히 썼어요. 이 사람이 술을 쳐다보지도 않았어요. 내팽개치고. 저는 그걸 보고 감동받았잖아요. 그 이후로는 술 끊고 다른 사람들이 술 마셔도 혼자서 콜라 홀짝홀짝 마신다고 하더라구요. 우리 딸이 예전에는 아빠랑 대화가 전혀 없었거든요. 한마디도 안 했어요. 그전에는 엄마한테

"아빠랑 이혼해라."

고 했거든요. 그런데 이젠

"아빠가 많이 달라졌잖아. 그러니까 데리고 살아."

그래요. 그래도 술 끊고 그래요. 그래도 저는 성공한 거죠. 인간 승리죠. 친구들처럼 ○○○인가 뭔가 좋은 아파트에 안 살아도. 사람 하나를 살렸죠. 남편을 살렸죠. 저도 18층에서 뛰어내려는 충동이 얼마나 왔었는데요. 저도 살고, 애도 살고, 남편도 살리고. 인간 승리죠. 돈이 행복 순위가 아니잖아요. 성적도 그렇지만 아직까지 딸에 대한 책임 때문에 그건 못 놓겠어요. 그래도 친구도 좋고 정신적으로도 좋아져서, 아무리 못하더라도. (웃음) [조사자: 힘든 일 많이 겪으셨지만, 이제는 만족하시는 거네요.] 그렇죠. 그래서 저는 지금 애도 크고 엄마 손을 덜 타니까, 남편도 술 끊고 해서 저도 슬슬 운동도 하고 취직도 해야 하는데. 이제 마흔을 넘기니까 나이에서 잘리네요.

▶ 취직도 하고 일하고 싶은데 자신이 없어요

[조사자: 선생님은 취직을 안 하셔도 언어로 하시는 거면 프리랜서로도 활동이 가능하시잖아요.] 예전에는 프리랜서로 어디 가면 괜찮았는데. 중

앙대에서 7년 동안 강의를 했었어요. 대학원이 생겨서. 애들한테 제가 오히려 자신감을 잃었어요. 애들이 어리고 날씬하고 외국어도 잘하고. 러시아어도 제2, 제3 외국어로 하는데 영어를 원어민같이 하면서 중국에서 몇 년 동안 유학을 하고. 러시아어도 줄줄줄 하는데. 이렇게 잘하는 애들이. 그런 애들도 취직을 못 하고 주저앉고. 결혼해서 그냥 여행이나 다니고. 저는 그걸 보고 충격을 먹었어요. 한국 사회가 얼마나 호락호락하지 않은지. 나는 언어 하나에다가 뚱뚱하고 나이도 많이 먹어서. 심사하는 사람들도 다 남자들이에요. 저는 원래 바지 입고 다니는 걸 좋아하는데, 거기 보면 면접하러 온 사람들은 스커트를 입고 오더라고요. 복장도 하얀 블라우스에 까만 치마와 구두. 그사이에 저는 완전 아줌마같이 해가니까. 거기서 나 자신에 대해… 40대도 혼자고. 거기서 한 번 두 번 떨어지니까 기가 팍 죽더라고요. [조사자: 앞으로 꿈은 뭐예요?] 취직을 해서, 남편이 몸이 안 좋으니까. 대출을 갚아야 해요. 아파트 대출도 있고 애 학원도 있고, 대학 등록금도. 아무래도 직장생활을 해야 하니까. 그런데 너무 늦었잖아요. 예전에 누구 소개로 강남에 있는 회사를 들어갔어요. 애가 유치원 다닐 때 감기에 걸렸는데 계속 아픈 상태로 보내가지고 나중에 보니까 애 눈에서 고름이 나더라구요. 병원에 갔는데 의사한테 혼났잖아요. 애가 눈, 귀에서 고름이 찰 정도인데 엄마가 뭐하냐고. 애를 죽일 작정이냐고. 저는 그때 그래서 회사 다니기 힘들겠구나, 애를 키우면서. 한국에서는. [조사자: 러시아는 엄마가 직장생활 하기에 어떤가요?] 거기는 일단 가사 분담이 기본적으로 사람들 머릿속에 박혀 있기 때문에 여기서처럼 애걸복걸할 필요도 없어요. 부인이 바쁘면 남편이 와서 저녁 준비를 해요. 저녁 준비 거리가 없으면 가서 장을 봐요, 남자가, 기본적으로. 집안에 손볼 것도. 처음에 전구를 남편한테 해달라고 했더니 시어머니께서

"그런 걸 왜 우리 아들한테 시키냐. 기술자 불러야 한다."

"전구를 가는데 무슨 기술자를 불러야 되냐? 아들을 잘못 키운 것 같다."

"우리 아들은 그런 거 못한다."

집 구하러 다녔을 때 부동산 가야 하는데

"우리 아들이 그런 것 못한다. 한국 여자들은 그런 걸 다 알아보고 부동산 찾아서 다 하는데 남자들이 하는 거 아니다."

그래서 시어머니랑 같이 갔어요. 시어머니는 한 집만 보고 다리 아프다고 주저앉아서

"나는 몰라. 힘들어. 그냥 이거 계약해."

하는 거예요. 발품 팔아야 좋은 집을 얻는데 저는 그때 너무 놀라서, 우리 남편은 아직까지 세금이 얼마 나가는지 몰라요. 대출비가 얼만지 학원비가 얼만지 전기세고 뭐고 하나도 몰라요. 몇 년 전까지만 해도 이 사람 핸드폰 요금하고 담뱃값까지 다 하다가 당신 기름값하고 당신 개인적으로 쓴 핸드폰 요금을 내가 왜 내냐고. 한 달에 20만 원씩 누구랑 무슨 대화를 하는지 너무 요금 폭탄이 나오고, 핸드폰도 맨날 최신 폰으로 바꾸고 그걸 내가 왜 감당을 해야 하는지. 먹을 것 안 먹고 입을 것 안 입고 애한테 하는데. 그걸 당신이 하라고 하니까

"너무 힘들어. 카드값이 너무 많이 나와."

해요. 그럼 결혼생활이 쉬운 줄 알았어? 내가 몇 년 동안 외상으로 먹은 술값 대느라 빚을 갚았는지 몰라. 결혼하고 나서 알았잖아요. 몇 년을 룸살롱을 자기 집 드나들듯이 결혼하기 전에 그렇게 많이 가는지.

"나는 아무것도 아니야. 아는 형은 거기서 1억을 했어."

그걸 자랑이라고. 남편 보험비를 ○○○○에 실비청구를 하는데 집에서 구시렁거려요. 무협지를 못 보게 한다고.

"내가 이 보험을 안 들었으면 어떻게 하려고 그랬어? 지금 가뜩이나 돈 모자란데. 그래도 당신 병원비 검사비 나오니까 이게 어디냐고. 1년에 몇백만 원씩 약값하고 치료비 나가는데 내가 보험 안 들었으면 당신 어떻게 됐겠냐고."

애가 얼마나 큰 역할을 했지, 이 사람하고는. 애가 본드 역할을 한 거지. 안 그럼 벌써 안 살았죠. 내가 직장생활을 한 지 1년 만에 대통령 청와대 들어갈 정도였는데. 부산에 맨날 한 달에 두세 번 비행기 타고 서울에서 왔다 갔다 했어요. 러시아 배 들어오면 검사를 하는데 러시아 사람들 들어오면 비싼 밥을 먹여주고 여기저기 보여주면서. 제가 그렇게 회사에서 일하니까 제 위에 차장이 2년 만에 상무인가 이사로 올라갔어요. 저는 계약직으로 들어가고. 남편도 월급

"○○○ 씨, 호봉이 뭔지 알아요?"

라고 하더라구요. 저는

"모르겠는데요."

했는데

"모르면 됐어요."

그러더라고요. 나중에 너무 괘씸하잖아요. 계약직으로 그렇게 열심히 했는데 저 때문에 그렇게 승진하고 덕을 봤는데 저는 나중에 보니까 여직원들이 그러더라고요. "언니가 오기 전에 어떤 남자가 있었는데 일본에서 회사에 다니다가 왔다. 그 사람이 3천 불을 받았어."

그게 2001년이에요. 못해도 320만 원 굉장히 센 돈인데. 근데 그 사람이 일도 안 했어. 맨날 앉아서 말도 못하고 맨날 영어로만 하고 일을 안 했어요. 못 알아들으면 그냥 넘어가고. 그런데 언니는 월급을 반밖에 못 받는데 이 회사 무역, 자회사 아주 그냥 몸 하나로 몇 가지 일을 하는데.

저는 그 이야기를 들으니까 못 다니겠더라고요, 그 뒤로. 누가 얘기하기로는 원래 그 여직원들이 그 이야기를 하면 안 되는 거였는데 저도 대우를 그 정도밖에 못 받았으니까. [조사자: 정보가 없어서 그랬나요?] 모르고 있어서 그런 거죠. 처음에 회사를 입사했을 때. 한국 온 지 얼마 안 된 지. 들어오고 2년 만에 졸업을 하고.

"○○○ 씨 얼마 받았으면 좋겠어?"

라고 회장이 물어보더라고요.

"될 수 있으면 많이 주세요. 회사 내규에 따라서 주세요."

했는데 그게 얼마나 안 좋을지 몰랐죠. [조사자: 한국 사람들한테도 그러나요?] 계약직으로 들어가서 그랬어요. 제가 그만뒀을 때 사장이 그러더라고요.

"○○○ 씨 왜 그만두려고 그러냐고."

"결혼하려고 그런다."

"다른 사람들은 결혼해도 잘 다닌다, 그런데 왜 그만두려고 하냐?"

지방의 어느 영업사원 여직원이 있었는데 그 사람이 결혼하고 애 낳고 그러고 뻔뻔스럽게 회사로 복귀했다고 한다는 젊은 여직원들이 하는 그런 얘기 하는 거 듣고…. 그 당시에 여자는 결혼하면 그걸로 끝나는 거였어요. 물론 사장이 실력이 있으니까 남아 있으라고 하지만 그 시대가 직원들 눈치를 보기 싫어서 그랬어요.

"죄송합니다. 그만둡니다."

했어요. 결혼하면서 그만뒀죠. 근데 지금 보니까 나이가 너무 먹어서 새로 시작하기가 특채로 들어가면 모를까. 예전에는 큰소리치면서 일을 했는데 지금은 너무 젊고 잘하는 애들이 열심히 자기 PR을 잘하고 다녀서…. 저는 PR을 잘 안 해서 전화 오면 하는 스타일이라 PR을 하는데 사실은 자기가 이만큼밖에 못하는데 저만큼 하는 걸로 하더라구요. 저는 그런 걸 잘 못하고. 요즘 젊은 애들은 자기 스펙 쌓는 데 투자도 많이 하고 나는 지금까지 공부하면서 한 푼도 돈을 쓴 적이 없이 여기 와서 대학원도 장학금으로 다니고, 정말 내가 하고 싶은 것도 배우고 싶은 것도 많은데 나를 위해서는 돈을 못 쓰겠어. 영어 시험을 좀 더 잘 보기 위해서 학원에 다니고 싶은데 아까워서 못 하겠어요, 저를 위해서는. 애한테는 쓰는데 저한테는 20만 원도 아까워서 못 쓰겠어요. 애한테는 50만 원을 들여서 영어학원을 보내는데 저는 컴퓨터활용능력이나 그런 거에 관심은 많은데 못 쓰겠어요. 저를 위해서는 아까워서…. 내 스펙을 키우는 데는…. 선배들 보면 석사를 졸업하고 박사를 또 들어가더라고요. 박사를 일반대학원에서 하면 기회가 많아지더라고요. 출강도 하고 대학에 소개로 연구소도 들어가고 좋은 직장이나 좋은 자리에도 들어가는데…. 사람을 만나야 하는데 한두 푼도 너무 힘들고 아까워서 박사도 몇백 하니까 못 쓰겠어요. 애를 위해서는 어떻게든 아껴서 대출을 내서라도 하는데 저를 위해서는 엄두도 못 내겠어요. 시도를 해야지 내가 스펙을 쌓고 하는데 그걸 못 만들겠어요. [조사자: 네, 고맙습니다.]

9장

남편이 달아준 '행복'이라는 날개

연구참여자 F는 우즈베키스탄의 수도 타슈켄트에서 태어났다. 조부모님이 러시아에 계셨다가 우즈베키스탄으로 이주하여 정착하셨다. 부모님도 우즈베키스탄에서 태어났다. F는 맏딸로 태어났고, 아래로 동생이 두 명 있었다. 아버지는 밖에서는 엄격하셨지만, 집 안에서는 딸들을 정말 사랑하셨다. 반면 어머니는 딸들에게 매우 강한 모습을 보이셨다. 특히 공부에 대한 열정을 가지고 계셨다. F는 열 살 때부터 맏딸로서 살림도 하고, 동생들도 돌보게 되었다. 어머니는 빵이나 케이크 등 요리를 잘 가르쳐주셨다. 이런 어머니의 영향으로 F도 음식을 잘하고 손재주가 좋다는 말을 많이 듣고 있었다.

아버지는 주로 러시아어로 대화하셨고, 조부모님은 고려 말과 러시아 말을 섞어서 사용하셨다. 외조부모님 모두 고려인이었다. 러시아에서 고려인들은 외모 때문에 차별을 많이 받았지만, 한국에서는 마음이 편안했다. 러시아에서는 밖에 나가 있어도 생김새가 다르다는 이유로 경찰이 무조건 잡아서 검문했다. F는 이런 차별이 싫어서 여동생에게 한국 신랑감을 구해달라고 부탁했고, 여동생의 직장동료인 한국 남자를 소개받았다. 3개월 연애 후, 2009년 결혼하게 됐고 올해로 결혼기념 10주년이 됐다. 결혼하고 1년 만에 어렵게 쌍둥이를 출산하게 되었고 이후 1년 동안은 너무 힘들어서 우울증을 심하게 앓았다. 다행히 쌍둥이 아들들은 우애가 좋았다. 아이들한테 러시아어를 가르쳐주고 싶은 마음이 있었지만 적당한 때를 놓쳐서 후회했다. 아이들은 러시아어가 어려워 배우기 힘들어했다. 한국에서 고려인으로서 '다문화'의 잣대로 차별받은 경험이 있었다. 고려인이면 같은 민족인데, 다문화라는 말로 구별 짓는 것 같아 싫었다.

[주제어] 고려인, 차별, 이중언어교육, 자녀교육, 다문화센터

1.
우린 자랑스러운 고려인 가족

조부모님, 부모님 그리고 우리 세 자매 모두 고려인

우즈베키스탄에 부모님과 여동생 한 명, 큰아버지 등 가족들이 많이 남아 있었다. 우리 세 자매 모두 우즈베키스탄에서 태어났다. 외조부모님은 러시아에 계시다가 우즈베키스탄에 오셨고, 우즈베키스탄에 정착하셨다. 부모님은 우즈베키스탄에 계속 살고 계셨다. 외조부모님 모두 고려인이셨다. 할아버지는 이씨고, 할머니는 김씨였다. 그중 할머니 성명만 김○○ 씨*라고 알고 있다. 우즈베키스탄의 위쪽 지역에 살았기 때문에 주변에 친척들이 굉장히 많고, 친척분들도 다 그 근처에 살았다. 외조부모님은 러시아어, 고려 말 모두 사용하셨다. 집에서는 고려 말을 주로 사용하셨고, 밖에서는 러시아어를 주로 사용하셨다. 나의 부모님은 주로 러시아어를 사용하셨다. 러시아 사람을 만나면 러시아 말을 하고, 고려사람을 만나면 고려 말을 하셨다. 나와 여동생들은 주로 러시아어를 썼다. 학교든 유치원

---

* 연구참여자는 외할머니의 성함을 알고 있었다. 개인정보 보호를 위해 ○○ 표시를 해두었다.

이든 고려 말을 쓰지 않았기 때문이었다.

어렸을 때 외조부모님이 가까운 거리에 사셨다. 부모님이 맞벌이를 하셨기 때문에 주로 외조부모님 앞마당에서 여동생들과 놀았던 기억이 많이 났다. 부모님은 러시아에서 대학교 다닐 때 만났고 아버지는 러시아에서 큰 도시 속의 군대에 있었고, 엄마는 그 도시에서 대학교를 다니다가 만났다. 아버지는 군인이셨고, 어머니는 대학생이셨다. 러시아에서 만나서 연애를 하시다가 우즈베키스탄에 오시게 됐다. 부모님은 우즈베키스탄에서도 같은 시골에 살았다. 어렸을 때는 잘 몰랐는데 알고 보니 같은 시골에서 사셨다고 했다. 그리고 우즈베키스탄에서 태어나서 사시다가 일을 하러 러시아에 오셨는데 우연히 러시아에 군인으로 있는 아버지를 만나서 결혼했다. 결혼은 우즈베키스탄에서 하셨다. 아버지는 기술직인 전기기사였고, 어머니는 병원에서 사무직으로 회계일을 하셨다.

나의 학창 시절

초등학교 때는 여동생들과 15~20분 정도 되는 거리의 학교를 걸어다녔다. 기억에 남거나 재미있는 일보다는 고려인 학생들이 많았던 것이 기억에 남았다. 한 교실에 30명인데 그중 15명 정도가 고려인이었다. 고려인끼리는 유독 친하게 지냈지만 다른 나라 사람들도 많아서 다 같이 친하게 지냈다. 고려인끼리는 먹는 음식도 비슷하고, 문화가 비슷해서 아무래도 공통점이 많아서 통하는 게 많았다. 유치원 때부터 15년 정도 같이 다닐 정도로 가족같이 지냈다. 우즈베키스탄은 초·중·고등학교까지 10학년까지 있어서 한번 학교를 같이 다니면 오랜 시간 동안 함께 다닐 수 있었다. 친하게 지냈던 친구들 중에는 우즈베키스탄에서 결혼한 친구도 있었고, 나처럼 한국 남자와 결혼한 친구도 있었다. 문화센터에서 행사가 있을 때나 아니면 따로 시간을 맞추어서 보는 경우도 있었다. 만나면 만날수록 어렸을 때 친구들은 커서 만났던 친구들과는 비교가 안 될 정도로 좋은 친구들이라고 생각했다.

아버지는 딸 바보

아버지는 딸들을 엄청 사랑하셨다. 아버지 눈에는 우리들만 보이고 다른 사람들은 안 보일 만큼 너무 큰 사랑을 주셨다. 밖에서는 엄격하셨지만 딸들한테는 그렇지 않으셨다. 지금도 세상에서 자기 딸밖에 없다고 말씀하시고, 매일 아침, 점심, 저녁으로 영상통화를 하셨다. 반면에 어머니는 우리를 강하게 키우셨다. 공부도 많이 시키셨고, 요리도 가르쳐주셨고 빵, 케이크 조리 등 많은 걸 가르쳐주셨다. 이런 영향으로 열 살부터 살림살이를 하게 됐다. 음식도 잘하고 손재주가 굉장히 좋다는 말을 많이 들었다. 둘째 여동생과는 2년 터울이고, 셋째와는 7년 터울이다. 둘째 동생과 사이가 좋았고, 셋째는 태어나자마자 내가 낳은 자식처럼 잘 돌봐줬다. 내가 초등학교에 입학했을 무렵 동생이 태어났기 때문에 거의 언니라기보다는 어머니의 자리를 대신해주는 역할이었다. 지금까지도 막내 여동생을 엄마처럼 잘 보살펴주고 있었다.

2.
힘든 한국살이, 남편 덕분에 행복해

여동생의 소개로 만나게 된 남편

한국에서 1년 정도 일하고 살다 보니까 한국 사람들이 나의 외모와 비슷했고, 마음이 너무 편했다. 그래서 한국에서 계속 살고 싶다는 생각을 했다. 막내 여동생에게 신랑감 좀 찾아달라고 부탁해서 지금의 남편을 만났다. 남편과 회사를 같이 다니던 남편의 지인과 여동생이 먼저 결혼했고, 회사에서 남편을 지켜봤던 여동생이 괜찮은 사람인 것 같다고 지금의 남편을 소개해주었다. 처음에 차 안에서 운전하고 있는 남편을 봤을 때는 아저씨 같아서 마음이 안 갔다. 내 스타일은 아니었다. 그런데 나중에 같이 밥을 먹으러 갔을 때, 자세히 대화를 해보니 마음에 쏙 들었다. 너무 착한 남자였다. 운전했을 때는 뒷모습만 보게 되어서 교감을 나누었던 시간이 없어서 그런 것 같았다. 3개월 정도 연애 후, 부모님께 소개해드리려고 바로 우즈베키스탄으로 가게 됐다. 부모님이 결혼을 허락해주셨고, 부모님을 모시고 한국에서 결혼식을 했다. 한국에 왔을 때, 주로 연애는 인천의 ○○○에서 하게 되었다.

나의 사랑둥이들을 소개합니다

아이는 결혼해서 바로 가진 것이 아니라 1년 정도 후에 갖게 되었다. 인공수정으로 어렵게 아이를 가졌다. 쌍둥이였다. 지금은 10살, 초등학교 3학년이다. 아이가 태어났을 때는 우울증이 심했다. 남편이 일 때문에 하루는 집에 있고, 하루는 일하러 나갔다. 남편이 집에 있을 때는 너무 잘 도와줘서 좋았지만, 일하러 나갔을 때는 혼자서 아이 두 명을 케어하는 것이 너무 힘들었다. 1년 정도 힘들었다. 돌 지나서부터 훨씬 아이들이 같이 놀고, 혼자 밥도 먹을 줄 알게 되면서 육아가 쉬워졌다. 지금은 너무 좋다. 같이 놀고, 같이 태권도도 다니고 싸워도 붙어 있고 뭐든 같이 할 정도로 우애가 좋았다. 아이들에게 바라는 점은 너무 공부만 하는 사람보다는 운동도 많이 하고 건강한 사람이 되었으면 하는 바람이 있다. 아직까지는 서두르는 마음이나 조바심이 없었다. 남편이 아이들에게 바라는 점도 나와 같았다. 남편은 외출할 때 아이들을 자주 데리고 다닌다. 여행도 많이 가고 될 수 있으면 바깥으로 나가서 아이들에게 많은 것들을 보여주고 싶은 마음이 있다. 남편과 함께 아이들을 데리고 우즈베키스탄에 다녀온 적이 있었다. 근데 아이들이 한국으로 언제 돌아가는지 계속 물어봤을 정도로 다시 한국에 오고 싶어했다. 음식도 생활 패턴도 한국이 더 좋다고 했다. 아이들은 우즈베키스탄이 낯설어보였다. 나도 우즈베키스탄 음식을 오래 안 먹다가 먹어보니 약간 느끼하기도 하고 짜기도 했다. 한국으로 돌아오고 싶었다. 하지만 부모님은 손주와 사위도 오고 했으니 엄청 좋아하셨다. 사위와 말이 안 통하셔도 바디랭귀지로 다 소통하셨다. 조카는 아이들에게 러시아 말을 했지만 한국말로 이름을 부르면 우리 아이들은 금방 알아들었다. 조카와 우리 아이들은 나이대가 비슷했다.

러시아어를 처음부터 가르쳐야 했는데 시기상 놓친 것도 좀 있는 것 같다는 생각이 들었다. 남편은 적극적으로 내가 아이들에게 러시아어를 가르치기를 바랐다. 남편은 아이들이 한국어뿐만 아니라 아니라 러시아어를 잘하면 경쟁력 있다고 생각했다. 남편은 아이들이 공부를 좀 못해도 러시아어를 출중하게 잘하면 더 낫다고 생각했다. 처음부터 가르쳐야 하는데 많이 노력을 안 해서 후회가 되기도 했다. 아이가 어렸을 때는 한국어를 못 따라 할까 봐 그게 걱정이 돼서 한국어만 열심히 가르쳤는데 벌써 10년이 흘러 지금 가르치려고 하니까 아들은

"싫다."

고 말했다. 아들은 한국말도 어려운데 학교 다니면서 러시아 말까지 왜 배워야 되는지 모르겠다고 생각하는 것 같았다. 딸내미는 약간 관심이 있어서 조금씩 배우고 있는 중이었다. 나도 러시아어를 안 하다 보니 지금은 다문화센터에 갔을 때, 반반 섞어서 하는 것 같다. 러시아어의 전문적인 단어들은 잘 떠오르지 않았다.

자상한 남편과 성격 좋은 아내

남편과의 결혼 후, 10년을 살면서 큰 소리 나게 싸워본 적이 없는 것 같았다. 간혹 싸우게 되더라도 문화적인 차이일 뿐, 엄청 많이 분노해본 적은 없었다. 언어적인 문제로 인한 소통의 문제가 생겼을 때 싸우게 되는 것 같다. 그리고 생활방식의 차이가 있었다. 요즘은 아이들의 양육문제로 좀 부딛혔다. 하지만 아직까지도 나와 남편은 너무 사랑하고 있고, 큰 소리 날 정도로 싸우거나 그러지 않았다. 나는 이야기를 잘 들어주는 편이고 내가 반박하거나 목소리를 크게 내면 더 크게 싸움이 되는데 내가 들어주는 식이고 남편도 배려해주는 스타일이라 소통하면 할수록 서로를 이해하게 되면서 다툴 일이 줄어들었다. 남편이 이야기를 하면 내가 '맞아' 이

런 식으로 수긍해주고 있다. 그리고 시간이 지나면 그 문제에 대해 얘기를 해서 의견을 맞췄다. 남편과는 대화를 많이 하는 편이었다.

결혼 초에 2~3년까지는 문화 차이가 있었다. 세금과 고지서 관련한 일들을 내가 처리를 잘 못하니까 밖에 나가는 게 꺼려져서 집에만 있고 싶어했다. 은행이나 관공서 볼일을 못했기 때문이었다. 지금은 남편이 같이 가서 알려주고 동사무소 가서 서류 떼는 것도 다 할 수 있다. 결혼 후부터 지금까지 남편이 돈 관리를 했다. 처음부터 내가 아예

"안 한다. 나는 씀씀이가 커서 하면 안 될 것 같다."

고 남편한테 이야기했다. 처음에 맞춰갈 때만 힘들었는데 지금은 자연스러웠다. 남편은 가계부를 결혼 전부터 써왔다. 남편은 어머니께서 경제적으로 굉장히 힘들어하시는 걸 보고, 일찍 철이 들어 경제관념이 발달되었다. 사실은 남편이 부모님의 사랑을 전혀 받지 못하고 자랐다. 시아버지가 일찍 돌아가셔서 그런 것 같았다. 자신이 부모님의 사랑을 받지 못했지만, 자녀들에게는 자상하고 일일이 잘 챙겨주는 스타일이다.

결혼에 있어 너무 까다로운 행정 절차

우즈베키스탄이나 러시아 쪽은 사회주의 국가라 이념의 차이 때문에 결혼할 때도 국적 때문에 남편이 행정기관과 많이 싸웠다. 굉장히 까다로웠다. 정부청사에 가서도 많은 실랑이가 있었다. 그때 당시 러시아에서 오는 사람들이 그렇게 많지 않았을 때였다. 우즈베키스탄은 더 없었다. 그 대신 중국이나 베트남에서 오는 사람들은 있었다. 그러니까 행정 절차가 다 어느 정도 준비가 돼 있는데, 러시아나 우즈베키스탄에서 오는 사람들은 전혀 준비가 되어있지 않았다. 그래서 될 때까지 계속 싸웠다. 서류상으로 너무 까다롭게 했다. 우리나라에게 요구하는 서류를 그 나라 가서 발

급해야 되는데, 뗄 수가 없었다. 그런 점이 많이 힘들었다. 지금도 그런 상황은 많이 나아지지는 않았지만, 다행히 지금은 무비자로 우즈베키스탄에 들어갈 수도 있게 되었고, 한 달 정도 있다 올 수 있었다.

우즈베키스탄에서도, 한국에서도 차별받는 고려인

우즈베키스탄도 지금은 많이 변했다. 남편이 처음에 우즈베키스탄에 갔을 때는 돈을 요구하고 돈이면 다 해결됐던 분위기였다. 그런데 작년에 갔을 때는 돈 요구하는 것이 사라졌다. 대통령이 바뀌면서 공무원의 부정부패가 좀 나아졌지만 그래도 아직도 심했다. 그런 것 때문에 고려인들이 차별받는 것 같았다. 한국정부에서 고려인들을 초청해서 집도 주고 터전도 마련해주었다. 그런데 그 사람들이 여기 와서 생활하는 데도 차별을 굉장히 많이 받는 것 같았다. 가장 차별이 많은 부분은 행정적인 부분이라고 생각했다. 쉽게 예를 들자면 탈북민 같은 경우, 그 사람들은 하나원(북한이탈주민정착지원사무소)*에서 다 지원이 되고, 주민등록증을 발급해주었다. 북한 사람들은 대한민국이랑 같은 동포라는 것이었다. 그런데 다른 나라인 우즈베키스탄이나 고려인들이나 중국인(조선족)이 와서 했을 때는 외국인이랑 똑같이 취급했다. 그게 너무 잘못됐다고 생각했다. 물론 다 받아줄 수는 없겠지만 어느 정도 기준이 있어야 되는데 그런 게 없었다. 고려인이면 같은 나라 사람인데 다문화로 얘기하는 것 자체도 잘못되었다고 생각했다. 자녀들의 이야기를 들어보면, 학교에서도 국적 실태조사를 다른 애들 보는 앞에서 용지를 나눠주면서 한다고 했다. 그러면 내가 전화해서

* 하나원(북한이탈주민정착지원사무소)은 탈북민의 우리 사회 정착을 돕기 위해 '북한이탈주민의 보호 및 정착지원에 관한 법률 제30조'에 따라 2010년 설립된 통일부 산하 공공기관이다(출처: 남북하나재단 홈페이지).

"이런 실태조사를 왜 친구들 보는 데서 같이 나눠주냐? 따로 나눠주든지 해달라."

고 학교로 전화했었다. 아이들에게도

"다문화라고 조사할 때 손들지 말아."

라고 이야기했다. 또 다른 차별은 이중언어강사 할 때도 있었다. 대우는 크게 바라지 않는데, 선생님들 간에도 차별이랄까 차등을 두는 것 같았다. 쉽게 얘기해서 우리나라 선생님들은 대학교 나와서 힘들게 교원시험 치고 나왔는데 이중언어강사 같은 경우는 그런 식으로 교육을 받아서 학교에서 근무하는 것 자체를 인정 안 하려고 하는 분위기가 느껴졌다. 그걸 굳이 표현 안 했으면 좋겠다.

3.
다문화센터에 바란다

다문화센터 프로그램 너무 좋지만, 남편들의 참여 적극적이었으면

옛날에는 다문화센터를 자주 갔다. 2년 전까지는 우리 가족이 최우수 고객이었다. 무슨 일이 있으면 우리에게 전화가 왔다. 한 달에도 몇 번, 주말마다 갔다. 거의 센터 프로그램의 90퍼센트 이상을 참여했다. 특히 인원이 부족할 때 연락이 오면 적극적으로 참여했다. 남편은 처음 회장을 맡았었다. 그때는 여덟 개 나라의 부부들이 모임을 했다. 그런데 그게 쉽지가 않았다. 여러 나라가 섞여 있으니까 자기들끼리 모이는 성향이 있었다. 결국 2년 정도 하고 무산됐다. 모임 하면서 제일 큰 문제점은 한국 아빠들이 참석을 안 한다는 점이었다. 다문화센터에서 행사가 있을 때 아빠들이 참석하는 경우는 거의 10퍼센트 정도 되는 것 같았다. 바쁘거나, 관심은 있는 것 같은데 같이 섞이는 것을 꺼려하는 느낌을 받았다. 그래서 아빠들은 거의 안 오고 엄마들과 아이들만 오는 것 같았다. 나는 센터에서 나오는 프로그램에 참석하면 도움이 되고, 아이들이 같이 지낼 수 있는 친구들을 사귈 수 있어서 좋다고 생각했다. 센터의 프로그램을 예를 들면 작년에 다녔던 체육 같은 프로그램 활동을 들 수 있다. 그리고 만들기도 있고, 요리도 있고, 아이들하고 같이 하니까 좋았다. 그중에 가장 좋았던 것은 1박 2일 캠핑 가는 프로그램이 너무 좋았다. 그런 프로그램을 하니 아빠들이 좀 왔었는데 지금은 안 오는 것 같았다.

다문화센터의 적극적인 배려가 필요한 시점

다문화센터가 다문화 가정들에게 더 적극적인 배려를 했으면 좋겠다고 생각했다. 우리 가족은 많이 참석해서 센터의 많은 것을 누렸지만 안 온 사람들은 어떤 프로그램이 있는지 무엇을 하는 곳인지 잘 몰랐다. 참석하지 않은 사람들은 참석한다는 것 자체가 다문화라는 걸 스스로 보여주고 인정하는 거라고 생각해서 안 오는 것 같았다. 가장 큰 문제는 한국 남편과 다문화 아내 간의 나이 차이인 것 같았다. 아버지뻘 되는 사람들도 꽤 있었다. 그래서 아내로서의 관계보다는 아이, 자식 같은 그런 느낌으로 사시는 분들이 많다고 들었다. 이런 모습을 보여주기 싫어했다. 가정마다 여러 가지 상황이 다 달랐다. 남편이 많이 참여하지 않는 이런 상황을 담당자에게 직접 이야기한 적이 있었다. 남편은 할 이야기는 하는 성격이었다. 담당자는 남편의 이야기를 듣고 알았다고 맞다고 이야기는 하는데 그 이후에도 변화가 없었다. 센터 직원들도 이해가 갔다. 상부에서 어떻게 하라는 지침이 있을 테고 그것을 맞추다 보니까 이런 상황이 벌어지는 것 같았다.

귀농 귀촌을 꿈꾸며…

나는 인천에서 살다가 남편과 귀농하는 꿈이 있었다. 그런데 지금 살고 있는 환경을 바꾸기에는 쉽지 않다고 생각했다. 도시 생활보다는 지방에서 내려가서 생활하는 것이 더 낫겠다는 생각을 했다. 사는 형편이 어느 정도 되면 외지에서 전원생활을 하고 싶었다. 자연과 함께 사는 것이 더 좋을 것 같다는 생각을 했다.

4.
전사록 요약

〈연구참여자 정보 및 특성〉

출생연도	1978년생	이주연도	2007년
국적(이주 전/현재)	우즈베키스탄/대한민국	학력	대학 중퇴
가족	남편, 쌍둥이	직업	이중언어강사

▶ 결혼 10주년 맞이 인터뷰

[조사자: 비자는 영주권이세요?] 한국국적 가지고 있습니다. 7년 정도 됐습니다. 2007년에 왔어요. 처음에는 일하러 왔고, 결혼은 2008년에 만나서 2009년에 결혼하게 됐습니다. 올해 딱 결혼기념 10년 됐습니다. 며칠 전 18일 날 결혼기념일이었어요. [조사자: 남편분은 어떻게 만나게 됐나요?] 여동생 소개로 만나게 되었고, 고려인이에요. 국적만 러시아고, 고려인이에요. 우즈베키스탄에서 태어났고, 러시아에 이사 가서 국적 받고 러시아에서 여기로 오게 되었어요. [조사자: 가족의 국적은 어떻게 되시나요?] 엄마, 아빠, 큰아빠… 가족이 많이 남아있어요. 여동생 하나는 우즈베키스

탄에 있고, 하나는 저처럼 한국에 결혼해서 와 있고. [조사자: 도시는?] 우즈베키스탄 수도 타슈켄트에서 태어났어요. [조사자: 지금 거주하시는 곳은?] ○○동. [조사자: 그러면 학교는 우즈베키스탄에서?] 대학교는 다니다가 그만두었어요. [조사자: 그러면 우즈베키스탄에 있을 때 주로 어떤 일 하셨어요?] 러시아에 일하러 갔어요. 우즈베키스탄에 할 일 없어서 러시아에 가게 되었어요. 한국에 오기 전에는 러시아에 있었어요. 러시아에서는 한 3년 정도 살고 돈 벌고 국적 받고 살 생각이 있었는데, 차별을 너무 많이 받아서 생각하다가 한국에 오게 됐어요. [조사자: 러시아에서 어떤 일?] 상점에서 점원, 유통업 쪽에서 종사했어요. [조사자: 혹시 종교는?] 없어요. [조사자: 어머님, 아버님께서는 계속 우즈베키스탄에서 계셨나요?] 네, 할머니 할아버지는 러시아에 계시다가 우즈베키스탄에 오셨고, 우즈베키스탄에 정착하셨어요. [조사자: 어머니 아버님 두 분 다 부모님들이 다 러시아에 계시다가 우즈베키스탄에 오신 건가요?] 할아버지 할머니만. [조사자: 어머니 아버님께서는 어떤 일을 하셨는지?] 아버지는 기술직 전기기사, 어머니는 병원에서 회계사, 사무직. [조사자: 어머니, 아버지 어떻게 만나셨을지?] 엄마 아빠는 러시아에서 대학교 다닐 때 만나서 아빠는 러시아에서 큰 도시에 군대에서 하고, 엄마는 그 도시에서 대학교 다니다가 만났어요. 아빠는 군인이셨고, 엄마는 대학생이셨고. 러시아에서 만나서 연애를 하시다가 우즈베키스탄에 오시게 됐어요. 우즈베키스탄에서도 같은 시골에 살았어요. 어렸을 때는 잘 몰랐는데 알고 보니 같은 시골에서 사셨대요. 그리고 우즈베키스탄에서 태어나서 사시다가 일을 하러 러시아에 오셨는데 우연히 러시아에 군인으로 있는 아버지를 만나셔서 결혼은 우즈베키스탄에서 하셨어요. [조사자: 어머니 아버지는 어떤 분?] 우리는 딸 셋이에요. 엄청 사랑하고 지금도 자기 애들만 눈에 보이고 다른 애들은 안 보일 만큼 너무 사랑을 많이 받았어요. 밖에서는 엄격하시면서 자기 딸은 엄청 사랑하셨어요. 지금도 세상에서 자기 딸밖에 없다고 지금까지도 매일 전화로 아침, 점심, 저녁으로.

"아침 뭐 먹었어, 점심 뭐 먹었어, 저녁에 어디 갔다 왔어?"

매일 전화해요. 엄마는 좀 강하게 키우셨어요. 공부 막 해야 되고. 어머니가 요리도 가르치시고, 빵 같은 거 케이크나. 엄마 아빠 일하는 거 보니까 제가 열 살부터 살림살이 집에서 하게 됐어요. 살림도 하고, 음식도 잘하고 손재주가 굉장히 좋아졌어요. [조사자: 그러면 맏딸이시고 동생들이 여동생 두 명이 있는 거고, 나이 차이가 어떻게?] 둘째는 2년 차이고, 셋째는 7년이요. 둘째랑 같이 지내지만 셋째는 태어나자마자 우리 애처럼 봐줬었어요. 제가 그때 1학년 들어갔는데 그때 태어났어요. 거의 언니라기보다는 어머니의 자리를 대신해주는 역할. 지금도 일곱 살 차이나는 막내 여동생한테 엄마처럼 보살펴주고 있어요. [조사자: 이 근처에 사세요?] 인천 ○○에 살고 있어요. [조사자: 어렸을 때 가족에 대한 기억은?] 그 당시에 어렸을 때 어머니, 아버지께서 맞벌이를 하셨어요. 거의 집에는 동생들이랑 저만 있었어요. 어렸을 때는 바로 옆에 할아버지, 할머니 있어서 외조부모님 계셨어요. 외조부모님 모두 고려인이에요. 할아버지 이씨고, 할머니 김씨. 할머니 성명만 알고 있는데 ○○○이에요. 우즈벡의 위쪽(?)에 살았기 때문에(?) 주변에 친척들이 굉장히 많고, 친척분들도 다 그 근처에 살았어요. [조사자: 어르신들, 지금 선생님은 3세대, 위에 부모님 2세대, 할아버지는 1세대이신데, 어르신들은 고려 말을 사용하신다고 들었어요.] 네, 할아버지랑 할머니랑 했어요. [조사자: 러시아어는?] 러시아어도 했어요. 지금은 그냥 러시아어 사용해요. 보통 밖에서는 러시아 사람을 만나면 러시아 말을 하고, 고려사람을 만나면 고려 말을 하고. [조사자: 하지만 집에서는?] 그 당시에는 어렸을 때 엄마 아빠는 러시아어로 하셨고, 할머니 할아버지는 섞어서 하셨어요. 할아버지 할머니는 고려 말도 하시고 러시아 말도 하시고 섞어서 하셨고. [조사자: 선생님이랑 여동생 두 분은 어떤 말?] 러시아 말 썼어요. 학교 유치원이든 다 러시아어를 쓰니까. 한국말을 쓰지 않으니까. [조사자: 그 동생들이랑 노실 때는 어떤 놀이를 했다든가, 소풍을 한다든가, 어떻게 시간을 보내셨어요?] 대부분 제가 기억나는 바로는 할아버지, 할머니 그 집에만, 그 집에 마당이 놀이터고 그렇게 다른 데 가지 않고 집에서 놀았어요. 어머니, 아버지 맞벌이 하셔서, 할머지 집이 가까우니까, 가서 놀았어요.

▸ 나의 학창시절

[조사자: 그러면 학교를 다녔을 때, 학교는 근처에 있었나요? 아니면 더 멀리 버스 타고 다녔나요?] 아니, 버스로 말고요. 거리는 15분, 20분 정도 걸어서. 그 학교를 여동생 두 사람이 똑같이 다녔어요. [조사자: 학교 다닐 때 기억나는 재미있는 일이라든가 있으면?] 학교는 뭐 보통 공부고, 다 똑같아요. 우리 반에 고려인 학생들이 많아서 한 교실에 30명인데, 15명 정도 고려인이었어요. 우리끼리 뭉쳐서 지내고, 반의 반이 고려인. 특히 고려인끼리 친했어요. 다른 나라 사람들도 많이 있어서 똑같이 친했어요. 특히 고려인들이랑 친하게 지냈어요. 음식도 똑같은 거 먹고, 비슷한 거 많이 있으니까. 아무래도 공통점이 많고, 통하는 게 많으니까. 유치원부터 15년 정도, 같이 다녔어요. 가족처럼 지냈어요. [조사자: 오랜 기간 같이 학교를 다니셨으니까, 굉장히 친하실 테고 지금도 연락하고 그러세요? 그분들은 다 우즈베키스탄에 있어요?] 여기서 결혼하신 사람도 있고요. 한국에 오신 분도 계시고. 일하는 사람도 있고요. 형제 언니처럼 동생처럼 지내고 있어요.

[조사자: 아무래도 한국에 같이 오신 분들은 자주 만나시고 그러세요?] 네. [조사자: 남편분이랑도 같이 보시고 그러세요?] 네, 아는 친구들도 있어요. [조사자: 얼굴도 알고? 같이 보기도 하시고?] 그렇죠. 같이 행사할 때가 다문화센터에나, 그때 할 때 같이 시간 보내고. 또 따로 시간 보내기도 하고, 따로 보내는 시간도 있고. 아무래도 공통점이 있는 친구들이 좋지.

▶ 여동생의 소개로 만나게 된 남편

[조사자: 남편분은 어떻게 만나셨어요?] 네, 소개로. [조사자: 소개해달라고 하신 거예요?] 네, 이제 여기 1년 일하고 살다 보니까 너무 마음에 드는 거예요, 한국이. 사람들 저랑 외모는 똑같고, 마음이 너무 편하고, 아, 여기 계속 살아야겠다. 꼭 여기서 죽어야겠다, 끝까지. (웃음) 동생한테 신랑감 좀 찾아달라고 부탁해서 첫 번째 만나자마자. [남편: 우리 만나게 된 이유가 저랑 회사 같이 다니는 동생이 집사람 막내하고 결혼을 먼저 했어요. 먼저 해서 그 동생이 이제 저하고 많이 겪다 보니까 나쁘지 않을 것 같아가지고 괜찮은 사람인 것 같았는지 자기 언니를 소개시켜준 거죠.] [조사자: 딱 처음에 만났을 때 마음에 드셨어요?] 왜냐면 차 운전해가지고 뒤쪽으로 제가 타니까 그냥

"안녕하세요."

인사만 하고 첫 느낌은

"아 뭐야~"

(웃음) 아저씨 같기도 하고 그냥 나중에 이제 같이 밥 먹으러 가가지고 대화 나누고 자세히 대화로 얘기로 하니까 마음으로 쏙 들어갔었어요. 운전하고 있으니까 뒷모습만 보게 되고.

"안녕하세요?"

하고 1초. (웃음) [조사자: 처음에는 그렇죠? 교감을 나눌 만한 것이 없었고. 처음 보자마자 들이대는(?) 것도 이상하고. (웃음) 마음에 드셨어요?] [남편: 그렇게 나쁘지는 않았어요. 그런데 딱 내 스타일은 아니었어요. 제가 생각하고 있던 스타일은 아니었는데 만나서 얘기하고 그러다 보니까 너무 착한 거예요. 그래서 좋아하게 됐죠.] [조사자: 그러면 연애는 얼마나 하셨나요?] 3개월? 3개월 만나서 바로 우즈베키스탄으로 둘이서 가게 됐어요. 엄마 아빠 소개시켜드리려고.

▶ 우즈베키스탄에는 없는 바닷가 인천에서 실컷 보아

[조사자: 보통 연애하실 때는 어디로 가서 하셨어요?] ○○○, 인천이에요. 바닷가를 제가 못 봐가지고. 우즈베키스탄에는 바다가 없어요. [조사자: 눈 오는 것도 신기하다고? 들었는데.] 아니에요. 한국에도 눈 별로 없잖아요. 작년에는 눈사람 만들려고 얼마나 기다렸는데 눈을 잘 못 봤어요. 왔다가 녹았다가. 인천은 그렇게 눈이 많이 오지 않아요. [남편: 우즈베키스탄에도 눈이 그렇게 많지는 않아요. 눈이 와도 금방 녹아버려요. 산에만 눈이….] 여기도 마찬가지예요. 보통 한국이랑 비슷해요. [조사자: 그런데 우즈베키스탄에 대해 잘 알고 계신 것 같은데, 자주 가시나 봐요? [남편: 두 번 갔었는데, 갈 때마다 많이 알아봐서 잘 알고 있어요.] [조사자: 그러면 그렇게 인사를 드리시고, 부모님 인사드리고 결혼을 하시고 난 다음에? 결혼을 한국에서 하셨어요? 우즈베키스탄에서 하셨어요?] [남편: 한국에서 했어요.] 엄마가 이리로 오시고, 축하해주시고.

▶ 나의 사랑둥이들 이야기

[조사자: 아이는 언제, 결혼하시고 바로?] [남편: 텀이 좀 있어요, 1년

정도.] [조사자: 1년 동안 신혼을 마음껏 즐기시다가? 아이는 지금 몇 살이라고 하셨죠?] 둘 다 10살, 3학년이에요. [조사자: 3학년인데, 아이를 키우면서 기뻤던 일이나 조금 힘들었던 일이나 생각나는 게 있으시면?] 아이는 태어났을 때 1년 동안 제가 힘들어서 우울증이 조금 심했어요. 왜냐면 혼자 키웠어요. 남편이 일 때문에 하루는 집에 있고, 하루는 일했기 때문에 집에 있을 때는 너무 도와주셔서 괜찮고, 없을 때는 제가 혼자니까 애는 두 명인데 너무 힘들었어요. 딱 1년 너무 힘들었어요. 돌 지나서 그때부터 훨씬 애들이 같이 놀고, 혼자 밥 먹고, 점점 가면 갈수록 쉬워졌고, 지금은 너무 좋아요. 다 같이 태권도도 같이 다니고. 싸워도 같이 붙어 있어요. 자기 방으로 가지 않고 싸워도 같이 있고, 다 같이 해요. [조사자: 자녀를 양육하는 것에 있어서 어떤 계획이 있다든가 아이를 어떻게 키우고 싶으신지 생각을 여쭤봐도 될까요?] 누구 생각을 얘기해야? 여보 생각이 내 생각이지. 그냥 기본적으로 잘 공부 너무 안 잘해도 되고, 기본적으로 다 하는 거 하면 되고, 운동 많이 하면 좋고. [남편: 보충해서 제가 얘기하자면 저희 둘은 크게 욕심이 없어요, 공부에 대해서. 아이들에 대해서 큰 욕심이 없어요. 아이들한테 뭘 바란다든지 그런 건 아주 적고요. 일단은 건강하게 자라고. 서두르거나 아이들한테 조바심을 내거나 여태까지 아이들한테 그러지는 않았어요. 앞으로도 그렇게 하고 싶은 생각이 있고, 자율적으로 할 수 있게, 그래서 저희는 아이들을 많이 데리고 다니는 편이에요, 제가.] [조사자: 어디를? 같이 외출할 때?] [남편: 예, 간단한 거로는 동네를 손을 잡고 돌아다니기도 하고, 여행도 많이 가고. 될 수 있으면 바깥으로 나가서 아이들한테 보여주는 것 위주로 많이 했거든요.]

▶ 우리 가족에게 낯설었던 우즈베키스탄

[조사자: 좋은 아버지시네요. 이게 좋은 양육법으로 알고 있는데. 손을 잡고 같이 경험을 하는 그런 시간이 되게 중요하다고 하더라고요. 그러면 아이들이랑 같이 혹시 우즈베키스탄에 어머니 계신 곳에 찾아가서 인사도 드리고?] [남편: 작년에 갔다 왔어요. 작년에 가서 아이들하고 15일 있었나? 2주 동안.] [조사자: 그러면 선생님도 같이? 가족이?] [남편: 네.] [조사자: 아이들이 어떻게 많이 좋아해요?] 아니요.

"한국으로 언제 돌아가요?"

하고 얘기했어요. [남편: 낯설어했죠.] 음식도 입에 안 맞고요. [남편: 생활하는 패턴이나 이런 것도 적응을 잘 못하더라고요.] [조사자: 처음 가 보는 것이면. 그럴 수도 있겠네요.] 저도 우즈베키스탄 음식 오래 안 먹다 보니까 가가지고 먹으니까 이제 안 맞아요. 아, 속에서 약간. 느끼하기도 하고 짜고. [조사자: 한국 사람 입맛인데? (웃음)] 한국으로 돌아오고 싶었어요. [조사자: 그래도 어머니, 아버지께서는 되게 좋아하셨을 것 같은데요. 손주도 같이 사위도 오고 했으니 엄청 좋아하셨을 것 같아요.] 네, 말이 안 통하니까 그거 좀 답답했어요. [조사자: 우즈베키스탄 갔을 때는 선생님만 소통이 가능하고, 남편은…? (웃음)] [남편: 바디랭귀지. 다 알아들어요.] [조사자: 아이들도 그러면 소통이 좀 불편하겠네요.] 네. [남편: 그래도 아이들끼리는 또 금방 통해요.] 조카랑 같이. 조카는 러시아 말로 하고 이름을 한국말로 부르면 알아들었어요. [조사자: 아, 나이대가 비슷한가봐요?] 네, 똑같아요. [조사자: 혹시 아이들한테는 모국어를 가르쳐주실 생각이 있으신가요?] 생각이 있죠. 그런데 처음부터 가르쳐야 되는데 그때 그거 좀 놓쳐서 지금도 조금씩 가르치고 있는데 조금 힘들어요. [조사자: 왜 여쭤봤냐면 많이 만나보니까 다른 것은 별로 문제가 되지 않는데, 친정 부모님이랑 손주들이 말이 잘 안 통하니까 그렇게 말이 통했으면 좋겠다는 마음으로 모국어에 대한 생각을 가지시는 것 같아요. 혹시 선생님도 그러신지? 왜냐면 그 아무래도 친정이니까. 저도 그런 마음이 있거든요. 제 얘기를 해보면 한국 사람들도 많이 나가서 살거든요. 시애틀을 한 달 정도 갔다 온 적 있었는데, 교포분들을 만나서 이분들이 사는 데 어떤 것이 가장 힘든지, 가장 바라는 게 무엇인지 물어본 적이 있어요. 결혼을 한국인이랑 하고 싶나, 미국인이랑 하고 싶나 이런 걸 물어봤는데, 그분들도 이주민이니까 반은 미국이랑 한국인 상관없고, 반은 한국인이랑 하고 싶다고 했어요. 상관없는 것은 당신 좋은 사람이랑 하겠다는 것이고, 왜 한국인이랑 하고 싶냐고 물어봤는데 뭐라고 했을 것 같아요?] 문화가 비슷한 사람이랑. [조사자: 또?] 말도. 그거 중요하잖아요. [남편: 저는 아이들한테 러시아 말을 많이 하게 하고, 많이 가르치고 그렇게 하고 싶어요. 집사람이 그런데 처음에 아이들에게 러시아어를 안 가르치다 보니까. 사실 기회잖아요, 실제로는. 다른 사람은 겪지 못할 언어를 겪잖아요. 그래서 이제 만약에 그 언어를 잘하게 되면 그쪽 방면으로도 나갈 수 있기 때문에. 특히 뭐 공부를 아주 잘하지 못하더라도 러시아어만 출중하게 잘할 수 있으면 지금은 괜찮을 것 같더라고요. 그래서 하고 싶은데 집사람이 그렇게 많이 노력을 안 하는 것 같아요.] 처음부터 가르쳐야 하는데 제가 많이 노력을 안 해서 후회가 돼요. 아이가 어렸을 때. 네, 그때는 한국어 말 못 따라 할까 봐 그게 걱정이 돼서 저도 한국말에 대해서 힘드니까 애기라도 처음부터 한국말 잘 배워야 된다고 그런 생각을 했는데 벌써 10년이 흘러가지고 지금 가르치려고 하니까 아들 같은 경우는 싫다고 한국말도 어려운데 학교 다니면서 러시아 말까지 왜 배워야 되는지. 딸내미는 조금만 관심이 있는데 조금씩 배우고 있는 중이에요. [조사자: 러시아어 다 기억하세요?] 기억하긴 하죠. 가끔씩은 학교에 있을 때 통역해야 하니까 가끔씩은 쉬운 단어는 무슨 말인지는 알겠는데 말로는 조금 안 나오는 점도 있어요. 자주 안 쓰니까. [남편: 전문적인 단어, 이런 거는 막히는 거죠.] 바로 얘기하는데 생각은 나는데 어떻게 말해야 할지 잊어버린 것 같기도 하고, 오히려 한국말이 더 편한 것 같기도 하고. [조사자: 러시아어를 같이 할 수 있는 친구들도 있을 것 같은데 한국어로 대화하세요?] 섞어서 해요. 말은 한국어로 바로 나오고, 어떤 말은 러시아어로. 50프로 정도. [조사자: 선생님도 친구들도 모두 다 그래요?] 네, 섞어서.

▶ 다문화센터 프로그램 너무 좋지만, 남편들 참여 적극적이었으면

[조사자: 다문화센터는 자주 가세요?] 옛날에는 자주 갔어요. [남편: 2년 전까지는 저희가 최고 우수 고객이었죠. 무슨 일이 있으면 저희한테 전화가 오고 그러거든요.] 한 달에도 몇 번. 주말마다 가고, 여기저기 다니고. 애들을 보내기 때문에도 그렇고. [남편: 그래서 참석을 저희가 90프로 이상 참석을 하고, 그랬거든요. 인원이 부족하다든지 저희한테 먼저 연락이 오고. 저 같은 경우는 이제 센터 다문화 거기에서 제가 처음 회장을 맡았었어요. 그때는 이제 여덟 개 나라의 부부들이 해서 모임이 한 거였거든요. 그런데 그게 쉽지가 않더라고요. 한 나라는 괜찮은데 여러 나라가 섞여 있으니까 자기들끼리 모이는 성향이 있어가지고 그게 쉽지가 않더라고요. 2년 했나? 그리고 나서 무산됐는데.] [조사자: 취지나 의도는 상당히 좋은 것 같은데 그게 현실적으로는 쉽지 않았군요. 그 모임은 아빠들만 하시는 건 아니죠?] 네, 가족 다 했어요. [남편: 그런데 이제 제일 문제점은 한국인 남자들이 참석을 안 한다는 거예요. 그게 제일 큰 문제더라고요. 센터의 모든 행사를 하고 그러면 아빠들이 참석하는 경우는 거의 10프로 정도.] 바쁘거나…. [남편: 제가 봤을 때는 관심은 있는 것 같은데 같이 섞이는 것

을 꺼려하는. 그래서 아빠들은 거의 안 오고 엄마들만 아이들만….] [조사자: 아이들을 위해서…. 그거 좀 더 여쭤볼게요. 아이들을 위해서라고 하는 것은 아이들에게 친구들을 만들어주려고?] 그것도 그렇고, 센터에서 나오는 프로그램에 참석하면 도움이 되고, 아이들한테 같이 지내고. [조사자: 예를 들면 어떤 프로그램이 도움이 되는 것 같아요?] 우리 작년에 다녔던 체육 같은 프로그램. 활동. [남편: 그것도 있고, 만들기도 있고, 요리도 있고. 아이들하고 같이 하니까. 캠핑도. 가족끼리 같이 가니까. 캠핑이 제일 좋아요. 전부 다. 1박 2일로. 그런 프로그램을 좀 하니까 그나마 남편들이 오고 그랬는데 그렇지 않고서는 거의 안 오더라고요.] [조사자: 어색하고 그래서 그런가 봐요. 제가 10년 전에 ○○ 육아종합지원센터*, 장난감 빌려주는 사업 하고, ○○에 있는 어린이집 원장님들이랑 네트워킹하면서 지원할 수 있는 제도라든가 연구하기도 하고 뭔가 실질적인 지원도 하고 그러는 기관이에요. 10년 전에는 아빠들이 한 분도 안 오셨어요. 거의라고 해서 조금 놀랐어요. 지금 경제생활은 두 분 다 경제활동을 하고 계신 거잖아요. 앞으로의 계획이나 같이 고민을 나누신 내용이 있으신가요?] [남편: 깊게 생각한 것은 없어요. 왜냐면 앞으로 어떻게 될지 모르기 때문에. 사실 계속 인제 뭐랄까 경제생활을 할 수 있으면 좋은데 그렇지 못할 경우도 있을 거고. 그러다 보니까 지금 계획을 세워놓은 거나 그런 건 솔직히 없어요.] [조사자: 그러면 선생님께 강사활동을 하고 계시잖아요. 강사활동은 어떻게 만족스러우세요?] 네, 왜냐면 어렸을 때 꿈이 초등학교 선생님이 꿈이었거든요. [조사자: 그러면 두 분 다 교편 잡는 것이 꿈이었군요.] 네, 아마 그런 것 같아요. 그런데 러시아에서 학교 그렇게 하려고 했는데 지금은 한국에서 왔으니까 지금 저도 한국

* 지역사회 내 어린이집 지원, 관리 및 보호자의 가정양육지원을 위한 육아지원서비스를 제공한다(출처:중앙육아종합지원센터 홈페이지).

말 서투르지만. 한국어 강사로 돼가지고 그렇게까지 생각은 못 했어요. 애들이랑 부딪히는 거 좋아요. [조사자: 지금 초등학교에서 하세요? 중학교에서 하세요?] 초등학교요. 중학교는 조금 어려운 것 같아요. [조사자: 초등학교에서 한국어를 가르쳐주시는 거예요?] 네, 러시아 애들한테. [조사자: 그럼 아이들 중도입국한 친구들이고. 힘들지 않으세요?] 힘들지만 재미있어요. 힘든 부분도 있고, 재미있는 부분도 있고.

▶ 남편의 지지로 행복한 직업을 갖다

[조사자: 앞으로 계속 강사 활동 하실 거예요?] 그렇게 하고 싶어요. [조사자: 남편분은 아내분이 힘들어하니까 안 했으면 좋겠다라든지 그런 마음 있으신가요?] [남편: 우리 집사람 그거를 원하지 않았어요. 안 한다고 했었는데, 자신이 없어서 미뤘어요. 제가 적극적으로 밀어가지고. 그래서 하게 된 거예요. 집사람이 경제활동, 돈을 버는 건 둘째 치고, 일단 활동을 아이들이 어느 정도 크니까 자기 시간이나 자기 활동을 해야 될 것 같아가지고 그래서 밀어준 거죠.] [조사자: 정말 좋으신 분이네요. 그러면 언제부터 하게 되신 거예요?] 올해 4월 달부터. [남편: 아니, 이중언어강사는 올해부터 한 거고. 그전에부터 이제 작년부터 이제 연수를 받았거든요. 연수를 받고, ○○교대에서 900시간. 그렇게 해가지고.] 그렇게 수료를 하시고 자격이 생기고 난 다음에 올해부터. [남편: 자신감이 너무 없었어요. 그래서 제가 적극적으로 밀어붙였어요. 그래서 많이 좋아졌어요.] [조사자: 그 강사 활동을 아내분께서 하시고 가장 많이 달라지신 게 어떤 거예요?] [남편: 뭐랄까, 원래 집사람이 많이 밝아요. 밝은데 그전보다 훨씬 더 밝아진 것 같고, 생각하는 폭이 넓어진 것 같아요.] [조사자: 좀 더 구체적으로?] [남편: 시야가 넓어졌다고 해야 하나? 보는 눈이 좋아진 것 같아요. 제가 생각하기에는 집

사람이 집에 있을 때는 제가 원래 집사람한테

"애들 초등학교까지 졸업하기 전까지는 집에서 아이들 케어하고 있어."

그랬었어요. 그런데 이제 그게 애들이 초등학교 들어가고 3학년 되고 아이들이 조금씩 커지잖아요. 아이들 생각도 틀리더라고요. 자기 주장을 피고 그러다 보니까. 그렇게 되면 집사람이 다른 가족들을 보면 아이들한테 져요. 언어로 져요. 그게 가장 큰 걱정으로 제가 남았었어요. 지금 애들 3학년하고 집사람하고 말을 하게 되면 아이들이 월등하게 낮아요. 좋아진 거예요. 그래서 그거 때문에 트러블 생길까 봐 걱정했는데 그래서 될 수 있으면 밖에 나가서 활동을 하라, 이런 식으로 해서 밀어준 거죠.] [조사자: 선생님도 그렇게 스스로 많이 바뀌신 것 같아요?] 네, 하다 보니까 괜찮네, 할 수 있네, 재미있네. 좋은 생각 들었어요. 그런데 잘하고 있을까, 나한테 그런 일이 맞는가? 그래서 헷갈리기도 했어요. [남편: 집사람이 이렇게 걱정을 하면서도, 어떤 교육을 듣다 보면 와서 얘기를 해요. 나 저거 해볼까? 이렇게 바뀌었어요, 진짜로.] 욕심이 생기는 것 같아요. [남편: 그래서 대학교도 다니고 싶다, 이렇게 얘기를 하더라고요. 가라~ 그래서 지금 거의 그 정도까지 왔어요.]

▶ 자상한 남편과 성격 좋은 아내

[남편: 10년을 살면서 큰 소리 나게 싸워본 적이 없어요. 집사람이 일단은 트러블이 생기게 된 계기가 서로 소통이 안 될 때.] [조사자: 언어적인 문제?] [남편: 언어도 있고, 서로 생활방식 이런 게 차이가 생긴 거예요. 고려인이든 다른 나라든.] [조사자: 구체적으로 어떤 생활방식?] [남편: 뭐라고 해야 될까, 그렇게 생각해보니까 별로 없네. 크게 부딪친 경우가 별로 없어요.] 그것보다 애들 양육문제…. [남편: 지금에 와서야 애들 양육 때

문에 의견 차이가 생기고 있어요. 그전에는 큰 소리 날 정도로 그런 게 없고. 집사람이, 저도 집사람을 지금까지도 좋아해요. 집사람은 저를 더 좋아하는 것 같애요, 저보다 더. 약간 트러블이 생기면 저는 얘기를 해서 푸는 편이에요. 푸는 편인데 집사람은 그 얘기를 들어줘요. 거기서 반박을 하거나 그러면 언성이 높아지고 그러는데 그렇지 않으면 제가 얘기를 하면 집사람이 얘기를 듣고

"그래, 맞아."

이런 식으로 수긍을 해주고. 그리고 나서 시간이 지나면 그것에 대해 얘기를 해서 의견을 맞추는 거죠.] [조사자: 말로는 그렇게 할 수 있지만 실질적으로 생활로 그렇게 보여주시는 분은 많지 않거든요. 누구나 다 알아요. 대화가 중요하고, 소통을 더 많이 하면 할수록 서로를 이해하게 되면서 다툴 일이 줄어들게 된다. 저도 머릿속으로는 다 아는데 정말 안 되거든요. 얘기하다 보면 감정부터 확 올라와서. 두 분이 워낙에 차분하신 성격이신 것 같고. 네, 서로 맞춰서. 그리고 잘 들어주는, 둘 다 들어주는 걸 잘하시는 것 같아요. 이해하려고 서로 노력하시고.] [남편: 네, 이야기를 많이 하는 편이에요.] [조사자: 문화적인 차이라고 하는 걸 느껴보신 적은 있으세요?] [남편: 초에. 결혼해서 2~3년까지는 조금씩 있었어요. 지금 생각났는데 집사람 같은 경우는 밖에 나가서 활동을 전혀 안 하려고 했어요. 쉽게 말해서 고지서 가지고 세금 낼 때 이런 것도 모르니까.] [남편: 은행 볼일이나 관공서 볼일 전혀 할 줄은 모르니까.] 그거 내가 잘못이지. 다 해줬으니까, 편하게. 지금도 다 해줘요. [남편: 지금은 될 수 있으면 같이 가서 알려주려고 하죠. 지금은 은행 볼일도 혼자서 다 볼 수 있고. 동사무소 가서 서류 떼는 것도 다 할 수 있으니까.] 처음에 그런 부분들. 저는 편하게 살고 싶어요. (웃음) [조사자: 다른 불편하신 점은?] [남편: 경제적인 거죠. 지금까지 저희가 이제 살면서 집사람

이 돈 관리를 안 해요. 지금도 제가 돈 관리를 해요. 처음부터 아예 안 한다고 했어요. 그 이유가 자기는 씀씀이가 있어서 하면 안 될 것 같다고. 그래서 제가 하는데. 그 부분에 대해서도 크게 그런 건 없었죠. 처음에만 조금 그렇고.] [조사자: 혹시 그런 꼼꼼함은 부모님으로부터? [남편: 그런 건 전혀 아니고. 제가 사실은 부모님의 사랑을 전혀 받지 못했어요. 그렇다고 해서 사랑을 못 받았다고 해서 부모님이 싸우고 전쟁처럼 그런 게 아니고 저희 아버지가 일찍 돌아가셨어요. 어머니께서 굉장히 힘들어하시는 걸 보고, 제가 일찍 철이 들은 편이죠. 그러다 보니까 경제관념이나 이런 것도 많이 좋아졌고. 저는 그걸 느꼈기 때문에 제 아이들한테 내가 못 받았던 것을 답습하는 것과는 반대로 세세하게 챙겨서 해주고 싶은 생각이 굉장히 많아요, 일일이. 그래서 해주는 거예요.] [조사자: 선생님(남편)의 어머니는 시골에 계세요? 같이 계시나요?] [남편: 지금은 저희가, 처음에 결혼해서 조금 같이 살았었어요. 같이 살다가 분가해서 다시 살다가 다시 어머니가 몸이 안 좋으셔서 2년 정도 같이 모시고 있다가, 요양원에 계시는 거예요. 꼼꼼해도 구두쇠 같진 않아요. (웃음)] [조사자: 두 분 만나시기 전에 다문화센터를 아셨었나요?] [남편: 몰랐어요.] 저도 몰랐어요. [남편: 결혼하고 제가 찾아봤어요. 가까운 곳에 있었거든요, 그때는. 현재 집에서도 버스로 2~3 정거장 가면 있었어요. 거기서 이제 제가 같이 데리고 가서 접수를 시켰죠. 한국어 교육 있는 거를 접수를 시켜줬어요.] [조사자: 그 당시에 한국어가 불편하셨어요?] [남편: 그렇죠. 처음에는 어느 정도 했는데, 좀 능숙한, 소통이 잘된다든지 그렇게까진 안 됐었어요. 지금은… 노력을 많이 했죠.] [조사자: 그러면 다문화센터 도움을 많이 받으신 거예요?] 네, 계속 한국어 공부 많이 했어요. [조사자: 다문화센터에서 선생님과 비슷한 분들 친구들 많이 사귀시고 도움이 되셨어요?] [남편: 네, 그냥 가끔씩… 모임 있어요. 각국 나라 친구들이 다 있어요. 지금도 때마다 만나고.] 같이 모여서 옛날에 먹었던 음식 만들어서 집에서 같이 즐기고 먹고. 아무래도 입맛도 비슷하고 그러니까.

▶ 다시 태어나도 지금의 남편과 다시 결혼하고파

[조사자: 남편분을 만나기 전에 한국의 생활과 남편을 만나고 난 이후의 한국 생활이 어떻게 다른 것 같아요? 나의 삶의 질? 나의 삶의 만족도?] 높이 올라갔죠. 그전에는 10프로라면 지금은 100프로. (웃음) [조사자: 한국에 오게 된 계기가 있었나요?] 아니요, 그런 게 없었는데 동생이 무조건 한국으로 가서 시집가서 한국에 살아야 된다고 목적이 있었어요, 중학교 때부터. 동생이 한국 노래를 불렀어요. 뭔 말인지 그때는 이해가 안 됐어요. 왜? 우즈베키스탄에서 사는 거 괜찮은데. 그런데 동생이 여기 먼저 결혼하고 3년 지나서

'여기 와라, 언니.'

'여기 꼭 와야 한다.'

고 불렀어요. 어떻게든 오게 됐는데 맨 처음에 일도 하고 보니까 괜찮게 느껴가지고 결혼하자, 결혼해야 한다고 느껴가지고 결혼하고. [조사자: 다시 나중에 아이가 큰 다음에 계속 한국에서 생활하실 생각을 가지고 계세요?] 물론이죠. [남편: 절대 다시 가고 싶지 않다고.] 러시아든 우즈베키스탄이든 저 여기가 집이에요. [조사자: 한국 음식도 입에 맞으시고?] 그럼요, 어렸을 때부터 먹었으니까. 할머니, 할아버지. 할머니 집에서 두부, 간장, 된장 만들어서 집에서 만들어서 시장에 가서 팔았어요. 쌀농사도 하고. 할아버지랑 우리 쌀농사도 가끔씩 할아버지 도와주기도 하고. 할머니랑 같이 두부도 끓이고, 간장 다 그거 같이 해가지고 같이 시장에 가서 팔

기도 하고 그랬어요. [조사자: 어머님은 한국에 오실 생각은?] 없습니다, 입맛이 안 맞아서. 아빠는 음식은 좋고 오고 싶지만, 엄마랑 있어야 하니까 우즈베키스탄에 계세요. [남편: 저희 같은 경우는 한국에서 우즈베키스탄을 가는 게 힘들어요. 그래서 이제 부모님을 저희가 초청하는 게 비용도 적게 들고 빨라요. 그런 식으로 많이 오셨어요, 저희 같은 경우는.] [조사자: 1년에 한 번 정도. 명절 때도?] [남편: 그런 것은 상관없이 편하실 때 날짜 맞춰서.] [조사자: 오시면 좋아하세요?] 좋죠, 딸내미도 보고 손주도 보고 사위도 있고. 같이 여행도 가고 맛있는 거 많이 먹고. [조사자: 오시면 어느 정도 기간을 있다 가세요?] 한 달, 길면 3개월. [조사자: 사위가 완전 멋진 분이시네요?] [남편: 의료혜택이 우리나라가 훨씬 좋잖아요. 그 문제 때문이라도 오시고.] [조사자: 아무래도 연세가 있으시니까.] [남편: 네, 장인어른이 60세 조금 더 넘으셨는데, 그쪽에서는 거의 할아버지 취급을 하는 거죠. 그런데 우리나라에서는 60세이면 젊은 사람이잖아요. 그 차이가 의료 차이 그런 것 때문에 수명도 짧고 그렇더라고요.] [남편: 그쪽은 제가 본 거로는 시대상으로는 보면 우리나라 70년대 말, 80년대 초 그 정도 수준이에요. 제가 10년 전에 갔을 때는 70년대 수준이었어요. 그 생활방식이나 생활습관이나 모든 게. 그러다 보니까 거기 같은 경우는 결혼을 일단 빨리 하고 수명이 짧다 보니까. 저희 70~80년대 그랬던 것 같아요. 똑같아요.]

▶ 우즈베키스탄에서도, 한국에서도 차별받는 고려인

[남편: 굉장히 까다로운 나라예요. 우즈베키스탄이나 러시아나 이쪽이.] [조사자: 혹시 종교 때문에?] [남편: 쉽게 말해서 저희하고는 이념의 차이가 다르잖아요. 러시아 쪽이다 보니까 사회주의. 그것 때문에 굉장

히 까다로운 나라예요. 저희 처음에 결혼할 때도 국적 그 문제 때문에 제가 굉장히 많이 싸웠어요. 정부청사에 가서도 싸우고. 그때 당시 러시아에서 오는 사람들은 그렇게 많지가 않았어요. 우즈베키스탄은 더 없었고. 그러다 보니까 그 대신 중국이나 베트남에서 오는 사람들은 있었어요. 그러니까 행정 절차를 다 어느 정도 준비가 돼 있는데, 그쪽에서 오는 사람들은 전혀 준비가 돼 있지 않았어요. 그래가지고 저 같은 경우는 계속 싸웠죠. 저희 같은 경우는 싸워서 된 케이스 중에 하나고. 서류상으로 너무 까다롭게 하니까. 그 서류를 쉽게 말해서 그 나라 가서 발급을 해야 되는데, 뗄 수가 없어요. 그런데 우리나라에서는 요구를 한단 말이에요. 그래서 많이 힘들었어요, 처음에. 지금도 마찬가지예요. 지금은 무비자로 우즈베키스탄에 들어갈 수 있어요. 30일 동안인가. 한 달 동안. 학교하고 거기 관광지하고 돌아다니는 것은 괜찮은데, 그 외에 다른 곳을 마음대로 다니지를 못해요. 그게 쉽게 이야기해서 우리나라로 치면 석남동인데 부평이나 나가려면 제한이 있어요. 모르셨죠? 만약에 가이드가 있으면 가이드랑 다니면 되는데. 일반 사람들도 그렇고 거기 있는 고려인들도 그렇고, 특히 고려인들이 차별을 많이 받으니까 그런 게 심해요.] [조사자: 차별을 많이 받나요? 거기서?] [남편: 지금도….] 특히 러시아에…. [조사자: 밖에 나가서 불편을 많이 느껴요. 러시아어를 사용하시는 데 큰 불편함이 없으시잖아요.] [남편: 외모 때문에.] 밖에 나가서 바로 알아보니까 불안해요. [남편: 그래서 별일 안 했는데 쉽게 말해서 경찰이 검문을 한다든지.] 멀리서부터 눈에 띄어가지고 무조건 잡아요. [조사자: 지금도 여전히?] [남편: 네, 지역과 지역을 쉽게 넘어다니지 못하고 허가를 받아야 하는 상황이에요.] [남편: 지금은 많이 변했어요. 제가 처음에 갔을 때는 돈을 요구하고 그랬거든요. 돈이면 다 해결이 됐었어요. 그런데 이제 작년에 갔을 때는 돈 요구하는 것이 사라졌어요. 대통령이 바뀌면서 공무원이 부정부패 때문에. 그래도 아직도 심해요. 그런 것 때문에 고려인들이 차별을 받는 거죠. 제 생각에는 차별을 받는데 사실은 우리나라 정부에서 초청을 해서 집도 주고 터전도 마련해주고 그런 것 같아요. 그래서 고려인 마을이 있고. 그런데 그 사람들이 여기 와서 생활하는 데도 차별이 굉장히 많아요, 제가 봤을 때는. 그게 이제 쉽게 얘기해서 행정적인 거죠. 쉽게 예를 들자면 탈북민 있잖아요, 그 사람들은 하나원에서 다 나오거든요. 주민등록증을 준단 말이에요. 북한 사람들 우리랑 같은 동포라고. 그런데 다른 나라에서 우즈베키스탄이나 중국이나 고려인들이나 중국인(조선족)이 와서 했을 때는 외국인이랑 똑같이 취급을 해요. 그게 너무 잘못됐다고 보거든요. 물론 다 받아줄 수는 없겠지만 어느 정도 기준이 있어야 되고 그게 전혀 없어요. 제가 한 가지 더 생각이 났는데, 다문화라고 얘기하는 것 자체도 사실 별로 기분이 안 좋아요. 그게 일종의 하나의 고려인이면 같은 나라 사람이잖아요. 다문화로 얘기하는 것 자체도, 학교에서도 그런 실태조사를 하더라고요. 다른 애들 보는 앞에서 그런 용지를 나눠준다는 거예요. 그러면 제가 전화해서 이러이러한데 왜 같이 나눠주냐? 따로 나눠주던지. 저희 집사람도 그 부분에 대해서 싫어해요. 다문화라고 조사할 때 집사람은 '야, 손들지 말라고'] 다문화 아니라고. [남편: 집사람은 기분이 안 좋아요. 집사람이 이중언어강사 할 때도, 쉽게 말해서 집사람이 시간제로 일을 하잖아요. 어느 정도 물론 대우는 크게 바라지 않는데, 선생님들 간에도 차별이랄까 차등을 두어요. 쉽게 얘기해서 뭐랄까, 우리나라 선생님들은 대학교 나와서 힘들게 교원시험 치고 이렇게 나왔는데 집사람 같은 경우는 그런 식으로 교육을 받아서 학교에서 근무하는 것 자체를 인정을 안 하려고 하는. 같은 선생님이 아니고, 진짜 선생님하고 집사람하고. 물론 차이는 크죠. 크다고 보는데, 그걸 굳이 표현을 안 했으면 하는데, 거기서도 약간씩은 표현하는 측면이 있어서. 집사람이 집에 와서 그런 걸 얘기를 하더라고요, 나쁜 좀. 제가 그런 걸 가지고 센터에도 얘기하고. 그건 선생님들 자체가 깨어있는 방식이 다르니까. 그렇게 하면 안 되는데. 그러지 말라고 얘기한 적도 있고. 그런 분위기도 있어요. 선생님들이 제일 제가 보기에는 벽이 많이 있는 곳인 것 같아요. 가장 보수적인 집단 중에 하나인 것 같아요. 그걸 제가 어떻게 아냐면 제가 자동차 운전하는 강사를 했었거든요. 거기서 확실히 느꼈어요. 왜냐면 선생님들이 초등학교, 중학교, 고등학교 선생님들마다 운전하는 것이 달라요. 생각의 차이 때문에. 초등학교 선생님은 어린아이들 상대하잖아요. 그 정도 눈높이인 거예요. 중학교는 또 그만큼. 그래서 선생님들이 운전을 제일 못해요. 대부분이 그렇게 맞더라고요. 그래서 이제 그런 것도 있고. 센터도 사실 저희들한테 큰 도움이 되고 좋은데, 안 좋은 면도 좀 있어요.]

▶ 더 나은 다문화센터가 되기 위한 조언

[남편: 지금 센터가 처음보다 많이 변했어요. 여기 ○○센터 같은 경우는 ○○대에서 해서 하는 것 같더라고요. 운영을 하는데, 처음에는 진짜 시작할 단계에서는 외국인 이주여성이 거기서 참여를 안 했었어요. 지금은 교사로 참여를 해요. 그런데 이제 참여를 하는 데 있어서 그 사람들도 마찬가지로 자기가 제한이 있으니까 도움을 못 주고 그러는데 어느 정도 관심을 가져야 할 부분에 대해서는 크게 못 가지고 다른 쪽으로. 그러니까 특별히 더 다문화 가정들이 어떻게 살고 있는지 실태나 이런 거는 거기 오는 사람만 알지 오지 않는 사람은 모르거든요. 서구 쪽에 이주민들이 굉장히 많다고 들었어요. 많아서 창단하는 인원들도 서구가 가장 많을 거예요,

센터에. 그쪽에서도 많은데 사람들이 센터 자체가 있는지도 모르는 사람이 더 많아요. 활용을 안 하시는 분들이 많다는 얘기예요. 그것이 직접적으로 크게 알려지는 부분들이 없더라고요. 물론 일일이 찾아가서 이런 곳이 있다, 이렇게 못할 수도 있지만 처음에 혼인신고를 한다든지, 이주여성과 결혼한다든지, 그랬을 때 안내라든가 이러이러한 곳이 있다라든가 전혀 얘기를 안 해줘요. 지금도 마찬가지일 거예요, 아마. 자기가 알아서 가면 가고, 그렇지 않으면 찾아가지 못하죠.] 우리도 그렇게 못 했어요. [남편: 그런 상태에서 하는 사람만 혜택을 보는 거예요. 참여하지 못하는 사람은 전혀 혜택을 못 받고.] [조사자: 이런 문제의식을 가지게 된 계기가 있으신가요?] [남편: 작년까지 저희가 이제 많이 활용하고 그랬는데 올해부터는 참석을 많이 안 했어요, 일부러. 왜냐면 좀 배려라는 게 크게 없어요. 왜냐면 우리 애들이 태어나면서 여섯 살 때까지 계속 다녔거든요. 그래서 선생님들이 우리 애들 이름도 알고 다 알아요. 저희도 친하고. 서로 팀장하고 개인적으로 전화도 하고. 그렇게 할 정도니까. 그런데 아이들이 커가는 과정인데 그 사실 거기에 맞춰서 프로그램이나 이런 게 돼야 하는데 너무 제한을 두는 거예요. 그러니까 뭐랄까, 예를 들면 저희 애들이 3학년인데 어디 무슨 캠프를 간다고 했을 경우 아이들하고 맞지 않는 거예요.] [조사자: 아이들은 이미 자랐는데 그 이전에 단계를 계속 한다는 말씀인가요?] [남편: 네, 그런 것도 있고. 이제 아이들이 3학년 정도 되면 남자, 여자 구분도 할 수 있고, 그런데 이제 뭐든 놀러 가더라도 예산이 적다 이런 문제로 참가한 가정은 20가정 정도 돼요. 방을 최대한 계획적으로 한 가정에 하나씩을 주든지 아니면 엄마만 모아서 엄마방 섞던지 이런 식으로 돼야 하는데 남자 따로, 여자 따로. 의미가 없잖아요. 가족 캠프나 이런 식으로 갔는데. 그래서 제가 이번에도 그런 경험이 있었어요. 그래서 얘기를 했죠, 센터에 직접. 예산이 어쩔 수 없다, 그랬으면 처음부터 예산을 어느 정도 잡아서 거기에 맞게 몇몇 가정만 추린다든지 이번에 못 갔으니까 다음에 가세요, 나눈다든지 그런 식으로 해야지, 어떻게 보면 그게 별거 아닌데 작은 배려거든요, 그것도. 그래서 이제 그 생각도 많이들 해야 될 것 같아요. 그래서 저희 애들도 벌써 신체도 커가는데 다른 집 애들하고 같이 방을 쓸 수가 없잖아요. 그래서 이번에 한 번 그랬었고. 갑자기 얘기하려니까 생각이 나는데. 조금 고쳐야 할 것도 있고. 그런데 사실 저희가 프로그램을 하면서 이러이러한 것을 써요. 쓰는데 막상 보면 반영이 크게 안 돼 있어요. 나 혼자만 그렇게 써서 그런지 몰라도. 또 하나 문제가 뭐냐면 이주여성들이 와서 문제점을 쓰라고 한단 말이에요. 그런데 글을 잘 쓸 줄 몰라요. 그것이 무슨 내용인 줄 알고 어떻게 쓰겠어요. 만족도 조사를 해서 표시만 하는 거예요.] [조사자: 구체적인 내용에 대한 것은?] [남편: 남들 옆에 사람 두고

"괜찮아."

하면 만족 만족 만족… 이렇게 해서 한 해가 끝나버리는 거죠. 센터도 적극적인 배려가 조금 있었으면 좀 더 좋을 것 같아요. 그러니까 저희가 많이 참석하고 저희는 많이 누렸어요. 알아서 참석을 했으니까. 물론 안 온 사람은 모르고 관심 없는 사람들은 어쩔 수 없겠죠. 그중에 하나가 다문화를 싫어하는 거예요. 남편도. 그런 자체를. 인정을 안 하고 싶은 건지는 모르겠지만. 그래서 참석을 안 하는 경우도 많이 있어요. 가장 큰 문제가… 나이 차이가.] [조사자: 많이 나는 경우가?] [남편: 많죠, 지금 굉장히 많아요. 쉽게 얘기해서 이런 얘기, 아버지뻘 이런 집도 제가 많이 봤거든요.] [조사자: 평소에 이런 얘기를 다른 분들이랑 같이 하세요?] [남편: 거의 못 하죠. 대신 저 같은 경우는 원래 직설적이지는 않아요. 이렇게 막 나

서는 편도 아니고. 그렇지만 이제 할 얘기는 해요. 담당자한테는 직접 얘기는 해요. 알았다고 맞는다고 그렇게는 하는데 그게 뭐 변화가 없으니까 나 혼자만 그래서 그런가. 이게 쉽지가 않은 거예요. 센터 직원들도 위에서 하라는 지침이 있을 테고 그것을 맞추다 보니까 이런 상황도 벌어질 테고.] [조사자: 이사를 가거나 그런 생각하신 적 있으세요? 계획하시거나 그런 게 있으신지?] [남편: 약간의 계획은 있는데 제가 좀 어느 정도 되면 자연 쪽에 좀 외지에. 그런 생활을 하고 싶은 생각이 있어요. 그런데 집사람도 거기에 동의는 했어요. 그래서 이제 아이들 작을 때 귀농 귀촌도 생각해봤어요, 저희는. 그런데 환경을 바꾸기에는 쉽지가 않은데 지금도 생각은 있어요. 오히려 도시보다 내려가서 사는 게 훨씬 더 괜찮다고 보이는 것 같더라고요.]

3부

고려인 결혼이주여성의 정체성 발달

3부는 오영섭, 김영순, 김도경, 정연주(2022)가 『문화교류와 다문화교육』 제11권 3호에 게재한 「고려인 결혼이주여성의 인종문화정체성 발달에 관한 생애사적 연구: 다문화상담의 가능성」을 확장하고 보완했음.

10장

고려인 결혼이주여성의 정체성 발달: 일치, 부조화, 저항과 몰입

1.
정체성 발달의 개요

본 연구결과는 연구의 주제인 결혼이주여성의 심리·정서적 측면, 즉 정체성에 관련된 개인적인 경험이나 사건을 중심으로 기술했다. 아울러서 본 연구는 연구참여자들의 생애사를 인종문화정체성 이론의 관점에서 제시하는 주요 단계와 태도에 따라서 재구성하는 방식으로 기술했다. 생애사 연구는 인간의 성격이나 정체성과 같은 심리적인 요소가 인간의 생애에 따라 형성되고 변화 및 발전되는 것을 묘사한 연구로서(김영천, 2013), 인종문화정체성 발달(RCID) 모형에 따른 고려인 결혼이주여성의 정체성 변화과정에 주목하여 결과를 기술했다. 이런 점에서 연구결과의 기술이 한 개인의 연대기적 순서와는 반드시 일치하지 않는다.

본 연구결과에서 인종문화정체성의 발달 단계별로 주요 태도들에 대한 생애사적 내러티브를 제시하면서 궁극적으로 말하고자 하는 것은 첫째, 다문화 상담의 내담자로서 고려인 결혼이주여성이 경험하는 인종문화정체성 발달 경험의 특징이다. 둘째, 고려인 결혼이주여성들을 상담하고자 할 때, 다문화 상담적인 시사점이다. 이를 통해서 본 연구가 설정한

두 개의 연구문제에 대한 답을 하고자 한다. 본 연구결과를 종합하면 〈표 9〉와 같이 범주화할 수 있다.

〈표 9〉 고려인 결혼이주여성의 인종문화 정체성 발달

대주제(단계)		중주제(태도)		소주제
일치	나의 문화가 아닌 다른 문화에 의존	자신	자기경시	• 남편의 지적으로 인한 자기 정체성의 부정적 인식 • 개명을 통한 정체성의 자기경시 • 이미 자신은 ‘주류집단’이라는 인식으로 자신의 정체성을 부정
		소수 집단	집단경시, 인종차별	• 자신이 살았던 지역을 구별하여 자신이 속한 집단과 자신을 분리 • 자신이 속한 집단의 결혼에 대한 인식과 자신의 인식 구별 • 주류집단에 잘 동화되지 못하는 같은 소수민족 집단 비난 • 같은 소수민족 집단이 자신의 사업을 어렵게 한다는 부정적 인식
		주류 집단	집단존중	• 자신이 가진 종교적 신념을 버림 • 주류집단의 문화는 무조건 따라야 한다고 생각함 • 주류집단에 속하기 위해서는 외로움도 감수해야 한다는 인식 • 주류집단의 언어를 열심히 배워야 한다는 인식 • 한국의 경제와 문화에 대한 동경
부조화	새로운 경험으로 인한 갈등의 시작	자신	자기 안의 갈등	• 러시아어 사용에 대해 자녀가 보이는 부끄러운 정서 • 자녀에게 러시아어를 가르치고 싶은 마음
		소수 집단	감정과 경험 간 갈등	• 주류집단의 모순 경험 • 소수민족집단에 대한 향수 • 주류집단에 잘 적응했으면 하는 바람

대주제(단계)		중주제(태도)		소주제
		주류 집단	주류집단 문화에 대한 존중과 갈등	• 주류집단의 부정적 측면에 대한 심리적 갈등 경험 • 주류집단 문화에 대한 강점과 약점의 구분이 가능해짐 • 주류집단에서 '다문화'라는 잣대로 차별받는 현실에 대한 부정적 인식 • 다문화 가정에 대한 다문화지원센터의 배려가 부족하다는 인식
저항과 몰입	다른 문화에 대한 비판적인 시각	자신	자기발견	• 국적은 바꾸었지만 이름은 절대 개명할 수 없다는 인식 • 주류집단에서의 권리를 찾기 위해 집을 남편과 공동명의로 함
		소수 집단	일치감과 헌신	• 고려인의 일자리에 대한 부정적 관점과 개선 의지
		주류 집단	분노와 혐오	• 우즈베키스탄에서 고려인으로 받은 인종차별에 대한 반감 • 한국의 다문화에 대한 낮은 인식 수준 비판 • 결혼이주여성들이 보이는 적극적인 모습을 통해 자부심을 느낌 • 한국의 부당한 성 불평등에 대한 문화적 관습에 대한 저항 • 주류집단의 부당함에 침묵하지 않고 권리 주장 • 자문화에 대한 몰입 • 이중언어강사와 한국 교사 간의 차별에 대해 적극적으로 항의함
내적 성찰	고려인을 넘어 '나'의 관점으로 세계인식	소수 집단	자민족 중심주의에 대한 불편함, 다른 집단의 억압 경험에 대한 이해	• 고려인만 만나야 한다는 할머니의 말씀에 대한 불편함 • 자문화의 자유분방한 교육 가치관에 대한 부딪힘 • 유대인 집단에 대한 차별과 억압에 대한 이해
		주류 집단	주류문화의 수용에 대한 갈등	• 다문화 차별은 문제지만 다문화자녀 지원프로그램은 긍정적 • 미디어를 통해 다문화 인식개선과 변화 경험

대주제(단계)		중주제(태도)		소주제
		주류 집단	주류문화의 수용에 대한 갈등	• 다문화 가정을 위한 상담에 대한 긍정적인 경험 • 가부장적인 한국문화는 교육적으로는 장점 • 시댁과 갈등하기보다 이해하려고 노력함 • 러시아 정부의 고려 민족에 대한 인정과 지원 • 주류집단에 대한 편견을 긍정적 감정으로 경험함
통합적 자각	'나'와 '너' 두 문화에 대한 존중	자신	초국적 정체성 형성	• 다문화이해 강사, 이중언어강사를 통한 문화의 가교적 역할 • 사회에 기여하고자 하는 높은 시민의식 • 주체적이고 자율성을 가진 개인으로 삶 운영 • 신앙을 통해 내적 평안을 얻어 가정이 변화됨
		소수 집단	다문화적 사고와 태도	• 자녀의 이중언어교육과 초국적 정체성 • 이중문화 다문화적인 태도를 통한 이중국적 유지
		주류 집단	선택적 수용과 거부	• 가부장적 문화의 장 · 단점을 이해하고 선택적으로 수용 • 긍정적으로 변화하는 다문화 인식과 정책에 대한 개방적 태도 • 신앙공동체로부터 도움을 받음

2.
일치 단계: 나의 문화가 아닌 다른 문화에 의존

1) 자기경시

일치 단계에서 한 개인은 주류문화의 문화적 가치를 절대적으로 선호하는 경향을 보인다. 주류집단의 문화에 가치를 두기 때문에 자신의 인종적·문화적 집단의 모든 특징들을 거부하거나 경시하는 모습을 보인다. 주류집단과 구별되는 자신의 신체적인 특징들까지 부정하게 되며 이러한 이유로 주류집단의 문화적인 부분을 흉내 내려는 노력이 나타날 수 있다. 자신의 문화를 주류집단의 종속된 문화로 인식하기 때문에 자신의 것을 부정하고 주류집단의 것을 맹목적으로 좇는 태도가 나타날 수 있으며, 내적인 자존감이 낮을 가능성이 높다(Sue 외, 2019).

연구참여자 A는 한국에서 아이들을 키우며 가끔 책도 읽어주고 받아쓰기 연습을 시키는 경우가 있었는데, 연구참여자 옆에서 남편이 듣고 있다가 무슨 말인지 잘 모르겠다며 핀잔을 주었다. 연구참여자가 고려인이어서 보통 다른 사람들은 외모만 보고 한국 사람처럼 생각하는데 말을 하면 주변 사람들이 어느 나라에서 왔는지 물어봐서 빨리 한국말을 잘하고 싶어했다. 이런 이유로 한국어를 더 배우고 발음을 교정받아 한국 사회에 빨리 동화되고 싶은 마음이 간절했다.

"애 받아쓰기 집에서 연습했는데 제가 읽어줬어요. 그런데 '너 이렇게 써라'. 애 아빠 옆에서 '그렇게 하지 말고 나도 너가 무슨 말을 하는지 이해를 못 하겠다'고. (중략) 나는 읽으면서 확실히 아니라서 발음이. 발음 고치는 거 선생님 교육받고 싶어요. 보통 다문화가족지원센터에서 한두 번만 오는데 대충 얘기해요. 호흡 운동 아니면 가나다라 한 번 읽고 끝이에요. (중략) 다문화가정 엄마마다 고쳐주면 좋을 것 같아요. 제가 고려인이라서 보통 한국 사람처럼 생각해요. 그런데 말을 시작하면 '무슨 나라, 어디서 왔어요?' '중국인이세요?' 뭐 그런 식으로, '일본인 사람 있어요?' '아니요'." (연구참여자 A)

연구참여자는 C는 우즈베키스탄 이름이 길어 외국인으로서 한국사회에서 차별당할까 두려운 마음에 개명을 했다. 또한 자신의 인종적·문화적 특징들은 변화되어야 하는 부정적인 것으로 생각했다. 주류집단에 속해 있으면서 자신이 이 집단과 구별되는 것에 대한 두려움을 가지고 있었다. 또한 자신에 대해 수치심을 느끼고, 자신의 정체성을 스스로 거부하는 모습을 보였다. 이는 자신을 숨기고 주류사회에 동화되고 싶은 자기경시 태도로 경험되었다.

"이제 이름도 개명한 것이 우리나라 이름이 길잖아요? 병원에 갔다가 이제 처방전 받고 약국에 가져다주면 이름을 불러주잖아요? 한참 봐요.

한참 보고 그러고 이제 '한국말 알아듣죠?' '한국말 알아들으세요?' 약간 그런 거. 그리고 저는 이제 우리가 교육받으면서 애들한테 뭐 이렇게 너무 자기 자신을 숨기지 말라. 자기 뭐 외국인이라는 거 숨기지 말라는 건 가르쳤는데 제가 그 당시에는 결혼할 때 그 당시에는 제가 두려웠어요. 우리 애가 이제 어디 가서 외국인이라는 걸 밝히면 왕따를 당하지 않을까. 밝히게 되면 바로 왕따를 당하지 않을까. 그래서 그걸 자기 자신을 숨기고 싶었어요." (연구참여자 C)

연구참여자 C는 자신은 이미 한국 사람이 다 되었으며, 아직 주류사회에 적응하지 못하고 있는 러시아권 아이들에 대한 우려를 나타냈다. 자신의 문화가 주류사회의 문화와 충돌했을 때, 동화되는 노력을 하는 것이 중요하다고 생각했기 때문에 러시아권 아이들도 그렇게 해야 한다고 생각했다. 자신의 정체성을 탐구하는 것보다 주류집단에 동화되는 것이 더 중요하다고 생각했다. 정체성에 대해 생각한다는 것은 결국 자신의 낮은 자존감을 드러내는 것과 같은 것으로 인식했다.

"고려인이고 러시아권 아이들을 가르치고 있는데요. 그러니까 이제 거기 문화랑 여기 한국 문화랑 다르니까 아이들이 이제 여기 문화랑 부딪히기도 하는 거예요. 부딪히는 것보다는 이해가 안 되는 거죠. 저는 이미 이제 다 한국 사람." (연구참여자 C)

2) 소수집단 경시·인종차별

일치 단계에서 한 개인의 같은 소수민족집단, 다른 소수민족집단에 대한 태도는 주류집단이 가지고 있는 소수집단에 대한 편견을 쉽게 수용하는 모습을 보이며, 부정적 편견과 자신을 일치시키는 것을 두려워하는 모습으로 나타난다. 이러한 두려움을 피하기 위해 자신이 속한 소수민족집단이나 다른 소수민족집단과 자신은 다르다는 인식을 가지고, 스스로를 분리시키고자 한다. 또한 자신이 주류집단에 속하는 데 있어 같은 소수민족집단이 걸림돌이라고 생각한다. 다른 소수민족집단에 대한 편견도 주류집단이 다른 소수민족집단에 가지고 있는 편견과 자신의 생각을 일치시킴으로써 소수집단 간 잠재적인 문제를 발생시킬 수 있는 원인이 되기도 한다(Sue 외, 2019).

연구참여자들은 이주 전 우즈베키스탄에 살며 고려인들이 살았던 동네와 그렇지 않은 동네에 대한 차별적인 인식 차이를 나타냈다. 자신이 살았던 동네는 러시아 민족과 우즈베키스탄 민족 등 대표민족이 주로 살던 동네로, 고려인들이 주로 살았던 지역과 차별화함으로써 자신의 문화와 인종으로부터 자신을 분리시키고자 했다. 이러한 인식은 국가 장학생 선발 지원을 경험하며 분명하게 나타났다. 대표민족이 아닌 소수민족이 선발되는 것은 기적과 같은 일이라고 단정했으며, 황인종으로 차별당하는 것에 대해 당연히 받아들이고 자신은 그나마 러시아어를 잘해서 선생님과 친구들에게 무시당하지 않았다고 생각했다. 이는 같은 혹은 다른 소수민족집단에 대한 경시하는 태도로 경험되었다.

"타슈켄트인데 우리 동네는 고려인들 안 살아요. 우리는 그냥 엄마 직장 때문에 좀 다른 동네 살아요. 고려인들 사는 동네도 따로 있는데 우리는 좀 우리밖에 한 가족만 고려인 있는데 다른 사람 다 러시아 사람, 우즈베키스탄 사람이에요. 그러니까 우리 어머니 되게 일을 잘하니까 다니니까 우리한테 교육으로 많이 시켜줬어요. 그러니까 우리도 잘살고." (연구참여자 A)

"학교생활은 그냥 무난했어요. 우리는 초등학교, 중학교, 고등학교는 다 같은 데 있어요. 같은 건물에 있고. 뭐 특별한 건 제가 학교를 자주 옮겨 다녔어요. 엄마랑 언니가 모스크바에 발령받아서. 저도 모스크바에 갔어요. 여러 가지 사람들도 만나보고. 그때는 백인주의가 심해서 당해보고. 아무래도 황인이다 보니까 차별을 당하기도 했었어요. 거기서는 황인이면 다 차이난다 해서 흉도 보고. 그런데 그나마 제가 러시아어를 잘했어요. 그래서 아이들에게 따돌림이나 선생님들한테 무시를 당하는 건 없었어요." (연구참여자 B)

연구참여자들은 이른 나이에 결혼하는 우즈베키스탄의 연애와 결혼 문화에 대해 부정적으로 인식했다. 우즈베키스탄인들과 자신은 결혼관이 다르다는 것을 강조하며 그들과 자신을 구별했다. 같은 소수민족집단이 갖는 부정적 특성과 자신을 일치시키는 것을 심리적으로 불편하게 생각하기 때문에, 자신의 집단으로부터 스스로를 분리시키려는 태도가 강했다.

"저기 한국 스타일 드라마 보시면 여기 연애할 때는 예쁘게 해요. 선물 예쁘게 드려요. 그리고 예의 바르게. 넘치지 않고. 그냥 꼬박꼬박 천천히. 우즈베키스탄에서 몇 번 만나서 결혼하자고 해요, 사람들. 그래 선

물도 많이 안 하고 그렇게 로맨틱 없어요. 그런데 로맨틱 있었어." (연구참여자 A)

"그러니까 애들이 뭐 열여덟 이렇게 스물 전에도 많이 가요. 풍습까지는 아니고 그냥 뭐 지들 마음대로 사는 거죠. 뭐 이렇게 가정 생각 없고 부모님한테 얹혀서 사는 거죠. 부모님이 이제 돈도 벌고 자기네들이 그냥 막 소꿉놀이 하는 거죠. 그래서 저는 그런 모습이 너무 싫어가지고 그거 모르겠어요." (연구참여자 C)

연구참여자들은 한국 사회에서 잘 적응하지 못하고 한국어를 적극적으로 배우지 않는 러시아권 아이들에 대해 아쉬운 마음이 많이 들었다. 같은 소수민족집단이 주류집단에 잘 적응하기를 원하지만 노력하지 않는 같은 소수민족에 대해 부정적 시각을 가지고 있었다. 아이들의 부적응 문제가 소수집단에 대한 주류집단의 부당한 대우와 열등한 교육 때문일 수도 있다는 생각은 하지 못했다. 주류집단의 근본적이고 구조적인 모순에 대해서도 인식하지 못했다.

"애들이 저는 6학년 맡고 있는데 너무 말을 안 듣고 뭐 얘기를 해도 받아주지도 않고 그냥그냥 자기들끼리 모여서 뭐 떠들고 뭐 전달해도 귀 안 들어가요. 애들이 그리고 나는 이제 조금 더 애들한테 주고 싶은데 애들이 안 받아줘요. 그리고 말도 안 듣고 힘들고. 그러니까 딱 그 시기에 막 자기 뭐 이렇게. 그러니까 이제 좀 컸다고 하면서 고집부리고 막 그래요." (연구참여자 C)

연구참여자 A는 출신국인 우즈베키스탄의 사업하기 힘든 환경적 토대에 대한 비판적 인식이 나타났다. 또한 한국이 살기 좋은 나라라는 자신의 생각과는 다른 아버지의 생각에 대해 언급했다. 한국이 자신에게는 살기 편한 나라지만 가족들에게는 불편한 나라일 수 있다는 생각을 했다. 같은 소수민족이지만 한국에 대한 인식이 다름을 경험했다. 이러한 경험은 같은 소수민족과 자신을 분리시키는 태도를 단적으로 나타냈다. 주류집단에 대한 어떠한 편견 없이 그들의 문화를 받아들이고 그것이 우월하다고 생각했다.

> "우즈베키스탄에선 좀 사업하기 힘들어요. 달러 환율이 못 해요, 은행에서. 여기는 다 투자를 달러로 하고 돈 벌어서도 은행에서 달러로 환율 안 돼요. 그다음에 한국에 못 가져가. 그리고 우즈벡 사람은 일부러 망하게 만들어요. 그다음에 자기한테 회사 오라고 하고." (연구참여자 A)

> "원래 우리 우즈베키스탄에서 살았는데 지금은 엄마 아빠는 그 우리 친오빠랑 같이 우크라이나에서 살아요. 그런데 거기에서 지금 이사한대요. 우크라이나에서 다 집 팔고, 또다시 우즈베키스탄으로. 부모님들이 원래 한국으로도 놀러 자주 오긴 해요." [조사자: 부모님들이 여기 들어와서 살고 싶다는 얘기는 안 하세요?] "아, 아니요. 전혀요. 어머니는 여기서 편하지만, 아버지께서 여기 너무 불편하대요." (연구참여자 D)

연구참여자 F는 러시아에서 우즈베키스탄인 신분으로 거주할 때, 고려인 외모로 인해 차별을 많이 받았다. 이는 한국행을 결심하는 동기가 되었다. 외모로 인한 차별을 참는 것보다는 한국으로 가서 고려인으로서 한국과 동등한 대접을 받는 것이 낫다고 생각했다.

"우즈베키스탄에 할 일 없어서 러시아에 가게 되었어요. 한국에 오기 전에는 러시아에 있었어요. 러시아에서는 한 3년 정도 살고 돈 벌고 국적 받고 살 생각이 있었는데, (고려인으로서) 차별을 너무 많이 받아서 생각하다가 한국에 오게 됐어요…. (중략) 여기 1년 일하고 살다 보니까 너무 마음에 드는 거예요, 한국이. 사람들 저랑 외모는 똑같고, 마음이 너무 편하고, 아, 여기 계속 살아야겠다. 꼭 여기서 죽어야겠다, 끝까지. (웃음)"
(연구참여자 F)

3) 주류집단 존중

일치 단계에서의 주류집단에 대한 태도는 주류집단의 인종적·문화적 특징들을 우월하며 동경해야 할 긍정적인 것으로 받아들이는 모습으로 나타난다. 또한 주류집단에 대한 맹목적인 믿음을 가지고 있다. 반면 자신이 속한 소수민족집단에 대한 태도는 부정적인 것으로 인식한다. 이는 개인의 자존감의 문제뿐만 아니라 집단 간 정치적인 문제를 발생시킬 수 있는 위험성을 가지고 있다고 볼 수 있다(Sue 외, 2019).

연구참여자 B는 한국 사회에 적응하면서 시댁의 문화와 남편의 의견에 따라 본인의 종교 생활을 중단하기도 했다. 또한 연구참여자 C는 우즈베키스탄 친구들이 없어 외로운 마음이지만 한국어를 잘하기 위해서는 오히려 잘된 것이라고 생각했다. 주류집단인 한국에 빨리 적응하기 위해 시댁 식구와 남편을 따르고 주류집단에 동화되는 것이 자신의 종교적 신념보다 컸고, 한국어를 빨리 배우고 싶은 마음이 친구가 없어 외로운 마음보다 더 큰 것이었다. 그들과 같아지기 위해 열심히 한국어를 배워야 하고 많은 노력을 해야 한다고 생각했다. 이 단계에서 자신의 정체성을 인식한다는 것은 주류집단에 동화되는 것을 오히려 방해하는 것이라고 인식했다.

> "결혼하고 나서 교회 안 다녔어요. 제사 문화도 그렇고 안 맞는 게 많아서. 남편이 싫다고 해서. 남편도 너는 교회 안 빠졌으면 좋겠다고 해서요." (연구참여자 B)

> "한국 사람들이랑 있다 보니까 내가 어쩔 수 없이 이렇게 늘게 되더라구요. 근데 요즘에 러시아 사람들하고 이야기 많이 하니까 한국말이 잘 생각이 안 날 때가 있어요. 친구들이 없는 건 약간 힘들긴 하지만 그래도 나를 위해서 언어가 늘어나니까 그런 방법들도 괜찮은 것 같아요." (연구참여자 C)

연구참여자 E는 자신의 할머니, 할아버지의 고향인 한국의 문화를 경험하며 동경하는 마음을 가지게 되었다. 한국 화장품, 88올림픽을 통해 우즈베키스탄과 한국의 경제수준 차이를 경험하며 같은 고려인으로서 자랑스러움을 느끼는 동시에 동경하는 마음이 들었다.

> "어렸을 때는 편하게 살았지만 경제생활 수준이란 건 무시를 못 해요. 선교사님이 오셔서 사모님이 요만한 플라스틱병에 화장품을 갖고 오셨어요. 샘플을. 저는 그때 한국 화장품 처음 봤거든요. 향이 너무 좋고 발

림성이 너무 좋고. 이런 작은 걸 봐도 큰 게 보이거든요. 저는 그때 그걸 보고 놀랐어요. 88년에 올림픽이 있었을 때 흑백 티비였나? 그걸 봤는데 서울에서 열렸는데. 원래 소련이 미소 관계 때문에 한국에 대해서 전혀 정보가 없었어요. 북한에 대해서는 알고 있었지만, 남한에 대해서는 전혀 몰랐는데. 서울에서 올림픽이 열리고 컬러티비로 여자들이 하얀 한복 입고 머리를 쪽 찐 걸 보고 좀 울컥한 거예요. 너무 예뻤고. 한국말도 좋잖아요. 할머니 할아버지한테 들었던 말들이 막 소름 끼쳤어요. 내가 그동안 그렇게 무시했던 나의 민족이, 못생기고 눈이 짝 찢어지고 된장 먹고 마늘 냄새 풍기는. 그런데 그런 걸 딱 보니까 생각보다 너무 앞서갔더라고요. 그래서 티비 앞에서 펑펑 울고. 미운 오리 새끼처럼 살다가 나중에 보니까 한국에 와서 보니까 '내가 백조더라.' 맨날 그 사이에서 살다가 못생겼다고 놀림받다가 한국에 와서는 예쁘다는 소리도 듣고." (연구참여자 E)

3.
부조화 단계: 새로운 경험으로 인한 갈등의 시작

1) 자기 안의 갈등

부조화 단계에서의 개인은 이미 일치 단계에서 형성된 태도와 믿음에 대해 의문을 갖게 되며 어느 집단이 전적으로 우월하다는 인식으로부터 자유로워진다. 그러나 이는 정체성에 대한 깊은 성찰의 의미는 아니며 처음으로 이분법적인 인종적·문화적 대립이 점진적으로 허물어진다는 것에 의의가 있다(Sue 외, 2019).

연구참여자들은 자신의 인종적·문화적 유산을 가지고 현실 속에서 주류집단에 속해있으면 자신이 속한 소수민족집단과의 부조화를 경험할 수밖에 없다고 생각한다. 이러한 인식의 부조화는 자녀를 키우며 자녀가 보이는 러시아어 사용을 부끄러워하는 정서에 대한 안타까운 인식으로 나타났다. 연구참여자들은 주류집단의 문화적 가치가 더 깊이 인식될수록 자신이 속한 소수민족집단의 문화와 더 큰 부조화를 느끼며 갈등한다. 이러한 부조화는 개인으로 하여금 많은 정서적인 문제를 일으키기도 한다.

"옆에서 친구한테서 아니면 누구 앞에서 러시아 말 쓰지 말라고 해요. 그러는 거 있어요. 바로 사람들이 쳐다봐서 그래. [조사자: 다 쳐다보는구나. 아이는 자랑스럽지 않구나. 그런 거 좀 속상하죠?] 네." (연구참여자 A)

"처음부터 가르쳐야 하는데 제가 많이 노력을 안 해서 후회가 돼요. 아이가 어렸을 때. 네, 그때는 한국어 말 못 따라 할까 봐 그게 걱정이 돼서 저도 한국말에 대해서 힘드니까 애기라도 처음부터 한국말 잘 배워야 된다고 그런 생각을 했는데 벌써 10년이 흘러가지고 지금 가르치려고 하니까 아들 같은 경우는 싫다고 한국말도 어려운데 학교 다니면서 러시아 말까지 왜 배워야 되는지. 딸내미는 조금만 관심이 있는데 조금씩 배우고 있는 중이에요." (연구참여자 F)

연구참여자들은 자녀에게 모국어를 적극적으로 가르치고 자긍심을 심어주지 못한 것에 대해 아쉬워했다. 자녀들이 러시어를 배워서 우즈베키스탄에 가서도 러시아어를 자유롭게 말할 수 있었으면 하는 바람이 있다. 이는 주류집단에 속해있으면서도 자기가 속한 소수집단의 언어를 잃지 않으려는 의지로서 자녀에게 모국어를 계승하려는 노력으로 나타났다.

2) 소수집단에 대한 감정과 경험 사이의 갈등

부조화 단계에서 한 개인이 같은 소수민족 또는 다른 소수민족집단에 대해 갖는 태도는 자신에 대해 갖는 정체성 인식과 마찬가지로 처음으로 어느 한쪽이 일방적으로 좋거나 나쁘지 않다는 것을 인식하게 된다. 이러한 인식은 개인이 갖고 있던 소수민족집단에 대해 새롭거나 모순된 정보를 많이 접할수록 강하게 나타났다. 개인은 다른 소수민족집단에 대한 편견들이 해소되면서 억압받는 집단에 대해 연대의식을 갖게 된다. 하지만 거의 대부분의 에너지를 정체성에 대한 스스로의 인식, 같은 소수민족집단의 편견 해소 그리고 주류집단에 대한 대립적 인식에 주로 사용한다 (Sue 외, 2019).

연구참여자 C는 우즈베키스탄의 좋은 문화가 한국으로 넘어오면서 많이 약화되거나 잊히는 상황에 대한 안타까운 생각을 가지고 있었다. 한국과 다른 우즈베키스탄의 문화와 옛 전통이 점점 바뀌어가고 있는 우즈베키스탄의 상황들도 언급하며 어쩔 수 없는 현실에 대해 받아들이는 것이 중요하다고 생각했다. 이러한 태도로 인해 다른 한편으로는 주류집단의 모순을 경험할수록 같은 소수민족집단의 특성들이 호소력 있게 받아들여질 수도 있고 매우 매력적으로 생각될 수 있는 '부조화' 현상이 나타나게 된다.

> "문화가 다른 게 우리는 뭐 생일이라든지 무슨 날이면 크게 파티 하고 뭐 그런 건데 한국은 안 그러잖아요. 생일도 그냥 그냥 뭐 케이크 하나 사놓고 먹고 아니면 말고 그러고. 그리고 이제 우리 신랑이 또 결혼식 그때 결혼식 우리나라 오셨을 적에 '여기는 그냥 뭐 주례 말 듣고 그러고 이제 그냥 돌아갔는데 거기는 막 먹고 춤추고 그런 문화 있구나.' 이제 약간 우리 신랑도 놀랐고 저는 또 여기 와서 '결혼식 이렇게 간단하게 올린 것도 이런 거구나.' 그런데 너무 시간이, 그쪽에서 넘어오는 시간이 너무 길다 보니까 점점 잊혀지는거죠. 그런데 거기도 이제 그 상황

에 맞게 또 이렇게 바뀌게 점점 바뀌게 되더라고요." (연구참여자 C)

연구참여자 D는 같은 민족, 같은 언어지만 한국말과는 거리가 있는 고려인들이 쓰는 한국어와 한국에서 쓰고 있는 한국어 사이에서 괴리감을 느끼고 있었다. 조부모님이 쓰셨던 고려말이 그립지만, 고려말과는 차이가 있는 한국어를 받아들여야 한다고 생각했다. 주류집단의 새롭고 모순된 정보를 접하면서 겪게 되는 인지부조화는 같은 소수민족집단에 대한 향수로 경험되었다.

"열두 살 때? 그 할아버지와 할머니께서 돌아가셨어요. 그래서 제가 한국말도 못 배우고 풍습은 계속 지키고 있어요. 우리 부모님은 한국말을 하시기는 하는데 여기 한국어랑 약간 달라요." (연구참여자 D)

연구참여자 D는 같은 민족인 남편이 자신과 같이 주류사회인 한국에서 적극적으로 생활하여 잘 적응했으면 하는 바람이 있었다. 잘 극복해나가고 있는 자신처럼 남편도 같은 마음으로 임하기를 원하고 있었다. 자녀들 또한 한국에서 한국어를 잘해서 잘 적응했으면 하는 바람과 동시에 러시아어도 능숙하게 하여 이중언어를 했으면 하는 바람이 있었다. 자녀들이 한국어와 러시아어를 모두 잘하게 되면 성인이 되었을 때, 진로 선택에 있어 많은 기회를 얻을 수 있다는 생각을 했다. 이 단계에서의 연구참여자들은 자기탐색에 대해 매우 수용적이기 때문에 같은 소수민족집단도 수용적인 태도를 보이길 원한다. 연구참여자는 주류집단의 우수한 문화는 빨리 받아들이는 것이 유리하며, 같은 혹은 다른 소수민족집단들도 이러한 수용적 태도가 주류집단 속에 살아갈 때 많은 도움이 된다고 생각했다.

"서울은 너무 사람이 많아서 좁아요. 제가 여기에 와서 또 일도 할 수 있고, 그러니깐 괜찮아요. 살 만해요. [조사자: 남편분은 어떤 일을 하시는지?] 남편은 **동 공장에서 일해요. 남편은 계속 불만이 많아요. '힘들다. 어쩌냐.' 근데 저는 괜찮아요. 다들 이런 일을 겪으니깐 저희도 극복해야죠." (연구참여자 D)

"지금 언니가 좀 있으면 우즈베키스탄에 놀러 가요. 거기에 러시아어 선생님을 보러 러시아어 공부하러 간대요, 애들이랑. 이해는 하지만, 러시아어는 이해는 가지만 말할 수 없어서, 걱정하고 있더라구요. 아직은 우리 아이가 어려서 그러는지 아직 조금 러시아어도 조금 하고 한국어도 조금 하는데 좀 크면 어떨지 저도 장담할 수 없어요. 우리 아이가 이중언어를 했으면 좋겠어요." (연구참여자 D)

3) 주류집단 문화에 대한 존중과 갈등

부조화 단계에서의 개인은 주류집단의 인종적·문화적 가치가 일방적으로 우월하지 않음을 깨닫게 된다. 또한 자신 그리고 같은 소수민족집단, 다른 소수민족집단이 인종차별을 경험했을 때, 주류집단에 대한 믿음이 깨지면서 불신을 갖게 된다. 이는 개인이 갖는 정체성 인식이 일치 단계에서보다는 점진적으로 이동하고 있음을 의미하는 것이다(Sue 외, 2019).

연구참여자들은 주류집단인 한국의 교육이 모두 다 좋은 것만은 아니라는 인식을 갖게 된다. 자녀교육 과정에서 한국의 교육과 환경·문화적 가치가 모두 유익하지 않음을 깨닫게 되었고, 폐쇄적인 교육환경, 이른 핸드폰 노출, 학교의 교육환경 등 부정적인 요소들을 인식하게 되었다. 또한 유학생으로 한국과 본국의 교수법과 학생들의 수업 참여방식, 한국의 심각한 경쟁 문화로 인한 자살 등을 비교하며 최고의 대학에 유학을 왔지만 기대와는 다른 상황에 심리적 갈등을 겪었다.

"러시아 쪽은 어린이집부터 학교에서도 숙제 있어요. 동시 외우기. 동시 외우고 그대로 애기하기. 한국은 외우기 없어요. 왜냐면 다 풀기, 풀기 있어요. 4학년 애. 이거 읽고 나한테 애기해봐. 다시 설명해봐. 뭐 읽었는지 똑같이 아니면 비슷하게. 설명해주기 힘들어요. 한국에는 재미있다. 재미없다 이렇게만 쓰면 돼요. 아니면 그림으로 그려줘요. 힘들지만 여기 어린아이들은 이렇게 대충대충 자기 말을 써야 돼요." (연구참여자 A)

"제가 하고 싶은 쪽으로 서포트를 조금이라도 해주셨으면. 방향이라든가 그런 걸 잡아주셨으면 좋았을 텐데 그런 것도 없고 여기는 교육제도가 그런 게 아니라서. 거기는 방향이라든가 그런 건 잡아주거든요. 그리고 교수하고 관계가 좀 어려워요. 수업 중에도 질문이 별로 없더라고요. 우리는 자연스럽게 토론하고 뜨겁게 토론했어요. 싸울 정도로 크게 언성을 높이고 쉬는 시간인데도 '야, 너는 틀렸어.' 그러면서. 그런데 여기는 너무 조용해요. '멍.' 그게 되게 우울했어요." (연구참여자 B)

"나는 외국에서 왔고, 거기서 학교를 어떻게 다녔는지. 여기 교육 과정을 전혀 모른다. 아이가 하나고 내가 집에서 애를 공부시키기에는 정보도 모르고 힘들고 방향도 모르겠다라고 말하니 선생님이 '뭘 걱정하시나요, 그냥 학원 보내세요.' 학원을 어떻게 찾아야 하나요? '나가면 널린 게 학원이에요.'라고 말하는 거예요. 그래서 제가 충격을 먹고 학교에도 발을 끊었어요." (연구참여자 E)

연구참여자 B와 C는 우즈베키스탄보다는 생활이 더 나을 것이라고 생각해서 한국행을 선택했지만 현실은 힘들었다. 막연하게 살기 좋은 나라라고 생각했는데 한국의 가부장 중심의 유교문화와 제사 그리고 시어머니와의 갈등 등의 힘든 일을 경험하게 되면서 주류집단에 대한 부정적 인식이 강하게 자리 잡았다. 연구참여자 F는 한국에서 다문화로 차별받는 것에 대한 부정적인 감정을 경험했다.이 부조화 단계에서 연구참여자가 보이는 주류집단의 문화에 대한 인식은 일치 단계에 비해 깨어있기 때문에 주류집단에 대한 강점과 단점을 더 분명하게 알 수 있다.

"장손 집안. 아버님이 장손이셨어요. 제사가 엄청 많았어요. 4대까지 올렸어요. 고려인들은 거기 있으면서 아무래도 거기서 살다 보니까 문화를, 한국문화를 보존하지는 못했고 제사 같은 것도 좀 달라요. 3년까지만 치러요. 그다음에는 간단하고 간소하게. 근데 여기는 아니잖아요. 죽을 때까지 해야 하잖아요." (연구참여자 B)

"시어머니가 첫째나 둘째를 모국어를 못 가르치게 하더라고요. '애 머리를 복잡하게 하지 말고, 일단은 한국말 제대로 해야 되지 않겠느냐? 한국말이 먼저다.' 그러고 나서 이제 나중 돼서 가르치려니 애들이 안 받아줘요. 그래서 셋째만큼 내가 가르치겠어. 셋째랑 그 러시아 말 그냥 하고 아빠는 이제 한국어를 하고 막 모르겠어요. 뭔가 좀 해야 되는데.

그리고 시어머니가 저보고 그냥 무조건 일을 해야 된대요. 그러니까 우리 시어머니는 제주도 분이세요. 제주도 여자들은 생활력이 강하다고 그러더라고요. 그러니까 쉬는 꼴을 못 봐요. 그래서 일을 남편이 혼자 하면 힘드니까." (연구참여자 C)

"그게 일종의 하나의 고려인이면 같은 나라 사람이잖아요. 다문화로 얘기하는 것 자체도, 학교에서도 그런 실태조사를 하더라고요. 다른 애들 보는 앞에서 그런 용지를 나눠준다는 거예요. 그러면 제가 전화해서 이러이러한데 왜 같이 나눠주냐? 따로 나눠주든지. 저희 집사람도 그 부분에 대해서 싫어해요. 다문화라고 조사할 때 집사람은 '야, 손들지 말라'고." (연구참여자 F)

4. 저항과 몰입 단계: 다른 문화에 대한 비판적인 시각

1) 자기 발견

저항과 몰입 단계에서 개인이 보이는 자신에 대한 태도는 주류집단이 행사하는 소수집단에 대한 억압과 차별을 경험하면서 이에 대해 저항하는 모습으로 나타난다. 이러한 저항은 개인의 생각과 행동을 결정짓는 중요한 계기가 된다는 점에서 중요한 의의를 갖는다. 이 단계에서 개인은 주류집단에 대해 소수집단의 일원으로서 죄책감을 갖게 되며, 더 나아가 차별받는 현실에 대한 분노의 감정을 강하게 느낄 수 있다. 부조화 단계에서 가졌던 갈등들을 해소하는 방향으로 점진적으로 이동하는 과정에서 사회적으로 중요한 역할을 하고자 하는 개인의 역할을 좀 더 명확히 이해하게 된다(Sue 외, 2019).

연구참여자 B는 어쩔 수 없는 상황에서 국적은 바꾸었지만 이름은 개명할 수 없다는 강한 인식을 가지고 있었으며, 이는 주류집단인 한국 사회에서 나의 존재를 지키기 위해 적극적인 노력을 하는 모습으로 경험되었다.

"사람들이 이름을 보고 베트남에서 왔냐? 중국인이냐? 동남아? 그냥 자신을 위해서 바꾼 거예요. 국적도 받고. 법원에 가서 신청했어요. 그래도 이름은 남겼어요. 이름은 아무래도 특별한 거잖아요." (연구참여자 B)

또한 연구참여자 C는 집을 공동명의로 해야 나중에 한국에서 자신의 권리를 주장할 수 있다고 생각하여 남편에게 적극적으로 주장하여 결국 공동명의로 하는 모습에서 주류집단의 불합리한 일들을 해결하려는 의지를 보였다. 이 단계에서의 한 개인은 자신의 심리적 문제를 주류집단의 억압과 차별에 대한 결과로 보는 경향이 있으며, 이에 저항하기 위해 자신의 많은 에너지를 사용했다.

"내 명의로 해. 내 명의로 하라고. 집 보러 갔는데 이제 계약서 썼는데 제가 주민등록증 안 가져요. 그래서 그냥 남편 명의로 했다가 공동명의로 돌렸어요. 그래 공동명의라도 어디야. '나중에 무슨 일 있으면 당신 나가.' 백일 전에 막 아이 안고 그때 겨울이었어요. 2월인가 그때쯤 애기 업고 막. 인터넷으로 찾아보고 그 인터넷으로도 요즘에 외부 안에도 볼 수 있잖아요? 그래서 막 다 괜찮다. 여기 가봐야 되겠다. 이집 저집 막 안 가보고 일단 인터넷으로 내부도 확인하고 이게 그나마 이제 마음에 드니까 찾아가보고. 아파트 아니고 이름은 오피스텔이더라고요. 요즘은 많이들 이렇게 오피스텔식으로 올라오는 거 같아요, 건물들이. 그러니까 내 집이 없다는 건 상상도 안 해본 거예요. 그런데 왔었는데. 여기에는 내 집에 사는 것이 힘들어요. 여기 집 마련하기가 하늘에 별 따기더라고요. 지금도 내 집 같지 않아요. 반은 은행 집이에요. 반은 은행 것이고, 반은 우리 것이에요." (연구참여자 C)

2) 소수집단에 대한 일치감과 헌신

저항과 몰입 단계에서 개인은 주류집단에 대해 저항하면서 같은 소수민족집단에 대해 일치감을 갖는다는 점이 중요한 특징이다. 일치감은 개인의 정체성을 강화시키며 같은 소수민족집단에 대한 긍정적인 연대감을 형성하는 역할을 한다. 이는 부조화 단계에서의 인종적·문화적 구별을 통한 갈등을 넘어서는 것이다. 하지만 다른 소수민족집단을 이해하는 데는 여전히 소극적이며, 이들과의 연대도 표면적으로 필요에 따라 이루어질 가능성이 높다. 또한 이 단계에서는 소수민족집단에 대한 인종적·문화적 준거들을 갈등 없이 받아들이고 오히려 주류집단으로부터 오는 부당한 억압과 차별을 해소하기 위해 적극적으로 대항한다(Sue 외, 2019). 이런 주류집단의 억압과 차별에 대해 자신은 무엇을 해야 하고, 같은 소수민족 혹은 다른 소수민족집단을 위해 어떤 기여를 할 수 있는지에 대해서도 적극적인 태도를 보인다.

연구참여자 C는 같은 소수민족집단이 주로 일하는 일자리에 대해 부정적인 관점을 가지고 있었다. 적극적인 노력이 있어야만 일자리가 달라질 수 있음을 알고, 더 나은 노력을 고민하고 실천하고자 했다. 앞으로 다가올 미래에 대해 적극적인 태도로 저항하는 의지를 보였다. 이러한 의지는 다른 단계들에서 보여지는 모습들보다 좀 더 역동적이고 행동지향적으로 보일 수 있다. 동시에 자신의 노력만큼이나 같은 소수민족집단 혹은 다른 소수민족집단의 개인이 적극적인 태도를 보였으면 하는 바람도 강하게 가지고 있었다.

“내가 뭔가 이렇게 배우거나 하지 않으면 갈 곳이라고는 식당 설거지 하던지, 아니면 공장에 가서 일을 하던지 그런 것밖에 안 되니까 그래서 뭔가 해야겠다. 그런 생각이 있어서 하는 거지, 하고 싶어서 하는 게 아니에요." (연구참여자 C)

3) 주류집단에 대한 분노와 혐오

저항과 몰입 단계에서 개인이 갖는 주류집단에 대한 태도는 자신이 속한 소수집단이 겪는 어려움의 원인을 주류집단으로부터 온 것으로 인식하기 시작하면서 기존의 주류집단에 가졌던 동경을 철수하는 모습으로 나타난다. 이러한 과정에서 분노와 적개심을 강하게 갖게 되며 주어진 현실을 나은 방향으로 바꾸고자 하는 적극적인 노력들로 전환된다. 주류집단에 대한 분노와 적개심은 쉽게 가라앉지 않으며 극단적인 모습으로 비춰질 수 있다(Sue 외, 2019).

연구참여자 A는 한국 부모들은 자녀를 양육할 때 아이들 스스로 할 수 있는 것들을 대신해주는 경향이 많음을 지적하며, 이러한 양육방식에 대한 부정적 인식을 경험했다. 연구참여자 E는 한국 이주 전 우즈베키스탄에서 주류 민족이었던 러시아 민족에게서 인종차별을 받았다. 이는 주류집단에 대한 저항과 자문화 대한 몰입으로 나타났다. 주류집단의 문화라고 해서 무조건 우월한 것은 아니며 오히려 자문화가 갖는 우수성에 대해 더 잘 인식하게 된다.

"할머니 할아버지 어떻게 하시는지 아세요? 모든 걸 대신하려고. 애기

스스로 하는 거 없어요. 그래서 마음에 안 들어요. 입에도 이렇게 막 입에 넣어주는 거예요. 아, 우즈베키스탄의 러시안 스타일 다 스스로 해요. 아침에 일어나서 혼자서 밥 먹고 혼자 세수하고 옷 입고 스스로 어린이집으로 가는 거예요. 근데 여기는 다 입혀주고 다섯 살도 입혀주고 양말까지 신겨주고 신발까지 신어주고 할머니, 그렇게 하지 마세요. 그렇게 하지 마세요. 그렇게 100번 얘기해도 안 되는 거예요. 안 바뀌요. 엉덩이까지도 닦아줘. 이제 학교 가면 엉덩이 못 닦아요. 이제 난 혼자 씻으라고 시켜요." (연구참여자 A)

"제가 사춘기가 되면서 중학교 때 우리가 또 옮겼잖아요. 이사를 하고 나서. 그래서 거기서 제가 왕따를 당한 적이 있어요. 새로 이사 간 거기서 러시아 애들 잡고 있을 때 새로운 학교로 전학을 가면서. 그게 아마 중학교 1학년 나이였을 거예요. 애들한테 머리채 뽑히고. [조사자: 그 나라도 그런가요?] 엄청나요. 우선은 인종차별 때문에. 게네들은 아무래도 거기서 주도권을 가지고 있으니까. 그래서 그것 때문에 그런 게 있는데. 그런데 당하지 않으려고 발버둥을 쳤던 거죠. 그래서 머리가 뽑히고. 공부를 또 잘하는 것이 와가지고 걸리적거리니까." (연구참여자 E)

연구참여자 A는 한국에 살면서 가장 바뀌었으면 하는 부분으로 '다문화'라는 용어가 없어져야 한다고 생각했다. 그리고 대부분연구참여자들은 한국의 다문화에 대한 낮은 인식 수준을 비판하며 주류집단인 한국의 이러한 태도에 대해 실망감과 분노를 드러냈다. 그리고 영어가 아닌 제2외국어를 사용할 때 차별적인 시선을 더 많이 받는다고 인식했다. 이러한 차별을 해소하기 위해서는 다문화가족지원센터의 적극적인 역할을 강조했다. 자신이 겪고 있는 이런 차별적인 요소로 인해 일어나는 곤경들은 모두 주류집단의 책임으로 인식했다. 또한 이중언어강사로 일하면서 한국의 선생님들과 다른 대우를 받는 것에 대해 부정적인 감정을 경험한다. 이런 현실을 개선하기 위해 다른 처우를 위한 항의를 해보지만 달라지지 않는 현실에 실망한다.

> "일단은 다문화 단어 없어지고 싶어요. 우즈베키스탄도 우즈베키스탄 사람만 안 살잖아요. 너무 많아요. 누구는 외국 사람 얘기도 안 해. 그런데 역사적으로 엄청 많이 시간 지나갔어요. 왜냐면 우리 여권에서도 저는 고려인. 고려인 카레이스키에서 카레이스키 러시아 사람에서 러시아 사람이라고 쓰여 있어요. 근데 국적은 우즈베키스탄 사람이에요. 여권도 우즈베키스탄 사람이고 우즈베키스탄이에요. 그냥 외국인 아니면 고려인들 사실은 지금 외국 저기도 얼굴 외모 안 닮았지만 저기 나라에서 누구 그러지 않아요. 차별받지 않아요. 여기에는 다 차별해." (연구참여자 A)

> "[조사자: 우리나라 다문화 정책에 대해서는 관심이 있으세요?] 관심이 많아요. 저는 사실은 처음에 그것도 어떻게 보면 폭력이죠. 시댁에서부터 받은 폭력이죠. 남편으로부터 받은 언어폭력, 정신폭력 등 여러 가지. 오죽하면 제가 카톡에 올린 적도 있어요. 남녀평등에 대해서. 모든 인간은 평등하다고. 그다음에 인권선언 조항도 인용한 적도 있고…. 사실은 그런 생각은 있어요. 결혼 초에 내가 직접 겪어봤으니까 여성센터나 여성인권센터 같은 곳에 들어가서 일하고 싶다는 생각은 있었어요. 내 자신도 도와주고 남들도 도와주고. 왜냐하면 '이대로 가면 안 된다. 우리는 우리의 권리에 대해서 알려주어야 한다'고 생각했기 때문에." (연구

참여자 B)

"재미교포, 재일교포 다 똑같은 교포인데 너무 차별을 많이 해요. 어떤 나라이냐에 따라서. 그래서 그게 싫었던 것 같아요. 그 사람도 똑같은 인간인데. 나보다 잘난 것도 없는데. 말도 나보다 못하는데. 단지 자기가 어디서 외국 물 먹고 왔다는 것 때문에 더 많은 혜택을 받는다는 것은 좀…." (연구참여자 E)

"어느 정도 물론 대우는 크게 바라지 않는데, 선생님들 간에도 차별이랄까 차등을 두어요. 쉽게 얘기해서 뭐랄까. 한국 선생님들은 대학교 나와서 힘들게 교원시험 치고 이렇게 나왔는데 저같은 경우는 그런 식으로 교육을 받아서 학교에서 근무하는 것 자체를 인정을 안 하려고 하는. 같은 선생님이 아니고, 진짜 선생님하고 물론 차이는 크죠. 크다고 보는데, 그걸 굳이 표현을 안 했으면 하는데, 거기서도 약간씩은 표현을 하는 측면이 있어서. 제가 그런 걸 가지고 센터에도 얘기하고. 그건 선생님들 자체가 깨어있는 방식이 다르니까. 그렇게 하면 안 되는데. 그러지 말라고 얘기한 적도 있고. 그런 분위기도 있어요." (연구참여자 F)

연구참여자 B와 E는 한국의 남녀의 불평등에서 비롯된 문화적 관습에 대한 저항과 동서 간의 갈등에서 나타나는 부당함에 대해 침묵하지 않고 자신의 권리를 주장하는 모습을 보였다. 이는 자신의 삶에 대해 주체적인 태도를 갖고 있음을 시사한다. 또한 가족의 범위에 대한 입장 차이에서 남편의 '문이 없는 가족이다'라는 것에 반대했고 '한국 사람은 이렇게 살아'라는 발언에 고려인, 한국 사람이라고 생각했던 자신의 정체성에 혼란을 느끼며 한국 국적 취득을 하지 않기로 생각하는 등의 강한 저항을 보였다. 연구참여자 C는 같은 민족이지만 다르게 대우받는 탈북민과 자신의 소수집단에 대한 주류집단의 차별에 대해서는 더 역동적이고 행동지향적인 태도로 저항하는 태도를 보였다. 이 단계에서는 차별적인 주류집단의 인식에 대해 부정적인 인식을 넘어서는 분노와 적개심을 볼 수 있다.

> "형님들과 동서지간에 견해 차이. 제가 법대를 나와서 그런지 인권에 대해서 잘 알고 있어요. 그래서 그 부분은 절대 못 받아줬어요. 절대 못 견디겠어요. 내가 막내라고 무조건 시키는 대로 하라고 하고, 대답도 못하게 하고, 허락도 받아야 하고…. (중략) 마침 우리 집에 비밀번호까지 알고 들어오시더라고요, 우리 없는 사이에. 살림을 어떻게 하는지 다 뒤져보고. 냉장고도 열고 옷장 문도 열고. 그냥 뭐, 동생을 챙겨주려고 그런 건지. 무슨 좋은 의미로 했겠죠? (반어적 의미) 그런데 저는 굉장히 날카롭게 받았어요, 그건 아니라고…. 한 1년 반 정도 참았어요. 딱 1년 반이요. 더 이상 못 참겠더라고요. 우리 가족은 너랑 나랑 가족이 아니라 이렇게 크게 다 가족이라고 하는 거예요. '우리 가족은 이거다'(크게 범위를 가리키며), '문이 없는 가족이 여기는 한국이야', '한국 사회가 이런 거야', '한국 사람들은 이렇게 살아' 그러는 거예요. 그러면 '나도다…. 한국 사람이야.' 그런데 저는 한국 사람으로 취급을 못 받은 거 같아요. 남편한테도 그렇고 다른 사람들한테도 그렇고. 그래서 참. 여기 오기 전에는 한국 사람인 줄 알았는데 여기 와서 보니까 내가 누굴까 정체성 혼란이 왔어요. 그래서 그 이후로 국적을 받을 생각이 없어졌어요." (연구참여자 B)

> "학교 들어가보니까 애들이 너무 불쌍한 거예요. 그래서 이제 정답이 없

더라고요. 돈은 벌어야 되고 애들은 애들대로 힘들고. 그리고 이게 만약에 한국에 계속 살 수 있다면 그거는 뭐 이제 애들 데리고 와서 애들 무조건 이제 한국어를 이렇게 가르치게 하는데 부모 미래도 불투명하고 계속 있을 수 없는 것도 아니고 그러니까 괜히 애들만 왔다 갔다. 여기 일하러 오신 분들이 또 그런 일을 찾기가 쉽지가 않죠. 또 아까도 공단에 공장 일하러 오신 분들이 대부분이니까. 그러니까 공장들도 일이 있을 때 있고 없을 때는 또 사람 내보내잖아요? 일 없으니까 인력이 필요가 없는 거죠. 그리고 만약에 탈북민 같은 경우는 탈북인들은 여기 와서 계속 거주할 수 있잖아요? 그런데 우리는 고려인들은 그런 거 없기 때문에 그냥 취업비자. 4년, 5년. 그 정도밖에 안 되고." (연구참여자 C)

"거기는 일단 가사 분담이 기본적으로 사람들 머릿속에 박혀 있기 때문에 여기서처럼 애걸복걸할 필요도 없어요. 부인이 바쁘면 남편이 와서 저녁 준비를 해요. 저녁 준비 거리가 없으면 가서 장을 봐요, 남자가. 기본적으로. 집안에 손볼 것도. 처음에 전구를 남편한테 해달라고 했더니 시어머니께서 '그런 걸 왜 우리 아들한테 시키냐. 기술자 불러야 한다. 우리 아들은 그런 것 못한다'. 집 구하러 다녔을 때 부동산 가야 하는데 '우리 아들이 그런 것 못한다. 한국 여자들은 그런 걸 다 알아보고 부동산 찾아서 다 하는데 남자들이 하는 거 아니다'라고…. (중략) 거기는 굉장히 옛날 전통이 강하고 가부장적이에요. 남편이 73년생인데 완전히 조선시대 남자처럼 생각해요…." (연구참여자 E)

5.
소결: 고려인 결혼이주여성 상담을 위한 시사점

이 책은 한국 다문화연구의 핵심 주제인 결혼이주여성, 이 중에서도 고려인 출신 결혼이주여성에게 한국 이주를 전후로 나타난 인종문화 정체성 발달을 생애사 연구방법으로 접근하여 다루고 있다. 정체성 발달은 이주민을 포함한 소수집단이 한 사회의 구성원들과 상호작용하면서 적응하고 협상하는 과정과 양상을 보여준다는 점에서 정체성 발달 연구는 소수집단을 위한 정책이나 실천적 측면에서 중요한 시사점을 제시할 수 있다. 이에 본 장은 소수집단의 정체성 발달의 일반화 이론들 중의 하나인 인종문화정체성 발달(RCID) 이론을 활용하여 우즈베키스탄 출신 고려인 결혼이주여성들의 이주생애사에 나타난 정체성 발달을 살펴보았다. 본 장의 소결로서 인족문화정체성 발달 이론이 제시하는 다섯 개의 단계 중에서 1~3단계에 해당하는 일치 단계, 부조화 단계, 저항과 몰입 단계의 측면에서 고려인 결혼이주여성의 상담을 위한 시사점은 다음과 같다.

첫째, 일치 단계에 있는 고려인 결혼이주여성의 인종문화정체성은 전반적으로 다음과 같았다. 자신을 향한 태도는 주류집단의 생활양식이

나 문화적 측면을 높게 평가하는 반면 자신이 속한 소수민족집단에 대해서는 부정적인 모습을 보였다. 또한 주류집단 대 소수민족 문화라는 이분법적인 관념을 가지고 있었다. 한국 정부의 장학생 선발에서 뽑혔던 경험을 기적과도 같다고 생각한다거나 자신을 숨기고 싶은 마음에 개명한 일 등은 주류집단에 동화되고 싶은 자신의 생각을 잘 나타내주고 있었다.

같은 소수민족, 다른 소수민족 출신의 타인을 향한 태도는 자신이 속한 소수민족 집단에 대한 부정적 인식을 가지고 자기 자신과 소수민족집단을 분리시키려 하는 모습이 두드러지게 나타나고 있었다. 또한 다른 소수민족 집단에 대해서는 그 집단이 주는 차별적 요소를 부당하다고 생각하기보다는 수동적으로 받아들이는 태도를 보였다.

주류집단을 향한 태도는 주류집단의 문화가 우월하다는 인식이 강했다. 주류집단과 자신의 문화를 종속적인 관계로 인식했다. 개인의 종교적 신념을 접는다거나 한국사회에 적응하기 위해 외로운 상황들에 놓여있어도 오히려 한국어가 늘기 위해서는 좋은 측면이 있다고 생각하는 모습에서 이러한 인식을 확인할 수 있었다.

따라서 일치 단계에서의 내담자들은 자신의 정체성을 탐구하거나 감정을 인식하는 것에 대해 익숙하지 않기 때문에 다문화상담에 있어 결과중심적인 과제들을 선호할 가능성이 높다. 또한 내담자를 대하는 상담사가 자신보다 우월한 민족집단일 경우에 지나치게 잘 보이려는 노력을 할 수 있으며, 반면 같은 소수민족 출신의 상담사일 경우에는 적대적인 감정을 드러낼 수 있다. 그러므로 상담이 효과적이고 생산적으로 이루어지기 위해서는 내담자에게 맞는 상담자를 잘 선택하는 것이 중요하다.

그러므로 일치 단계에서 우즈베키스탄 출신 고려인 결혼이주여성에 대한 다문화 상담의 방향은 내담자가 자신의 인종적·문화적 갈등을 직접적으로 다루는 것에 대해 두려움을 가지고 있기 때문에 정체성 탐구에 있어 단편적인 접근보다는 통합적인 관점에서 다루어야 한다. 내담자 개인의 가치와 신념에 따라 인종적 또는 문화적 갈등을 다룰 수 있도록 알맞은 상담 기술을 알려주는 것이 중요하다. 특히 내담자가 스스로에 대해 생각하는 부정적 관점들을 어떻게 다룰 것인지에 대해 고민하고 접근해야 할 것이다. 이러한 접근을 통해 상담이 치료적 관점을 넘어 내담자가 다문화 사회에 잘 적응해갈 수 있는 사회적 자원으로 활용할 수 있도록 하는 데 기여할 수 있도록 돕는 것이 무엇보다 중요하다.

둘째, 부조화 단계에 있는 고려인 결혼이주여성의 인종문화정체성은 전반적으로 다음과 같았다. 자신을 향한 태도는 주류집단인 한국의 문화가 전적으로 좋다거나 나쁘다고 인식하지 않으며, 또한 자신이 속한 소수민족집단의 문화에 대해서도 벗어날 수 없음을 느끼게 되었다. 이런 감정들로 인해 자부심과 부정적 인식을 동시에 경험했다. 앞서 언급한 바와 같이 이러한 경험은 일치 단계에서 보이는 주류집단 문화에 대한 인식보다는 더욱 분명한 것이었다.

같은 소수민족집단, 다른 소수민족집단에 대한 태도는 주류집단의 발전된 문화에도 부정적 측면이 있음을 인식하고 갈등하게 되거나 같은 소수민족집단의 좋은 문화적 가치를 깨닫게 되는 모습으로 나타났다. 자신과 같은 집단의 특정 인물들에 대해 긍정적인 또는 부정적인 측면들을 언급하며 자신을 둘러싸고 있는 문화들에 대해 갈등하고 대립하는 모습을 보였다.

주류집단에 대한 태도는 주류집단의 우월한 문화적 가치를 인식하고 동경했지만, 현실 속에서 이를 경험하는 과정에서 그 차이를 느끼고 좌절하기도 했다. 인식과 실제의 괴리감은 이들에게 있어 주류집단과 자신이 속한 집단 사이에서의 갈등의 원인이 되었다.

부조화 단계에서의 내담자는 여전히 주류집단의 상담사를 선호할 수 있지만, 문화적으로 깨어있는 상담사를 더 선호할 수도 있다. 반면 같은 소수민족집단의 상담사는 내담자가 가지고 있는 인종적·문화적 갈등들을 더 강화시킬 수 있다는 사실도 염두해두고 접근해야 한다. 상담사는 인식의 부조화로부터 오는 개인적인 부정적 감정들을 스스로 다룰 수 있도록 도와야 한다.

그러므로 부조화 단계에서 우즈베키스탄 출신 고려인 결혼이주여성에 대한 다문화상담의 방향은 내담자는 일치 단계의 내담자보다는 자신의 문화집단에 대해 좀 더 개방적인 태도를 보이기 때문에 상담사가 어떻게 내담자의 정체성에 대한 갈등을 다루느냐에 따라 많은 영향을 받는다. 상담자는 내담자의 문화적 편견이나 자신이 속한 집단들의 갈등을 잘 다룰 수 있도록 알맞은 치료 기술을 사용해야 하며, 내담자가 겪고 있는 인지부조화를 분명하게 볼 수 있는 장치들을 마련해야 할 것이다.

셋째, 저항과 몰입 단계에 있는 고려인 결혼이주여성의 인종문화정체성은 전반적으로 다음과 같았다. 자신에 대한 태도는 자신이 속한 소수민족집단의 문화적·사회적 가치를 외면하지 않고 부끄러워하지 않으며 자부심을 느끼는 수준으로 나타났다. 이는 인종적이고 문화적인 차별을 극복하려는 적극적인 의지로 표출되었다. 이러한 과정을 통해 자신의 역할을 더 잘 이해하고 수행하게 되었다.

같은 소수민족집단, 다른 소수민족집단에 대한 태도는 주류집단에 대해 적응해가는 과정에서 같은 소수민족집단에 대한 일체감을 더욱 강하게 느꼈다. 사회적으로 차별받는 현실에 저항하고 의문을 갖게 되면서 침묵하지 않고 주체적으로 자신의 삶을 설계해나가려고 노력했다. 하지만 다른 소수민족집단을 이해하기 위한 노력은 소극적이며 표면적이었다.

따라서 저항과 몰입 단계에서 내담자들이 느끼는 모든 심리적 갈등과 문제들이 앞서 언급한 대로 주류집단에서 온 것이라고 생각하는 경향이 강하기 때문에 상담사에 대해서도 적대적일 가능성이 많다. 특히 주류집단의 상담사에게 자신을 공개하고 상담을 받는다는 것을 상당한 위험이라고 생각할 가능성이 높다. 기존 체제가 주류집단의 대리인 역할을 한다고 보기 때문에 상담사에 대해 적대적일 수 있으며 자신이 가진 민족성을 강하게 드러내는 모습을 보인다.

그러므로 저항과 몰입 단계에서 우즈베키스탄 출신 고려인 결혼이주여성에 대한 다문화상담의 방향은 내담자의 적대적이고 공격적인 표현을 상담사 개인의 것으로 생각하면 안 되며, 근본적으로 내담자가 가지고 있는 열등감을 다루기 위해 노력해야 한다. 내담자가 자신의 열등감을 다룰 수 있도록 마음을 열기 위해서는 상담사와의 신뢰 또한 중요한 축으로 다루어져야 할 것이다. 이들은 더 적극적이며, 불합리하고 억압되어 있는 사회적 구조에 저항하는 데 자신의 에너지를 쓰기 때문에 다른 단계에서의 내담자보다 더 역동적일 수 있음을 염두해야 한다.

11장

고려인 결혼이주여성의 정체성 발달: 내적 성찰, 통합적 자각

1.

내적 성찰 단계: 고려인을 넘어 '나'의 관점으로 세계 인식

1) 자민족 중심주의에 대한 불편함, 다른 집단의 억압 경험에 대한 이해

내적 성찰 단계에서의 개인은 사고가 집단 중심에서 개인 중심으로 옮겨지면서 개인이 무시된 집단주의에 대해 불만과 불편 등 부정적 감정을 느끼는 모습이 나타난다. 이때 종종 자신이 속한 집단의 결정이 자신의 가치와 신념 그리고 기대와 일치하지 않을 때 분노하거나 반대하는 경향을 나타내며 집단적 관점이 개인적 관점과 대립되는 양상을 보인다. 즉 이러한 집단의 관점이 개인의 경험을 통해 유익하지 않다고 판단되기도 하며 이러한 개인적인 경험은 개인의 자율성과 집단에 대한 충성 및 책임 간의 갈등을 가져올 수 있다. 이는 일치 단계와 동일해보일 수 있지만, 일치 단계는 자기혐오가 자문화에 대한 부정적 감정과 행동의 동기가 된다면 내적 성찰은 자문화 중심적 관점이 부정적 감정을 가져온다는 점에서 차이가 있다(Sue 외, 2019).

연구참여자 B는 이주 전 우즈베키스탄에 살았던 어린 시절, 고려인 1세대 이주민이셨던 할머니로부터 고려인 정체성 유지를 위해 한국인을 만나서 결혼해야 한다는 강요를 받았던 경험에 대해 불편감을 나타냈다. 이는 여러 민족과 어울려 성장하며 초국적 정체성을 가지고 있는 3세대 고려인 연구참여자에게 있어 개인의 자율성을 침해하는 것으로 느껴졌으며 갈등으로 인식되었다.

> "어렸을 때부터 저는 교포다 보니까 한국에 관심이 많았고, 할머니가 돌아가실 때까지 한국말을 쓰셨어요…. (중략) 어렸을 때부터 남자친구들이 전화가 오면 할머니가 전화도 안 바꿔주셨어요. '너희들은 무조건 한국 사람을 만나야 한다' 그러셨어요. (중략) 제 친구들이 많이 속상해했어요. 너희 할머니 왜 그러시냐고. 전화해도 안 되고, 너희 집에 찾아갔는데도 문을 열고 보시고는 외모 생김새 보고 안 된다고 하시고. 그래서 내가 할머니한테 몇 번 얘기했는데도 안 돼요." (연구참여자 B)

연구참여자 C는 학교에서 러시아 출신의 다문화 및 중도입국자녀들에게 한국어를 가르치면서 아이들과 부모들이 너무 쉽게 학교에 결석하는 것에 불편함을 느꼈다. 이러한 현상이 이전에는 자연스러웠고 자신도 그렇게 살아왔음에도 불구하고 한국에 살면서 형성된 개인의 가치와 신념 그리고 기대와 일치하지 않는 다문화 자녀들의 모습을 보며 심리적으로 부딪치고 이해되지 않는 경험을 했다. 내적 성찰 단계의 개인은 소수집단(자문화)의 특징에 매몰되어 빼앗겼던 개별성에 대한 문제에 관심을 가지기 시작하면서 내적 갈등을 경험하는 것으로 나타났다.

"러시아권 아이들을 가르치고 있는데요. 그러니까 이제 거기 문화랑 여기 한국 문화랑 다르니까 이제 부딪치기도 하는 거예요. 부딪치기보다 이해가 안 되는 거죠. 저는 이미 이제 다 한국 사람. (중략) 우리 애들은 정말 그때 한번 작은아이가 눈병 걸렸을 때 학교 보내면 안 된다고 했을 때 그때만 쉬고 빠진 적 없어요. 그런데 러시아권 아이들이 너무 학교를 잘 빠져요. 나도 원래 그렇게 살아왔는데, 그런데 너무 이게 한국에 오래 있다 보니까. 그게 이제 이상하게 느껴지죠." (연구참여자 C)

연구참여자 E는 학창 시절 만난 유대인 친구와 가깝게 지내며 유대인 가정으로부터 영향을 받았다. 유대인은 핍박으로부터 살아남기 위해 어떤 분야에서든 1등을 놓치지 않으려고 했고 그러한 면에서 연구참여자는 영향을 받았다고 했다.

"우리 문화하고는 너무 달랐기 때문에. 저는 그걸 배우고. 항상 보고 자라고, 그리고 공부도 같이 했는데 그 사람들은 공부를 1등이 아니면 안 된다는 식으로 해요. 무조건 1등을 해야 하는 거예요. 얘네들은 민족이 워낙 핍박을 많이 받았기 때문에 어딜 가든 다들 미워해요, 유대인들을. 너무 잘살아서 똑똑해서 질투를 해서 그럴 수도 있지만. 살아남아야 돼 가지고. 너무 사람들이 다 싫어하기 때문에. 얘네들이 이름 바꾸고 다 그러는데 못사는 유대인들이 없어요. 너무 다 잘살아요. 부모들도 보니까 제 친구들 부모들이 거의 회계사, 경찰, 의사, 변호사 뭐 거의 그런 직업을 가지고 있었기 때문에 그 사람들은 생존이에요, 생존. 살아남아야 되기 때문에 그렇다 보니까. 돈이 항상 있어요. 근데 검소하게 살아요. 돈을 아끼면서 돈을 버는 방법을 가르치고 용돈 주면서 교육을 시키고,

절대로 돈을 낭비하지 않고. 철저하게 돈 관리를 하면서, 돈을 그렇게 많이 벌면서 돈 관리를 하기 위해 노력을 하는 거죠. 공부를 하면 1등을 해야 해." (연구참여자 E)

2) 주류문화의 수용에 대한 갈등

성찰 단계에서의 개인은 주류사회의 문화를 수용하는 데 갈등을 겪었다. 주류집단의 기능적이고 바람직한 요소들을 발견하면서도 이를 자신이 속한 민족의 문화에 어떻게 받아들이고 통합시킬지에 대해 고민했다. 즉, 주류집단에 대한 경시, 분노, 저항의 감정이 약화되면서 수용 가능한 문화의 요소들을 구분하려는 시도로서 혼란을 경험하게 되는 것이다 (Sue 외, 2019). 연구참여자들은 한국 정부의 다문화가정과 자녀에 대한 지원 정책과 프로그램 제공이 문화적응에 있어 긍정적인 경험을 했다고 답했다. 자녀와 부부를 위한 상담프로그램을 받으며 한국 사회의 복지혜택에 대해 긍정적인 인식과 감사함을 느끼게 되었다. 또한 사회적으로 방송매체 등을 통해 다문화 인식이 개선되고 변화되는 것에 대해 긍정적으로 바라보면서도 일상에서 다문화 자녀들의 친구 사귀기 힘든 현실과 차별을 경험할 때면 혼란과 갈등을 경험했다.

"나라에서도 지원 많이 받고 여러 가지 프로그램 많이 나와요. 아이들은? 뭐 나라에서 신청할 수 있으면 그거 일단 신청하고 가고 나오는 대로 다 가는, 그 보통 고구마 캐고. 한국 문화 연결되는 거 떡 만들기 이런 거. 강화도 다니기, 연마다 강화도 다녀요. 여기 학교에서 다문화가족지원센터에서 프로그램 되게 많아요. (중략) 사실은 다문화 아이들은 친구 없어요. 친구 없어. 다문화 아이들이 아니면 진짜 엄마 친구 있으면 엄마끼리 친구 있으면 그래야 만날 수 있어요. 없으면 못 만나요." (연구참여자 A)

"여기에는 다 차별해. 그리고 엄마들 인식도 점점 더 바뀌야 돼요. (중략) 단일민족 의식이 강했는데 지금은 변해가고 있으니까 많이 좋아지고 있어요. 유학들도 많이 다니고 해외로 한국 사람들도 가기도 하니까, 우리는. 남편을 보면 한국 사회가 바뀌는 거 느껴요. 방송을 보면 그런 거 나오잖아요. 아빠 일기, 아빠 육아 같은 거. 남자 셰프, 남녀평등, 공동육아. 그런 거 보면은." (연구참여자 B)

"아이의 정신적으로 문제가 있었어요. 대방동 ○○○에서 1년 동안 놀이치료를 시켰어요. 화장지를 풀고 뜯고 하는 것도 있고, 종이 인형도 만들고. 테스트를 하니까 초등학교 1학년 때 ADHD가 왔어요. 정신과에 가라고 40만 원짜리 쿠폰이 나왔어요, 나라에서. 나는 애를 약물로 죽이고 싶지 않아서 애를 건강관리지원센터로 데리고 갔어요. 1년 동안 토요일마다 데리고 같이 갔어요. 부모 따로 애 따로 상담받았어요. 미술치료를 했어요. 심리상담사하고 계속 해서 애가 성격이 조금씩 좋아졌어요…. (중략) 부부 상담 같은 건 비싸다고 알고 있는데 저는 도움을 많이 받았지요. 상담사가 내 편이 돼가지고. 속 시원하게 얘기했어요. 한국 사람 같으면 못 살았을 것 같다. 저는 그 말을 듣고 위로가 되고 힘을 얻었어요. 저는 정말 성공한 게 새벽에 들어왔던 사람이 3시, 1시, 12시 전에, 전철이 끊기기 전에 오려고 노력을 하더라구요. 못 들어올 거 같으면 저녁 먹고 온다고 전화를 하거나 문자를 줘요, 아직까지. 그 학습 효과가 지금까지 나요. 이 사람 내가 말하면 씨알도 안 먹히는데 제3자가 얘기하면 된 거예요. 상담의 매력이. 제대로 하시는 분 만나서. 나중에 또 한번 신청했을 때는 실력이 좀 그래서 그때는 도움을 못 받았죠. 상담사를 너무너무 잘 만나서. 그게 얼마나 중요한지. 한 번만에 완전히 효과를 보고. 건강도 관리를 하니까. 술 먹고 다닐 때 간경화 왔는데도 계속 술 먹고 다니고 그랬거든요." (연구참여자 E)

연구참여자 B는 주류집단인 시댁의 문화에 대해 가부장적이고 고지식하다는 점을 단점으로 인식하면서도 교육적인 측면에서는 그러한 부분이 장점이 된다고 했다. 또 그동안 형님과의 관계의 문제에서 갈등하고 저항하기보다는 이해하고 넘어가려고 했다. 주류집단을 향한 분노와 불신의 감정이 약화되면서 수용할 수 있는 요소들을 구별하기 위해 시도했다.

"그래도 견해 차이, 나이 차이, 문화 차이 그런 게 있어요. 고지식해요. 가부장적이에요. 그런데 교육은 잘 받은 거예요. 이런 면에서 장단점이 있죠…. (중략) 부모님은 좋으세요, 아버님이랑 어머님은. 어머님 아버님은 잘 받아주셨어요. 시골에 가시면 약주 드시고 제 칭찬을 많이 해주셨나 봐요. 그러니까 다른 며느리들이 심술 나서. 왜냐하면 어머니도 연세 드셔서 저한테 시집살이나 그런 걸 안 시키셔가지고 형님들이 시킨 거죠. 한번 제가 메시지 읽어봤는데 쌍욕을 하더라구요. 그래서 제가 '약주 드셨나 봐요.' 그냥 그렇게 생각하려고 했어요. '잘못 보내셨나 보다' 하고 그냥 넘어갔어요." (연구참여자 B)

연구참여자 F는 자신이 속한 소수집단에서 주류집단으로 이동하면서 주류집단에 대해 우호적인 생각을 하게 되었다. 이는 통합의 과정을 거쳐 주류집단에 대한 긍정적인 마음으로 경험되었다.

> "[조사자: 지금 한국에 오시게 된 거는 우즈베키스탄에서 오시게 된 거였잖아요. 한국에 오게 된 계기가 있었나요?] 아니요, 그런 게 없었는데 동생이 무조건 한국으로 가서 시집가서 한국에 살아야 된다고 목적이 있었어요, 중학교 때부터. 동생이 한국 노래를 불렀어요. 뭔 말인지 그때는 이해가 안 됐어요. 왜? 우즈베키스탄에서 사는 거 괜찮은데. 그런데 동생이 여기 먼저 결혼하고 3년 지나서 '여기 와라, 언니. 여기 꼭 와야 한다'고 불렀어요. 어떻게든 오게 됐는데 맨 처음에 일도 하고 보니까 괜찮게 느껴가지고 '결혼하자'고 생각했어요. [조사자: 다시 나중에 아이가 큰 다음에 계속 한국에서 생활하실 생각을 가지고 계세요?] 물론이죠. [남편: 절대 다시 가고 싶지 않다고.] 러시아든 우즈베키스탄이든 저 여기가 집이에요." (연구참여자 F)

2.
통합적 자각 단계: '나'와 '너' 두 문화에 대한 존중

1) 초국적 정체성 형성

통합적 자각 단계에서의 개인은 내적 평안을 갖고 각 문화의 고유한 측면을 존중할 수 있게 된다. 따라서 다른 인종·문화에 대한 불편감이 사라지고 개인적인 통제와 융통성이 커지게 되므로 모든 문화의 요소를 점검하고 검토하여 선택적으로 수용하거나 거부할 수 있다. 이는 긍정적인 자아상 및 자존감을 바탕으로 한 높은 수준의 자율성에서 비롯된다. 따라서 한 개인은 개인, 집단, 세계적인 수준에서 정체성을 형성하고 통합하는 특성을 보인다(Sue 외, 2019).

연구참여자들은 한국에서 다문화 이해 강사 및 이중언어 코치 일을 통해 초국적인 문화의 가교 역할을 담당했다. 또 초국적 정체성을 바탕으로 한국의 학부모로서 녹색어머니 봉사활동뿐 아니라 이주민을 위한 의료통역 봉사활동, 통역 아르바이트 등 적극적인 사회참여를 실천하며 사회에 필요한 사람이 되고자 했다. 그리고 연구참여자 A는 모국에 돌아갔을 때 한국의 어린이집에서 사용하고 있는 의사전달 시스템을 도입하여 우즈베키스탄 부모들을 위한 어린이집을 운영하고자 했다.

"다문화이해강사로 많이 바빠요. 우즈베키스탄, 러시아 다 가르치죠. 학교, 어린이집, 주민센터, 아동센터, 노인. 여기는 다문화 고정센터도 있고, 계양구 다문화가족지원센터에서 다문화수업이 있으면 나한테 연락이 와요. 여러 가지로 재미있어요. 나는 아이들하고 잘 어울려서 그냥 하면 항상 즐겁게 기쁜 거 좋아해요. 그리고 교육을 많이 받아서 어떻게 아이들하고 어울리는지 잘 알고 있어요…. (중략) 저희 꿈 하나 있는데 어린이집 우즈베키스탄에서 하나 열고 싶어요. 어린이집 여기 한국에 봐서 너무 좋아요. 교육적으로도 좋고. 알림장에 다 적고 나서 부모들하고 연결 잘되어 있어요. 우즈베키스탄은 부모들하고 잘 연결되지 않아요. 그냥 다 집에 들어가고 한국식 어린이집 열고 싶은데 그거 한국 아이들 위해서 아니고 그냥 우즈베키스탄 사는 시민을 위해서." (연구참여자 A)

"제가 자원봉사를 했어요. 한국어학당을 졸업하고 자원봉사를 했어요. ○○대 병원에서 외국인 환자를 대상으로 모시고 다니면서 통역도 도와주고 병원 안내해주는 일. 200시간 넘게 자원봉사를 했어요. 사실은 도와주고 싶은 마음으로 돕긴 했지만, 제일 큰 목적은 제가 좀 경험을 쌓고 싶어서, 그쪽 일을 하고 싶어서 자원봉사를 지원했어요. 그다음에는 제가 한 2년쯤 아르바이트 의료번역을 했어요." (연구참여자 D)

연구참여자들은 한국에서 이중언어강사로 일하며 보람도 느끼고 자신의 사회적 역할을 발견했다. 일을 배우는 과정에서 새로운 지식을 습득

하고 아이들 교육에 도움을 주는 것에 보람을 느꼈으며, 다문화 자녀들이 당면한 문제에 대한 자신의 역할을 고민했다. 연구참여자 B는 법학 전공자로서 법을 잘 몰라 복지의 사각지대에 있는 이주민들을 돕고 사회를 변화시키고자 하는 높은 수준의 시민의식을 보였다. 또 연구참여자 C는 자녀들의 학교생활을 위해 국적을 변경하여 한국 사회에 적응하는 데 있어 어려움을 주는 상황들을 적극적으로 개선하고 한국에서 살면서 겪게 되는 크고 작은 어려움들을 이겨내고자 했다. 즉, 통합적 자각 단계의 개인은 사회의 차별적인 모든 억압을 제거하고 변화시키는 데 기여하고자 했으며 개인의 자율성을 바탕으로 삶에 유용한 것을 선택하고자 했다.

> "정부에서 기회를 주셨으니까 감사하게 생각해요. (중략) 초등학교하고 고등학교랑 그리고 오후에는 심리상담 들어가요. 중학교, 초등학교는 매일 나가고 고등학교는 일주일에 한 번 나가고. 거기는 시간을 안 늘려준다고 해서. 그리고 다른 요일은 오후에 심리상담 통역해요. (중략) 처음엔 힘들었는데 잘 어울려야 하고 모르는 것도 많고. 여기서 안 태어나다 보니까 모르는 것도 많고 개인적으로도 공부를 많이 하죠. 저한테는 이중으로 도움이 되죠. 애들이 초등학교니까. 학습지식도 많이 늘었어요."
> (연구참여자 A)

> "다문화 아이들 가르쳐주는 것뿐만 아니라 감싸주는 것도 있어요. 아이들도 한국어도 가르쳐줘야 하지만 인간적으로 대해줘야 해요. 심리상담사도 제가 통역 나가는데, 사실은 문제가 많아요. 아이들 상담통역 하면서 많은 것을 느꼈어요. (중략) 사연을 많이 들어보면 반성도 되고 도와주고 싶어요. 쉼터가 있는 것도 사람들이 잘 몰라요. 뭐가 있는지 몰라요.

그리고 불법체류자인데도 신고를 할 수 있는 것도 몰라요. 자기 권한에 대해서 몰라요. 누가 안 알려주잖아요. (중략) 침묵으로 사는 사람들이 많아요. 암묵적으로 폭력 당하고 갈 데가 없다, 나는 보잘것없는 존재라고 느껴지잖아요. (중략) 이제 시간이 좀 나면 그동안 배운 것도 활용할 수 있었으면 좋겠어요." (연구참여자 B)

"저는 국적도 바꿨죠. 저는 이제 왜 바꿨냐면 아이들 때문에. 왜냐하면 지금은 모르지만, 옛날에는 등본을 떼잖아요? 등본에서는 제가 안 나오더라고요. 안 나와가지고 우리 아이들이 엄마 없는 아이들이 돼버리는 거죠. 그런데 애들이 학교 가야 되는데 학교라던지 뭐 여기저기 막 여러 군데 그 등본을 요구하잖아요. 그런데 나는 없는 거예요. 이게 그게 싫어서 국적을 받게 되었죠." (연구참여자 C)

연구참여자 E는 신앙을 통해 남편을 용서하고 불쌍하게 여길 수 있게 되었다. 신앙을 통한 내적 평안은 자신뿐 아니라 가정의 변화를 가져왔으며 남편을 있는 그대로 이해할 수 있는 변화의 계기가 되었다.

"아주 유명한 목사님이 집회를 하시는데 제가 통역을 했었어요. 거기서 기적을 봤어요. 은혜를 입은 거죠. 그전에 사실 저는 남편이 죽기를 바랐어요. 남편이 저를 너무 못살게 해가지고. 그런 게 기적을 보고 나서 집에 들어왔는데 남편이 갑자기 불쌍해지더라고요. 그전까지는 전혀 모르는 감정이었어요. 주기도문을 외우는데 눈물이 막 나서 그 사람을 껴안고 울었더니 그 사람이, '당신 뭐 잘못 먹었어?' 그러더라고요. 그 사람은 바뀌지 않았는데 제가 바뀐 거죠. 그 뒤로는 그 사람이 불쌍하고 미워하는 마음이 없어졌어요. 옛날에는 뭘 해도 미운 마음이었는데 그 뒤로는 불쌍한 마음이 든 거예요. 아이를 챙겨주는 엄마처럼. 옛날에는 아이 위주로 했는데 지금은 남편 위주로 해요, 음식을. 남편의 의견을 묻고 남편이 좋아하는 걸 사오고." (연구참여자 E)

2) 다문화적 사고와 태도

통합적 자각 단계에서 개인은 소수민족 집단과 개인의 가치 사이에서 더 이상 갈등하지 않으며 다른 문화적 가치와 신념을 이해하려고 한다. 이는 자신이 속한 집단에 대한 긍정적인 소속감과 함께 집단의 구성원이 개인이라는 자각이 공존하는 것이다. 따라서 집단에 대한 자부심을 가지면서 집단의 의견을 따르지 않아도 심리적 갈등을 느끼지 않는다. 또한 다른 문화적 가치와 신념을 가진 다른 소수집단을 이해하고 존중하려는 태도를 통해 다른 인종 집단을 이해하고자 한다(Sue 외, 2019).

연구참여자들은 자녀들이 다문화라는 이유로 학교에서 놀림을 당하고 왔을 때 그것을 놀림의 대상으로 삼는 이들에게 분노하기보다 차별적인 시선을 거부하는 태도를 보였으며 오히려 초국적 정체성을 가지고 자녀들이 이중언어 사용에 대해 자긍심을 가질 수 있도록 격려하고 이중언어 사용의 중요성을 강조했다. 이전의 단계들에서 느꼈던 분노와 갈등과 불편감은 해소되고 개인적인 통제와 융통성을 발휘하는 것을 확인할 수 있다. 또 한국과 우즈베키스탄의 이중국적자로서 양국의 고유한 문화를 존중하면서 자녀가 성인이 되었을 때 스스로 국적을 선택할 수 있도록 이

중국적을 유지하고자 했다. 이는 집단중심적인 태도에서 벗어나 각 문화의 고유성을 존중하는 이중문화 또는 다문화적인 태도로 볼 수 있다.

"러시아어 해요. 이해하고 읽기 쓰기 다 가르쳐주고 한국에 왔어요. 그럼 말할 때는 좀 서투르지만 자기가 말하고 싶은 걸 말할 수 있어요. 둘째는 알아들어요. 말은 못해요. 제가 교육 많이 받아서 좀 규칙 있어요. 나는 꼭 러시아 말로 얘기할 때 얘기하고 못 알아들을 때 그다음에 한국말로. 집에서도 러시아 말 책 읽으라고 계속 시켜요. 큰애 그러고 책 되게 많아요. 러시아 말을 배우는 책. (중략) 학교에서 우리 아이가 너무 몇 번 했어요. 말이. '너 엄마 외국 사람이야?' 약올렸어. 몇 번. 두세 번. 그런 거 신경 쓰지 말라고 했어요. 나는 너 특징이 있어요. 너 러시아 말도 알고 저기 한국말도 알고 영어도 배우고 그러니까 신경 쓰지 마. 우리 막내아들은 '엄마, 왜 러시아 말로 얘기해야 해요?' 그렇게 물어봐서 '러시아 말로 얘기 안 하면 엄마는 외할머니랑 어떻게 얘기할 거야? 너도 배워라' 그랬어요." (연구참여자 A)

"제가 계속 러시아 말로 하죠. 제가 아이한테 제가 그 아이가 밖에 나가서 한국어 한국어로 할 수 있고, 제가 집에는 러시아어만 써요. 우리 아이가 이중언어를 했으면 좋겠어요. 사실 제가 우리 부모들이 부모님들이 아버지랑 할머니랑 한국어를 하고, 밖에서 러시아어를 했어요. 그래서 지금 우리 아이가 딱 우리 엄마 아빠처럼 되길 바래요…. (중략) 귀화는 아직 제가 정하지 않았어요. 왜냐하면 지금 우리 아이가 이중국적이에요. 제가 우즈베키스탄 국적이고, 남편은 한국 국적이고요. 그래서 지금 아이가 이중, 제가 만약에 귀화하게 되면 아이도 저도 우즈베키스탄

국적을 포기해야 하잖아요. 그래서 지금은 아직 결정하지 못했어요. 왜냐하면 아이가 좀 크면 그때는 아이가 제가 한국에서 살고 싶다고 하면 그때 결정하려고요." (연구참여자 D)

3) 주류집단 문화에 대한 선택적 수용과 거부

통합적 자각 단계에서 나타난 주류집단에 대한 태도는 바람직한 문화적 측면을 검토하여 선택적으로 수용하고 존중하는 모습으로 나타난다. 주류집단의 구성원을 선택적으로 믿고 좋아하는 경험을 통해 주류집단의 건설적인 부분들에 대해 더 개방적으로 받아들이게 된다. 또한 주류집단에 대해 그들 또한 도움이 필요한 타자로 인식한다(Sue 외, 2019).

연구참여자 A는 시댁의 가부장적인 문화에 대해 거부하면서 남편의 중간자적 역할 수행에 대해 긍정적으로 받아들였다. 또 한국의 높은 물가에 대해 불평하기보다 한국과 모국의 물가 차이를 긍정적 요소로 인식하여 가정경제에 어떻게 활용할지 고민하고 미래를 설계하고자 했다. 또 다른 연구참여자 B는 다문화 차별로 인해 발생하는 인권 문제에 빠르고 유연하게 대처하는 한국 사회의 모습을 긍정적으로 평가했으며 개방적인 태도를 나타냈다.

"아니, 우리 남편도 힘들고 우리 그렇게 얘기했어. 남편도 힘들고 돈 못 벌면 차라리 우리 애들하고 우즈베키스탄에서 좀 살고 좀 돈 모아서 그 다음에 오자고 했어요. 왜냐면 이런 경우 많이 봤어요. 한국에 엄청 다 비싸고 아빠는 돈 못 벌고. 가족하고 저기 가서 아빠 조금씩 한 달에 50만 원 보내도 우즈베키스탄에서 엄청 잘살아요. 학교 무료예요. 학원비 안 내요. 학원 안 다녀요. 외국인도 학교 일반 국가 학교 가면 무료예요. 그런데 요즘 많이 한국 학교도 생기고 영국 학교도 생기고 저기 부자들 많잖아요. 그런 학원 안 다니고 집에서 다 배워요." (연구참여자 A)

"법적 지위가 좀 더 안전했으면 좋겠고, 일을 연결해서 일을 주잖아요. 조금 더 사회적으로 복지적으로도 더 안전했으면 좋겠어요. 4대 보험도 그렇고, 연수도 더 받고 싶고. 그런데 바뀌고 있는 거 같긴 해요, 기사 내용을 보면. 제가 국적 받았을 때도 무조건 남편이 출석해야 했어요. 그때도 저는 그게 이해가 안 갔어요. 이게 무슨 차별이냐. 이건 인권위반이다. (중략) 지금은 바뀌고 있어요. 그게 인권위반이라고. 누가 그걸 문제로 끄집어내서 검토하고 있어요. 이제 출석을 안 해도 되는 걸로 알고 있어요. 올해만 해도. 그래도 한국에서는 법이 빨리 바뀌고 있어요. 그래서 다행이에요. 무슨 일이 생기면 바로바로 바뀌니까. 유연한 거 같아요." (연구참여자 B)

연구참여자 E는 어려움에 처했을 때 신앙공동체로부터 도움을 받았다. 가정의 여러 가지 문제로 어려움을 겪으며 우울증에 걸리고 수술을 받으며 출산 직후 아이를 돌볼 수 없는 상황에서 목사님이 주신 돈으로 비행기 티켓을 구매해 친정으로 산후조리를 다녀올 수 있었다. 한국에 시집을 왔지만 자신을 돌봐줄 가족이 없는 상황에서 신앙공동체로부터 받은 환대는 자신과 가정을 회복시키는 계기가 되었다.

"제가 아파서. 먹는 대로 토하고. 병원에서 오진을 한 거예요, 위염이라고. 3개월 동안 약을 잘못 먹어서 15킬로 빠진 거예요. 그때 신림 교회에 갔는데 이런 말을 하더라구요, 종합병원 가보라고. 병원 가서 초음파 하자고. 의사가 딱 보더니, 보통은 한두 달 예약하고 기다려야 하는데 바로 다다음날로 수술을 잡더라고요. 담낭에 돌이 꽉 차서 담석이. 제가 힘들었던 거예요. 그때 처음으로 시어머니한테 애를 맡겼어요. 제가 3일 동안 수술하면서 처음으로 쉬었어요. 애는 어리고 돈은 없고 몸은 아프고. 목사님이 사정을 듣고 돈을 줘서 그 돈으로 비행기 티켓을 끊었어요. 3개월 동안 산후조리 겸 처음으로 두 팔 두 다리 뻗고 쉬었어요…. 어떻게 보면 하나님이 도움을 주신 거죠. 거기가 숨통을 틔워준 거죠."

(연구참여자 E)

3.
소결: 고려인 결혼이주여성 상담을 위한 시사점

10장에 이어서 본 장은 소수집단의 정체성 발달의 일반화 이론들 중의 하나인 인종문화정체성 발달(RCID) 이론에서 제시하는 다섯 개의 단계 중에서 4~5단계에 해당하는 내적 성찰 단계와 통합적 자각 단계의 측면에서 고려인 결혼이주여성들의 이주생애사에 나타난 정체성 발달을 살펴보았다. 이러한 정체성의 특징들은 소수집단을 위한 정책이나 실천적 측면에서 중요한 시사점을 제시할 수 있을 것이다. 본 장의 소결로서 내적 성찰 단계와 통합적 자각 단계의 측면에서 고려인 결혼이주여성의 상담을 위한 시사점을 살펴보면 다음과 같다.

첫째, 내적 성찰 단계에 있는 고려인 결혼이주여성의 인종·문화 정체성은 다음과 같았다. 소수민족에 대한 태도는 자신이 속한 소수민족 집단에 대한 것으로, 자신의 인종·문화적 정체성을 유지하기 위해 고려인 외 주류 민족인 러시아와 우즈베키스탄 민족과 또는 다른 소수민족 집단에 대해 배타적인 태도를 보이는 기성세대에 대해 불만과 불편함을 느끼는 것으로 나타났다. 민족정체성이 흐려진 고려인 3세대에게 고려인은 다

민족 국가를 구성하는 하나의 민족 중 하나로 인식되었기에 1세대의 배타적 인식은 이해하기 힘든 것이었다. 자민족 집단이 개인의 가치, 신념 그리고 기대와 일치하지 않는 결정을 하도록 압력을 주는 것에 대해 개별성을 침해하는 것으로 느껴 부정적으로 인식하는 것으로 나타났다(Sue 외, 2019).

주류집단에 대한 태도는 한국의 결혼이주여성과 자녀에 대한 다문화 정책의 기능적이고 긍정적인 측면을 받아들이고 활용하고자 하면서도 한국의 차별적인 시선, 다문화에 대한 차별, 세대 갈등 등의 요소로 인해 심리적 갈등을 경험하는 것으로 나타났다. 이는 주류집단을 향한 분노와 불신의 감정이 약화되면서, 자신의 삶에 활용할 수 있는 주류집단의 긍정적인 요소들을 구별하려는 시도로 볼 수 있다(Sue 외, 2019).

따라서 내적 성찰 단계에서의 내담자들은 스스로 주류집단에 대한 저항과 분노는 심리적으로 소모적인 것이며, 자신이 누구인지 발견하고 성장하는 데 에너지를 효과적으로 쓰는 것을 깨닫는 것이 중요하다. 또한 그들의 세계관을 이해한다면 상담사의 인종은 크게 중요하지 않을 수 있다. 그들은 자신이 속한 소수민족 집단과 개인적 자유 사이에서 갈등하며 종종 개인적 자유에 대한 행사가 집단을 거부하거나 반하는 것으로 인식할 수 있다. 하지만 이러한 행동은 자기가 속한 집단에 대한 부정적 인식에서 비롯된 것이 아닌 특정 문제에 관한 것이기 때문에 이들을 도울 때에는 새로운 정체성을 통합할 수 있도록 자기탐색적인 접근 방식이 중요하다(Sue 외, 2019).

이에 내적 성찰 단계에서 우즈베키스탄 출신 고려인 결혼이주여성에 대한 다문화 상담의 방향은 다음과 같다. 먼저 상담사는 내담자들에게 나타나는 자민족 중심의 결혼 방식을 반대하거나, 다문화정책으로서 자녀

교육 프로그램에 적극적으로 참여하는 행동이 자민족에 대한 부정적 인식에서 비롯된 것이 아니라는 점을 이해해야 한다. 그리고 상담적 개입 시 자기 민족의 가치를 벗어나 집단 혹은 타 민족의 가치를 수용하고 받아들이는 것이 자기 민족을 반하는 것이 아니라는 점을 내담자가 인식할 수 있도록 돕고 이주민으로서 새로운 정체성을 통합할 수 있도록 도울 필요가 있다.

둘째, 통합적 자각 단계에 있는 고려인 결혼이주여성의 인종문화정체성은 다음과 같이 설명할 수 있다. 자기 자신에 대한 태도는 초국적 정체성을 가지고 자신이 속한 사회에 기여하고자 하는 모습으로 나타났다. 고려인 결혼이주여성은 다문화이해강사 및 이중언어강사로 일하며 양국의 문화매개자 역할을 감당했으며, 이들이 만나는 이주민과 다문화자녀가 당면한 문제를 해결하기 위해 고민했다. 또 적극적인 봉사활동을 통해 배우고 성장하며 자아실현 하고자 했다.

소수민족에 대한 태도는 자녀 양육에서 나타났다. 이중언어교육의 중요성을 강조하며 자녀들이 초국적 정체성을 형성할 수 있도록 격려했다. 또 자녀들이 경험하는 다문화 차별 경험에 대해 분노가 아닌 관용과 공감적 반응을 통해 자녀들이 개인적 통제력과 융통성을 가지고 건강하게 성장할 수 있도록 돕고자 했다.

주류집단에 대한 태도는 주류집단의 긍정적인 요소를 선택적으로 수용하고 받아들이는 경험을 통해 자신의 삶에 건설적으로 적용하고자 했다. 그리고 주류집단에 존재하는 다문화에 대한 차별을 인식하면서도 유연하고 빠르게 변화하는 한국 사회에 대해 긍정적인 시선으로 바라보고 개방적 태도를 나타냈다.

위에서 살펴본 결과 통합적 자각 단계에서의 내담자들은 여러 방면에서 통합된 모습을 확인할 수 있다. 안정적인 자기정체성을 형성하고 자신이 속한 소수집단의 문화에 대한 자긍심을 가지면서 다른 소수집단의 문화와 주류문화에 대해서도 존중하는 태도를 보인다. 삶은 여전히 문화와 인종적으로 다양한 차별과 억압이 존재하지만 이러한 문제를 해결할 많은 심리적 자원을 가지고 다문화적인 사고방식을 발달시킨다. 따라서 이들이 선호하는 상담사 또한 다문화적인 세계관을 가지고 있는 상담사로서 인종에 구애받지 않는다(Sue 외, 2019).

그러므로 통합적 자각 단계에서 우즈베키스탄 출신 고려인 결혼이주여성에 대한 다문화상담의 방향은 다음과 같다. 이 단계의 내담자들은 통합적 자각을 통해 자신이 가지고 있는 능력을 개발하고 활용하여 사회에 기여하고 봉사하고자 하는 높은 수준의 시민의식을 보이므로 그들은 스스로 내면의 문제를 성찰하고 해결해갈 수 있는 내적 힘을 가지고 있다고 할 수 있다. 또 인종에 구애받지 않고, 그들의 세계관을 공유하고, 이해하고, 받아들일 수 있는 사람들을 선호하는 경향을 보이므로(Sue 외, 2019) 자발적인 치료 모임, 공동체를 통해 당면한 어려움에 대한 치료적 접근이 가능할 수 있다. 공동체의 치유적 경험을 위한 자조모임 및 공동체를 제안할 수 있다.

맺음말

이 책은 인하대학교 다문화융합연구소에서 그동안 수행해온 중앙아시아 이주민 및 고려인, 소수집단의 정체성에 대한 연구의 연장선 상에 있는 연구들의 하나다. 다문화융합연구소는 2016년부터 2022년 7월까지 고려인을 포함한 중앙아시아 이주민과 관련된 총 35건의 연구를 진행했으며, 이것들은 학위논문 6편, 학술지논문 23편, 학술저서 6권으로 구성된다. 이 중에서 다문화융합연구소가 출간한 고려인과 관련된 연구물은 총 9건으로 학위논문은 1편, 학술지논문은 6편, 학술저서는 2권이며, 고려인과 관련된 주요 연구주제로서 카자흐스탄 고려인, 우즈베키스탄 고려인, 유학생, 청년, 결혼이주여성, 생애사, 문화충격, 문화적응, 정체성협상, 자녀교육, 이중언어교육, 문화유전자, 공동체생활, 진로활동 등을 다루었다.

이 책은 기존 연구에서 채택한 이론적인 관점들을 존중하면서, 다른 한편으로는 심리학과 다문화상담 분야에서 정체성의 다면적인 상태들을 포착하기 위해서 제시하고 있는 정체성 발달 이론을 활용했다. 아울러서 이 책은 고려인 결혼이주여성의 정체성의 특징을 발견하고 이들을 위한 다문화상담의 시사점을 제시하고자 했다는 점에서 다문화융합연구소의 고려인 관련 선행 연구들로부터 차별성을 가진다고 하겠다. 그러므로 이 책의 핵심적인 결과로서 한국에 이주한 고려인 결혼이주여성이라는 소수집단의 정체성 발달의 특징과 다문화상담적 함의에 대한 논의와 시사점은 다음과 같다.

첫째, 우즈베키스탄 출신 고려인 결혼이주여성의 인종문화정체성의 발달이 중층적이고 비선형적인 양상으로 나타났다. 고려인 결혼이주여성의 정체성은 인종문화정체성발달(RCID) 모형이 일반적으로 제시하는 순차적인 단계를 엄격히 따라서 발달된다고 보기에 어려웠다. 연구참여자들은 가장 낮은 단계인 일치 단계의 정체성으로부터 마지막 단계인 통합적 자각 단계의 정체성에 이르기까지 거의 모든 단계의 정체성을 동시적으로 가지고 있었다. 고려인 결혼이주여성 개인마다 특수한 사회적 관계나 상황적 맥락에 따라서 다양한 정체성을 전략적으로 사용한다고 볼 수 있다.

둘째, 우즈베키스탄 출신 고려인 결혼이주여성의 인종문화정체성의 다면적이고 중층적인 양상에 따라서 적절한 다문화상담 전략을 구사할 수 있다. 최근 미국을 중심으로 연구되고 있는 다문화상담 모형의 최신판이라고 할 수 있는 다문화사회정의상담 모형(Ratts et al., 2016)에 따르면, 내담자뿐만 아니라 이들을 조력하는 상담사의 정체성의 복잡성과 교차성(intersectionality)까지도 고려하도록 권고한다. 그 이유는 상담사의 정체성과 내담자의 정체성이 실제 상담현장에서 만나서 역동적으로 작동하기 때문이다. 주류집단의 상담사와 소수집단의 내담자가 만나는 상담 상황을 가정할 때, 정체성 발달의 단계마다 내담자가 소수민족집단의 사람이나 주류집단의 사람을 상대하는 정체성의 태도가 달라지므로, 상담사의 소속집단이 다문화상담에서 매우 중요한 요인이 될 수 있다. 예를 들어서, 일치 단계에 있는 소수집단의 내담자는 주류집단의 상담사를 선호할 가능성이 크다. 부조화 단계나 저항과 몰입 단계에 있는 소수집단의 내담자는 주류집단의 상담사를 배척하고 같은 소수집단이나 다른 소수집단 출신 상담사를 선호할 가능성이 크다. 내적 성찰 단계나 통합적 자각 단계에서 소수집단의 내담자는 상담사의 출신 집단이나 인종은 크게 중요하지 않을 수 있다.

그러므로 인종문화정체성발달 모형에서 개인별 상황과 사회적 관계에 따라서 복합적으로 나타날 수 있는 내담자의 정체성 단계와 태도를 고려한 다문화상담 전략을 구사할 필요가 있다. 낮은 단계(일치-부조화-저항과 몰입)의 정체성 태도를 가진 소수집단 내담자에게 상담사는 주류집단에 대한 문화적 저항과 갈등을 이해하고 완화하는 상담 전략을 사용하고, 높은 단계(내적 성찰-통합적 자각)의 정체성 태도를 가진 소수집단 내담자에게 상담사는 내면의 문제를 성찰하고 공동체에 기여하거나 치유적 소수집단 공동체를 형성하는 역량을 강화하는 상담전략을 사용할 수 있을 것이다.

셋째, 다문화상담사는 내담자와의 동맹에 영향을 미치는 자신의 편견과 가정을 반드시 자각해야 한다(Roysircar, 2003; Sue, 2005). 또한 내담자의 문화를 보다 완벽하게 이해하고 탐구하기 위해 문화적 존재로서 인식해야 한다(Roysircar, 2003). 이러한 인식이 없다면 자기 문화에 캡슐화된 상담사는 의도치 않게 억압 관련 심리적 트라우마를 악화시킬 수 있다(Utsey, Bolden, & Brown, 2001). 문화·인종적인 체계적 억압은 미묘하지만 소외된 개인들이 그들 자신과 그룹의 구성원, 그리고 주류집단을 보는 방식에 있어서 심리적 왜곡을 일으킬 수 있다. 이러한 왜곡은 비판적 사고 과정, 자기 인식, 그리고 결국 의사결정에 영향을 미칠 수 있다(Utsey, Bolden, & Brown, 2001). 따라서, 다문화상담사들은 문화적으로 다양한 집단을 대할 때 내담자들의 치료 반응에 더 많은 문화 중심 개입을 포함할 필요가 있다.

이 책은 기존 연구에서 많이 활용한 문화변용 및 적응 이론에서 포착할 수 없었던 정체성의 다면적이고 중층적인 측면을 발달 단계와 집단별 태도로 나누고 다문화상담적 함의를 설명하고자 한 시도라는 점에서 학술적으로 기여한다고 볼 수 있다. 하지만 여전히 소수집단의 정체성 발달에 대한 이론적인 합의가 이루어지지 않은 상황에서 인종문화정체성발달 모형을 가지고 우즈베키스탄 사람이면서 고려인이고 여성이며 결혼이주자인 연구참여자들의 정체성의 복합성을 온전하게 설명하기에는 여전히 아쉬움이 있다. 이런 점에서 향후 연구 방향은 다양한 소수집단의 정체성에 대한 질적 자료를 수집해야 할 것이며, 이러한 기초자료를 근거로 정체성 발달을 보다 충실하게 설명할 수 있는 한국 다문화사회의 맥락을 충실히 반영한 이론 및 모형을 개발해야 할 것이다.

참고문헌

강미옥·이정애·최은경(2019). 「베트남 결혼이주여성의 정체성, 자본, 이데올로기」. 『다문화와 평화』 13(2), 107-125.

강진구·안기수·김현철·모희준(2020). 「빅데이터 분석을 활용한 다문화 연구 동향 분석」. 『다문화콘텐츠연구』 35, 45-69.

강진웅(2016). 「한국사회 결혼이주여성의 정체성 비교: 통섭적 관점에서 바라 본 정체성의 동학」. 『다문화교육연구』 9(1), 1-24.

강희영(2012). 「한인여성 디아스포라의 이주경험과 트랜스로컬 정체성에 관한 연구: 구소련권 유학 이주여성의 한국 체류경험을 중심으로」. 박사학위논문, 한양대학교 대학원.

고아라(2018). (A) study on the types of Koryeoins' acculturation in Republic of Korea. 석사학위논문, 한국외국어대학교 대학원.

고유선(2012). 「근거이론에 기초한 결혼이주여성의 문화적 정체감 발달 과정에 관한 연구」. 박사학위논문, 우석대학교 대학원.

고유선·김태호(2011). 「결혼이주여성의 문화적정체감 발달과정분석: 아시아결혼이주여성을 중심으로」. 『상담학연구』 12(4), 1339-1352.

김기영(2019). 「고려인 고학력 여성의 초국가주의적 선택과 전략: 이주와 자녀교육을 중심으로」. 『디아스포라연구』 13(2), 45-79.

김나나·권수영(2021). 「성소수자의 정체성 형성과정에 미치는 종교의 영향에 관한 생애사 연구」. 한국기독교상담학회지, 32(3), 9-34.

김미령(2017). 「한 외식업 중년 가장의 생애사 연구」. 『연세상담코칭연구』 7, 33-55.

김순혜(2021). 「결혼이주여성 다문화이해강사의 문화매개경험에 관한 사례연구」. 석사학위논문, 인하대학교.

김영순(2020). 『이주여성의 상호문화 소통과 정체성 협상』. 북코리아.

김영순 외(2018). 『질적연구의 즐거움』. 서울: 창지사.

김영순·권요셉·최수안·김명희(2022). 「이혼한 결혼이주여성의 재영토화 과정에 관한 내러티브 생애사 연구」. 『문화와 융합』 44(6), 657-682.

김영순·조영철·김정희 외(2019). 『중국계 이주민의 다문화 생활세계 연구』. 북코리아.

김영순·최승은·황해영·정경희·김기화(2019). 『결혼이주여성의 주체적 삶에 관한 생애담 연구』. 북코리아.

김영술·홍인화(2013). 「중앙아시아 고려인의 광주지역 이주와 문화변용에 관한 연구」. 『디아스포라 연구』 7(1), 131-161.

김영천(2013). 『질적연구방법론』. 문음사.

김예슬(2020). 「국내 체류 고려인 청년층의 적응 양상 분석」. 석사학위논문, 연세대학교 대학원.

김재환(2019). 「메스암페타민 중독 남성의 회복 과정에 관한 생애사 연구」. 한국기독교상담학회지, 30(1), 43-81.

김현주(2022). 「고려인 디아스포라 역사를 통해 본 결혼관의 인식변화」. 한국현대문예비평학회, 0(75), 5-34.

김혜순(2008). 「결혼이주여성과 한국의 다문화사회 실험」. 『한국사회학』 42(2), 36-71.

김혜진(2016). 「한국 거주 고려인 청년층의 민족정체성 변화」. 『슬라브학보』 31(2), 31-69.

김희주(2010). (A) Qualitative Study on the Ethnic Identity of Marriage Migrant Women in Korea: (A) Case Study of Philippine and Vietnamese women. 박사학위논문, 서울대학교 대학원.

박규택(2015). 「제3의 공간과 전이성에 의한 결혼이주여성의 유동적, 혼종적 정체성」. 한국도시지리학회지, 18(1), 31-43.

박동숙·임해영·김은경(2019). 「결혼이주여성의 적응 경험에 관한 연구」. 『한국가족복지학』 65, 5-41.

박민철(2014). 「'좌절된 욕망'의 집단적 심리와 고려인의 가치지향성」. 『통일인문학』 59, 59-92.

박선영(2019). 「내러티브 탐구를 통한 베트남 결혼이주여성의 정체성 연구: 이야기 정체성을 중심으로」. 박사학위논문, 상명대학교 대학원.

박신규(2020). 「귀환 재외한인청소년의 유형별 이주특성과 정체성 형성 분석: 중국 조선족과 고려인 출신을 중심으로」. 『다문화와 평화』 14(1), 93-115.

박주희·정진경(2007). 「국제결혼 이주여성의 문화적응과 정체성」. 『한국심리학회지: 여성』 12(4), 395-432.

법무부 보도자료(2019). "고려인 등 재외동포 범위를 4세대 이후까지 확대합니다". 1월 25일자.

법무부 출입국·외국인정책본부(2010). 통계연보.

_____(2011). 통계연보.

_____(2012). 통계연보.

_____(2013). 통계연보.

_____(2014). 통계연보.

_____(2015). 통계연보.

_____(2016). 통계연보.

_____(2017). 통계연보.

_____(2018). 통계연보.

_____(2019). 통계연보.

_____(2020). 통계연보.

_____(2021). 통계연보.

_____(2022). 통계연보.

안순태·이하나(2016). 「결혼이주여성의 초국적 정체성과 사회적 지지」. 『미디어, 젠더 & 문화』 31(4), 49-78.

양승조(2019). 「국내 고려인 연구의 동향과 과제: 1984-2018년」. 『인문학연구』 48, 351-377.

양영자(2011). 「결혼이주여성의 에이전시에 대한 생애사적 재구성」. 『비판사회정책』 33, 141-194.

여성가족부(2022). 다문화가족정책 시행계획.

윤석호(2018). 「한국학계의 고려인 연구동향과 인식」. 『한국민족운동사연구』 94, 267-307.

이경재(2018). 「다문화 소설에 나타난 결혼이주여성의 이중언어 정체성 문제」. 『한국문학과 예술』 28, 435-468.

이병준(2004). 「성인학습에 대한 이론적 구성으로서의 생애사연구」. 한국교육사상연구회 학술논문집, 28, 1-8.

_____(2010). 「평생학습연구에 있어서의 교육학적 생애사 접근」. 『평생교육학연구』 16(1), 91-112.

이은정(2015). 「우즈베키스탄 고려인의 귀환이주」. 『지방사와 지방문화』 18(1), 219-224.

진현경(2022). 「국내거주 외국국적동포의 정책 현황과 개선과제: 중국 동포와 고려인 동포를 중심으로」. 『다문화사회연구』 15(1), 115-146.

스티븐 카슬·마크 J. 밀러(2013). 『이주의 시대』. 한국이민학회 역, 일조각.

심영의(2013). 「다문화소설의 유목적 주체성 연구」. 『아시아여성연구』 52(2), 147-174.

전명희(2017). 「한 탈북 여성의 정착과정에 관한 생애사 연구」. 한국기독교상담학회지, 28(3), 145-176.

전은주(2020). 「청년기 재가 정신질환자의 생애사 연구」. 박사학위논문, 백석대학교 대학원.

정병진·남 빅토르(2011). 「고려인의 이주와 정체성」. 『관훈저널』 120, 228-260.

조민경·김렬(2011). 「한국 다문화사회에 있어서 이주민의 이중문화 정체성과 사회문화적응의 관계」. 대한정치학회보, 18(2), 263-291.

조일준(2016). 『이주하는 인간, 호모 미그란스』. 푸른역사.

통계청(2022a). 2021년 장래인구추계를 반영한 내외국인 인구전망: 2020~2040.

_____(2022b). 2021년 혼인·이혼 통계.

_____(2022c). 국제결혼 현황.

_____(2022d). 인구동태통계연보.

허선미·최인이(2016). 「고학력 결혼이주여성의 탈구위치와 인정투쟁」. 『사회과학연구』 27(4), 181-211.

홍영숙(2019). 「필리핀 결혼이주여성 두 명의 언어정체성 형성에 관한 내러티브탐구」. 『언어학연구』 24(1), 299-325.

황임경·김호연(2013). 「구술사와 서사의학의 만남, 그 시론적 탐색」. 『의사학』 22(2), 357-388.

황해영·김영순(2017). 「재한 중국동포 결혼이주여성의 일상생활에 나타난 인정투쟁 경험과 의미」. 『교육문화연구』 23(4), 459-479.

Berry, J. W. (1997). Immigration, acculturation, and adaptation. *Applied psychology*, 46(1), 5-34.

_____(2005). Acculturation: Living successfully in two cultures. *International journal of intercultural relations*, 29(6), 697-712.

Bryant Jr, A., & LaFromboise, T. D. (2005). The racial identity and cultural orientation of Lumbee American Indian high school students. *Cultural Diversity and Ethnic Minority Psychology*, 11(1), 82.

Campbell, D. E. (2010). *Choosing democracy: A practical guide to multicultural education*. Pearson Education, 김영순·오영훈·이미정·한광훈·김성영·박순덕·정소민·강현민·최보선·김민주 외 역(2012), 『민주주의와 다문화교육』, 교육과학사.

Castles, S., & Miller, M. J. (2013). The age of migration (Korean International Migration Studies Association, Trans.). Seoul: Ilchokak.

Cross, W. E. (1971). The Negro-to-Black conversion experience: Towards a psychology of Black liberation. *Black World*, 30, 13-27.

_____(1991). *Shades of Black: Diversity in African American identity*. Philadelphia, PA: Temple University Press.

Cross, W. E., Jr. (1995). The psychology of nigrescence: Revising the Cross model. In J. G. Ponterotto, J. M. Casas, L. A. Suzuki, & C. M. Alexander (Eds.), *Handbook of multicultural counseling* (pp. 93 - 122). Sage Publications, Inc.

Darvin, R. & Norton, B. (2015). Identity and a Model of Investment in Applied Linguistics. *Annual Review of Applied Linguistics*, 35, 36-56.

Erikson, E. H. (1993). *Childhood and Society*. W. W. Norton & Company.

Hong, M. O. (2020). Exploring factors on identity of Korean diaspora in the CIS countries: perspectives of millennial generation. 석사학위논문, 한국개발연구원(KDI) 국제정책대학원.

Hong, M. O. & Cho, Y. C. (2021). Exploring Factors on Identity of Korean Diaspora: Perspectives of Millennial Generation. *The Journal of Industrial Distribution & Business*, 12(4), 15-26.

Honneth, A. (1992). Kampf um anerkennung. *Zur moralischen grammatik sozialer konflikte. Frankfurt am Main: Suhrkamp*. 문성훈·이현재 역(2011), 『인정투쟁』, 사월의 책.

Kim, J. (2012). Asian American racial identity development theory. *New perspectives on racial identity development: Integrating emerging frameworks*, 138-160.

Phinney, J. S. (1990). Ethnic identity in adolescents and adults: review of research. *Psychological bulletin*, 108(3), 499.

Ponterotto, J. G., & Park-Taylor, J. (2007). Racial and ethnic identity theory, measurement, and research in counseling psychology: Present status and future directions. *Journal of counseling psychology*, 54(3), 282.

Quintana, S. M. (2007). Racial and ethnic identity: Developmental perspectives and research. *Journal of counseling psychology*, 54(3), 259.

Ratts, M. J., Singh, A. A., Nassar-McMillan, S., Butler, S. K. and McCullough, J. R. (2016). Multicultural and Social Justice Counseling Competencies: Guidelines for the Counseling Profession. *Journal of Multicultural Counseling and Development*, 44, 28-48.

Robinson-Wood, T. (2016). *The convergence of race, ethnicity, and gender: Multiple identities in counseling*. Sage Publications.

Rotheram-Borus, M. J., Dopkins, S., Sabate, N., & Lightfoot, M. (1996). Personal and ethnic identity, values, and self-esteem among Black and Latino adolescent girls. *Urban girls: Resisting stereotypes, creating identities*, 35-52.

Roysircar, G. (2003). Counselor awareness of own assumptions, values, and biases. In G. Roysircar, P. Arredondo, J. N. Fuertes, J. G. Ponterotto, & R, L. Toporek (Eds.), *Multicultural counseling competencies*, 15-26.

Ruiz, A. S. (1990). Ethnic identity: Crisis and resolution. *Journal of Multicultural Counseling and Development*, 18, 29–40.

Sue, D. W. (2005). *Overcoming our racism: The journey to liberation*. San Francisco: Jossey-Bass.

Sue, D. W., Sue, D., Neville, H. A., & Smith, L. (2019). *Counseling the culturally diverse: Theory and practice*. John Wiley & Sons, 하혜숙·김태호·김인규·이호준·임은미 역(2011), 『다문화 상담: 이론과 실제』, 학지사.

Utsey, S. O., Bolden, M. A., & Brown, A. L. (2001). Visions of revolution from the spirit of Frantz Fanon. A psychology of liberation for counseling African Americans: Confronting societal racism and oppression. In J. G. Ponterotto, J. M. Casas, L. A. Suzuki, & C. M. Alexander (Eds.), *Handbook of multicultural counseling* (2nd ed., 311-336), Thousand Oaks, CA: Sage.

Vandiver, B. J., Fhagen-Smith, P. E., Cokley, K. O., Cross, W. E., Jr. and Worrell, F. C. (2001), Cross's Nigrescence Model: From Theory to Scale to Theory. *Journal of Multicultural Counseling and Development*, 29(3), 174-200.

Worrell, F. C., Cross, W. E., & Vandiver, B. J. (2001). Nigrescence theory: Current status and challenges for the future. *Journal of multicultural counseling and development*, 29(3), 201-213.

Yip, T., Seaton, E. K., & Sellers, R. M. (2006). African American racial identity across the lifespan: Identity status, identity content, and depressive symptoms. *Child development*, 77(5), 1504-1517.

찾아보기

ㅍ

ㅎ

저자소개

김영순(金永洵) kimysoon@inha.ac.kr

중앙대학교를 졸업하고 독일 베를린자유대학교에서 문화변동에 관한 연구로 철학 박사학위를 취득했다. 현재 인하대학교 사회교육과 교수 겸 대학원 다문화교육학과장, 인문융합치료학 전공 주임으로 재직 중이며, 인하대학교 부설 다문화융합연구소 소장, 다문화멘토링사업단장, BK21FOUR 글로컬다문화교육연구단장직을 수행하고 있다. 또한, 학문 후속세대를 위해 전국의 대학원생을 대상으로 질적 연구방법론 캠프를 열고 있다. 주요 저서로는 『베트남 문화의 오디세이』, 『다문화 사회와 공존의 인문학』, 『다문화 현상의 인문학적 탐구』, 『이주여성의 상호문화 소통과 정체성 협상』, 『다양성 경영과 상호문화 경험』 등이 있다.

오영섭(吳瑛燮) yesoh@inha.ac.kr

미국 에즈베리 신학대학원에서 상호문화학으로 문학 석사학위를, 인하대학교에서 다문화교육으로 교육학 박사학위를 받았다. 현재 인하대학교 다문화교육학과 조교수로서 다문화상담을 공부하고 있다. 주요 공동저서로는 『호모 내러티쿠스: 인문융합치료의 이해』, 『이주배경 청소년을 위한 미술 · 이야기융합치료의 이해』를 집필했다. 상담사로서 인문융합상담, 교류분석상담, 목회상담을 하고 있으며, 이주민을 포함한 사회적 소수자들의 정신건강과 복지, 사회정의 회복에 관심을 가지고 연구하고 있다.

김도경(金島更) inha.kdk@gmail.com

홍익대학교 미대를 졸업하고 웨스트민스터 신학대학원대학교에서 미술치료학으로 교육학 석사학위를 받았고, 인하대학교에서 인문융합치료학으로 박사학위를 받았다. 학위논문 주제는 「농촌지역 여성 독거노인의 인문융합치료 프로그램 참여경험에 나타난 자기치유의 의미」로 인문융합치료와 자기치유에 관한 연구를 하고 있다. 상담사로서 미술치료, 발달재활서비스 미술심리재활, 놀이치료, 교류분석, 평생교육사 등의 자격을 가지고 있으며, 노인, 난민, 이주민 등 사회적 소수자들의 정신건강에 관심을 가지고 연구하고 있다. 주요 논문으로 "Qualitative Research on the Development of the Humanities Therapy Program for the Older Adults Living Alone," 「인문융합치료 프로그램 참여 농촌지역 여성 독거노인의 자아통합에 관한 사례연구」, 「인문융합치료학의 자기치유에 관한 개념화 연구」 등이 있다.

정연주(鄭姸珠) watersky99@naver.com

고려대학교를 졸업하고 인하대학교 일반사회교육학에서 석사학위를 받았고, 인하대학교 인문융합치료학에서 박사과정을 수료했다. 현재 인지학습상담사로 활동하고 있으며 주된 연구는 노인 대상 치매예방, 인지능력 강화와 유지에 관련된 연구 그리고 인문융합치료를 통한 심리정서지원 연구 등이다. 주요 논문으로는 「고려인 결혼이주여성의 인종문화정체성 발달에 관한 생애사적 연구」, 「휴머니튜드 실천으로 나타난 중증치매노인과 돌봄종사자의 변화 탐색」 등이 있다.

황해영(黃海英) haying04@hanmail.net

인하대학교에서 다문화교육 전공으로 교육학 박사학위를 받았다. 현재 인하대학교 다문화융합연구소 연구교수로 활동하고 있다. 박사학위 논문으로는 「중국동포 결혼이주여성의 생애경험 탐구: 인정투쟁의 내러티브를 중심으로」가 있으며, 공동 저서로 『결혼이주여성의 주체적 삶과 정체성 협상』, 『중앙아시아계 이주여성의 삶: 이상과 현실 사이』가 있다. 또한 「재한 중국동포 단체 리더의 인정투쟁의 의미」, 「중국결혼이주여성들의 한국에서 양성 평등 경험에 대한 사례 연구」, 「상호문화 실천의 개념 및 내용에 관한 연구」 등의 논문을 발표했다.

권도영(權道映) irhett@naver.com

건국대학교에서 구비문학/문학치료 전공으로 박사학위를 취득했고 현재 강원대학교 인문과학연구소의 학술연구교수다. 신화와 민담의 서사구성원리와 치유적 읽기에 관심을 갖고 시민 독서 모임 등을 운영하면서 서사 탐색을 통한 성장과 치유 활동에 주력하고 있다. 박사학위 논문은 「복합서사 형성 원리에 기반한 자기서사 변화에 대한 문학치료적 연구」이고, 공동 저서로 『중앙아시아계 이주여성의 삶: 이상과 현실 사이』, 『서사능력 신장을 위한 문학치료 공감모형』, 『배또롱 아래 선그믓: 옛이야기 속 여성의 삶에서 페미니즘을 읽다』, 단독 저서로 『처음 만나는 한국 민담』, 『옛이야기가 전하는 마음 치유: 있는 그대로 나를 사랑해』 등이 있다.

김정은(金貞銀) pan99@hanmail.net

인하대학교에서 문화교육 전공으로 박사학위를 취득하고, 한국학중앙연구원에서 연구원을 역임했다. 한국외국어대학교 외래교수, 인하대학교 강사로 문화와 관련한 강의를 했으며, 공동 저서로는 『영상 미디어 교육의 이해』, 『지역문화 콘텐츠 제작의 실제』, 『청소년을 위한 사회문화 핵심 키워드』 등이 있고, 단독 저서로는 『대중문화 읽기와 비평적 글쓰기』, 『대중문화 비평의 관점과 기술』 등이 있다.